KB261737

초보자를 위한

CLIP STUDIO PAINT PRO 의문해결집

••••• 107가지 Q&A로 고민 완전 해결 •••••

머리말

CLIP STUDIO PAINT PRO로 일러스트 제작에 도전하려는 사람, 혹은 이제 막 시작한 사람을 대상으로 만든 책입니다. 초보를 위한 내용인 만큼 처음 사용하는 사람들이 가장 많이 궁금해하는 107가지 의문의 해답을 Q&A 형식으로 제공합니다. 그리고 어느 정도 익숙해진 사람들도 일러스트 제작에 활용할 수 있도록, 실력파 일러스트레이터가 실제 작업에서 실수를 방지하는 방법과 일러스트 제작의 요령, 노하우 등도 소개합니다. 이 책을 읽는 모든 사람에게 도움이 된다면 더 바랄 것이 없습니다.

원서는 CLIP STUDIO PAINT PRO Version 1.6.6을 기준으로 제작되었고, 번역은 가장 최신 버전인 1.7.2를 기준으로 작업했습니다.

키치로쿠(キチロク)

PROFILE

만화가 겸 일러스트레이터 겸 그래픽 아티스트.
〈어떤 과학의 초전자포〉 등의 인기 작품 단행본
표지 채색을 담당했으며,
특히 '채색'에 관해서는 업계의 신뢰가 두텁다.

http://kichirock666.seesaa.net/

PC 사양

OS : Windows7   CPU : Core i7-3770   타블렛 : WACOM Cintiq24HD

햇살의 약속

"이건 우리 둘만의 비밀이야." 낯선 저택을 헤매다가 소파에 누워서
쉬고 있던 소녀와 우연히 대면하게 되는 장면입니다. 햇살이 듬뿍 내
리쬐는 모습을 대비가 큰 채색으로 표현해, 소녀의 인체 라인이 자연
스럽고 매력적으로 보이도록 했습니다.

작업환경과 일러스트 제작 테크닉은　P146~

ILLUSTRATION GALLERY

②

나가레보시(ながれぼし)

PROFILE

만화 제작 어시스턴트를 거쳐,
현재는 소셜 게임 등을 중심으로
활약하는 새롭게 주목받고 있는 일러스트레이터.
귀여운 캐릭터와 따뜻한 색채,
사실적인 배경이 특기다.

https://www.pixiv.net/member.php?id=8391

PC 사양

OS : Windows7   CPU : Core i7   타블렛 : WACOM Intuos Pro

벗꽃비

처음부터 '벗꽃'을 테마로 정하고 그리고 싶은 사물을 다양하게 담아
보았습니다. 처음에는 벗꽃이 약간 흩날리는 정도의 이미지였지만
그것만으로는 부족한 듯해서, 우산을 펼쳐야 할 정도로 꽃잎이 비처
럼 내리게 하면 어떨까 하고 생각했습니다. 그러한 아이디어에 착안
해 두 인물의 조금 색다른 만남을 연출했습니다.

작업환경과 일러스트 제작 테크닉은 **P156~**

타케하나 노트 (竹花ノート)

PROFILE

부드러운 터치로 표현한 미소녀 그림으로
무섭게 인기 상승 중인 일러스트레이터.
카드 게임이나 라이트노벨 삽화 등도 담당하고 있다.
귀엽고 건강미 넘치며 시선을 확 끌어당기는
그림체로 인해 팬이 많다.

https://www.pixiv.net/member.
php?id=3303798

PC 사양

OS : Windows7　　　CPU : Core i5　　　타블렛 : WACOM Intuos4 Small

싱그러운 여름

은발, 동물 귀, 그리고 피부! 제가 좋아하는 요소를 마음껏 넣어도 좋
다고 해서, 좋아하는 모든 것을 그렸습니다(웃음). 하지만 실제로는
나름 고민하면서 그린 일러스트라는…
러프도 평소 이상으로 많이 그려보고 가장 느낌이 좋은 것을 선택했
습니다. 그림을 보시고 조금이라도 눈이 즐거우셨다면 만족합니다!

작업환경과 일러스트 제작 테크닉은　P166~

목차

ILLUSTRATION GALLERY

1 PART

입문자의 의문해결!

2 PART
초보 탈출을 위한 의문해결!

3 PART

프로의 설정과 실전 테크닉!

기본적으로 아래와 같이 구성되어 있습니다.

❶ 의문을 종류별로 구분했습니다.

❷ 'Q'는 의문의 내용입니다.

❸ 'A'는 Q의 의문을 한 문장으로 정리한 답변입니다.

❹ 본문입니다. 답변의 내용을 상세하게 설명합니다.

❺ 'STEP'에서는 구체적인 흐름과 조작 순서 등을 차례로 설명합니다.

❻ 'POINT'에서는 알아두면 도움이 되는 정보 등을 알려 드립니다.

1

입문자의
의문해결!

CLIP STUDIO PAINT PRO를 구입하려는 분과
가지고 있지만 모르는 것이 너무 많은 분들이
주로 궁금해하는 의문점을 해결합니다.
모니터와 PC, 기타 주변기기에 대한 의문을 포함해
소프트웨어 설명처럼 기초 중의 기초를 설명합니다.

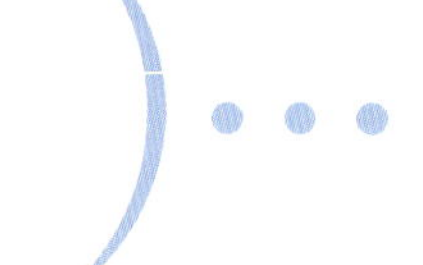

CLIP STUDIO PAINT PRO와
EX 중에 어느 쪽을 살까?

A. PRO는 일러스트, EX는 만화 제작에 적합하다

CLIP STUDIO PAINT에는 PRO와 EX가 있으며 가격 차이가 큽니다. 따라서 어느 쪽을 구입해야 할지 모르는 분들이 많을 겁니다. 결론을 말씀드리면 일러스트가 메인이면 PRO, 본격적인 만화 제작이 메인이면 EX를 추천합니다. PRO를 구입한 뒤에 EX로 업그레이드하는 것도 가능합니다. 일단 한번 써보고 싶은 분들은 PRO를 구입하시면 충분합니다.

EX는 완전판, PRO는 간략판!

PRO와 EX는 기본적으로는 동일한 소프트웨어입니다. EX는 모든 기능을 쓸 수 있는 완전판, PRO는 일부 기능이 제한되지만 대신 가격이 저렴한 간략판이라고 생각하면 됩니다. 물론 저렴하다고 해도 그림을 그리는 데 필요한 기능은 제대로 갖추고 있으므로 PRO를 써도 대부분은 문제가 없습니다.

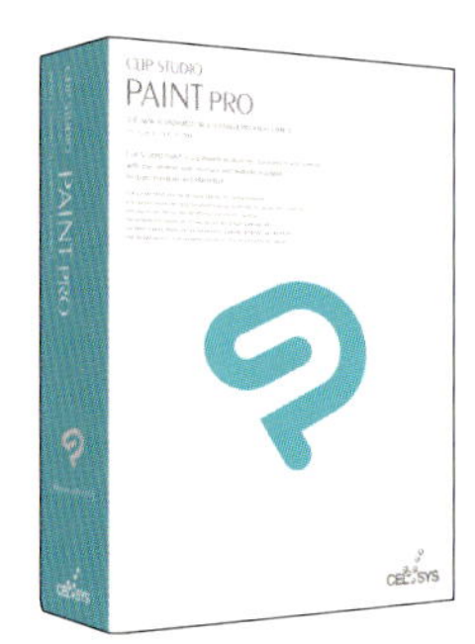

CLIP STUDIO PAINT PRO
한국 다운로드판 $49.99

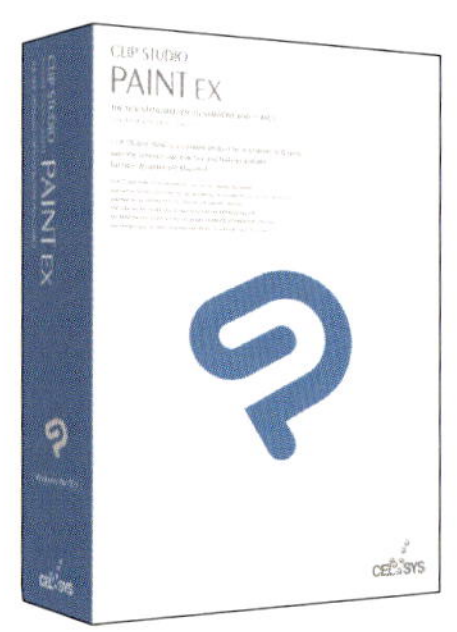

CLIP STUDIO PAINT EX
한국 다운로드판 $219.00

PRO에서 쓸 수 있는 기능

EX에서 쓸 수 있는 기능

PRO에서 EX로 업그레이드 가능

처음부터 EX를 구입하지 않아도 나중에 업그레이드할 수 있습니다. 먼저 PRO를 구매한 뒤 실제로 만져보고 EX가 필요한지 어떤지 판단하는 편이 좋습니다. 한글판은 주기적으로 최대 60%까지 할인된 가격으로 판매하니, 구입 시기도 충분히 고려해야 합니다.

업그레이드 과정

CLIP STUDIO PAINT PRO 구입

↓

공식 사이트에서 업그레이드판을 구입

↓

프로그램 기동 후에 라이센스 등록

업그레이드는 언제든 가능하므로 처음에는 저렴한 PRO를 추천!

일러스트를 그리려면
PRO의 기능만으로도 충분!

EX에 비해 기능 제한이 있지만, 일러스트를 그리는 데 편리한 기능은 제대로 갖추고 있습니다. 펜과 브러시와 같은 그리기 도구와 자, 3D 모델 등의 보조 기능도 다양합니다. 또한 만화도 페이지 단위로 그릴 수 있습니다.

● 다양한 도구

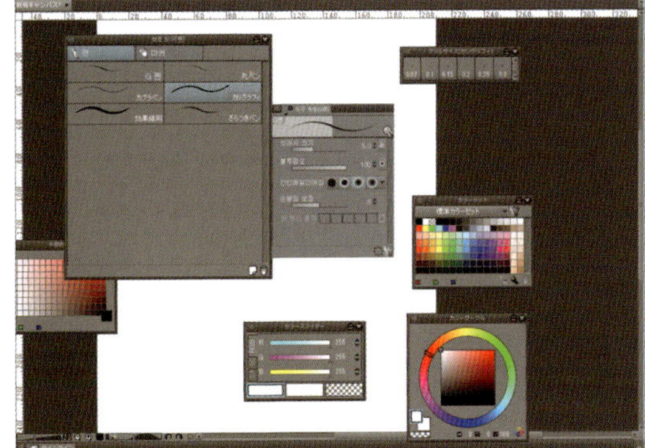

펜의 두께와 형태를 바꾸거나 간단한 조작으로 넓은 범위에 색을 칠하는 등의 편리한 기능이 가득합니다!

● 3D 모델

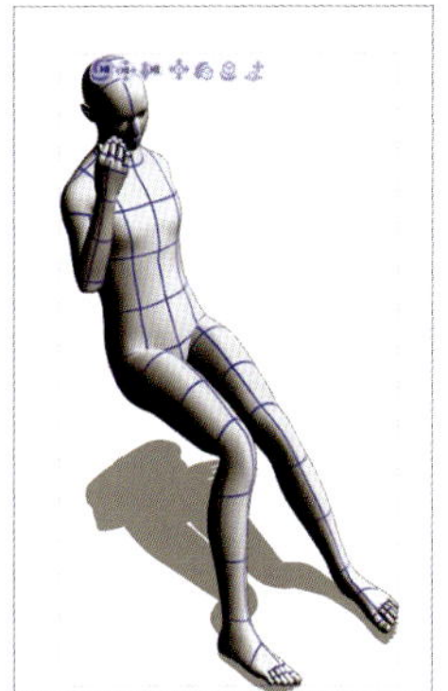

3D 인형의 포즈를 자유롭게 변경해 참고하거나 소품의 각도를 변경해 트레이싱 재료로 쓸 수도 있습니다.

● 소재 추가

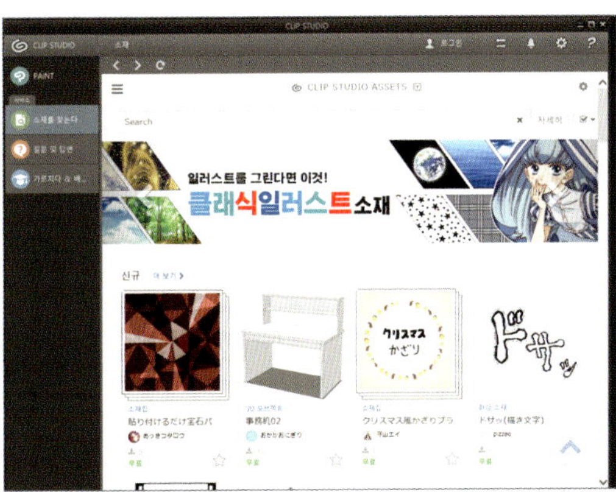

펜의 형태, 만화의 말풍선 등 온갖 다양한 소재를 다운로드해서 활용할 수 있습니다.

본격적으로 만화를 그린다면
EX가 편리!

페이지가 많은 만화는 EX를 사용하면 한층 작업이 편해집니다. 여러 페이지를 생성, 관리하는 기능과 대사를 쉽게 입력하는 기능 등 다양한 기능이 있습니다. 가격이 조금 비싼 것이 흠이지만 본격적으로 만화를 그려보고 싶은 사람이라면 구입해도 손해는 아닙니다.

여러 페이지의 만화를 하나의 파일로 관리할 수 있습니다.

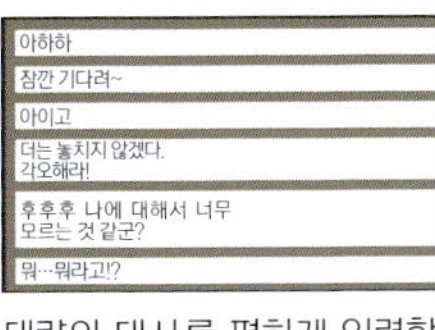

대량의 대사를 편하게 입력할 수 있는 기능은 만화 제작에 빠놓을 수 없습니다.

직접 찍은 사진을 선화로 변경하는 기능입니다. 배경으로 쓸 수 있어 무척 편리합니다.

작업에 필요한 PC의 성능은 어느 정도?

A. 막힘없이 작업하려면 소프트웨어 제조사에서 추천하는 사양 이상의 성능이 필요

CLIP STUDIO PAINT를 설치하기 전에 PC의 성능이 소프트웨어 제조사의 권장 사양에 해당하는지 확인합니다. 성능이 부족하면 설치할 수 없거나 정상적으로 동작하지 않을 가능성이 있습니다. 반면 PC 성능이 높을수록 쾌적하게 동작합니다. 성능과 가격의 균형을 생각해서 골라봅시다.

소프트웨어 제조사 추천 동작 환경

OS	【Windows】 Microsoft Windows 7 Service Pack 1 이상, Windows 8.1, Windows 10 【Mac】 macOS 10.9, 10.10, 10.11, 10.12
본체	【Windows】 SSE2에 대응하는 Intel, AMD CPU, OpenGL 2.1에 대응하는 GPU, 2GB 이상의 메모리 필수, 8GB 이상 추천 【Mac】 Intel CPU, OpenGL 2.1에 대응하는 GPU, 2GB 이상의 메모리 필수, 8GB 이상 추천
HDD 여유 공간	3GB 이상의 용량

좀 더 상세한 내용을 확인하는 방법

한글판 공식 홈페이지의 지원 페이지에서 OS/시스템 요구 사양에 대한 더 상세한 내용을 확인할 수 있습니다. 그 외에도 태블릿이나 태블릿 PC 사용자를 위한 내용 등도 있으니 미리 확인해 볼 것을 추천합니다.

OS / 시스템 요구사항

- "CLIP STUDIO 시리즈 제품과의 동기에 문제가 발생하였으므로기동하지 못하였습니다.(CLIP STUDIO 제품과의 동기화 문제로 인해 시작할 수 없습니다)"라는 메시지가 표시되고 프로그램을 시작할 수 없습니다.
- 작동에 OS가 지원되지 않는다는 메시지가 나타납니다.
- [Windows]CLIP STUDIO PAINT Ver.1.6.2로동영상데이터의불러오기,출력을할수 없어요.
- (MacOSX) CLIP STUDIO PAINT를 시작할 수 없습니다.
- AZERTY 키보드에서 입력을 지원합니까?
- 설치 바로 직후에 하위 도구를 사용하고 싶습니다.
- 자료가 자료 팔레트에 나타나지 않습니다.
- Wacom Manga Canvas 파일을 CLIP STUDIO PAINT에서 열 수 있습니까?
- iPad 버전은 iPhone에서도 사용할 수 있나요?

지금 사용 중인 PC 사양이
적합한지 확인하려면? ● ● ● ● ● ● ● ● ● ● ●

사용 중인 PC가 CLIP STUDIO PAINT의 권장 사양을 만족하는
지 확인하는 법을 설명합니다. 앞서 설명한 동작 환경에 맞더라도
일단 체험판을 설치해 실행이 잘 되는지 확인하는 편이 좋습니다.

❶ 스타트 메뉴를 클릭

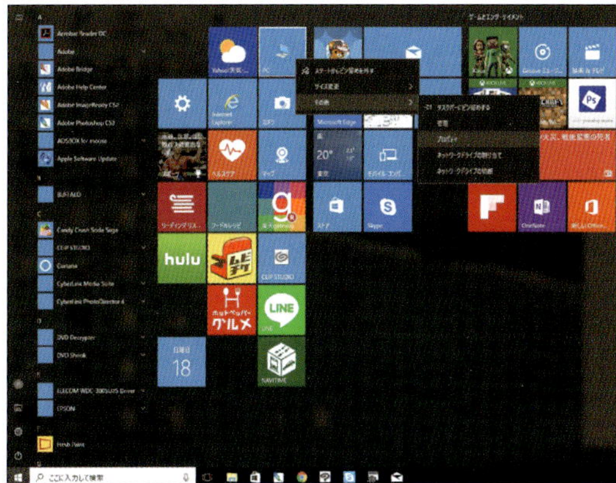

작업 표시줄의 Windows
아이콘을 클릭합니다. 키
보드의 윈도우 키로도 가
능합니다.

❷ 속성 창을 연다

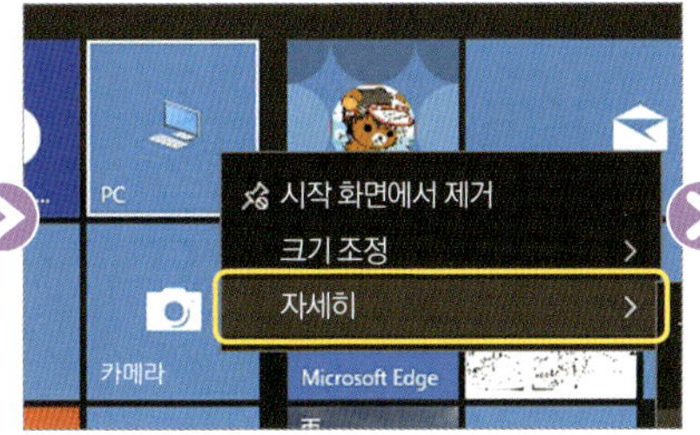

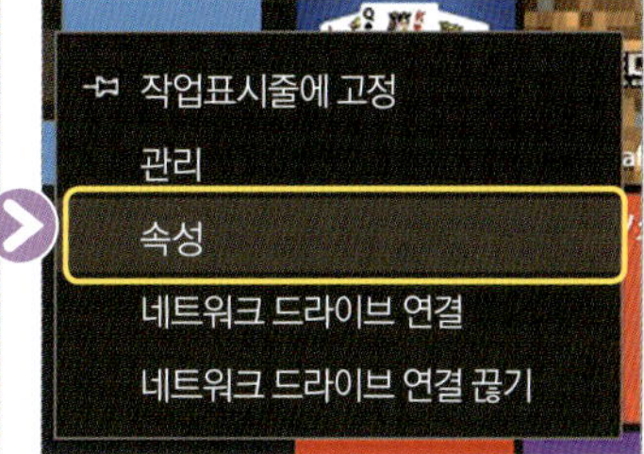

메뉴 일람에서 'PC' 아이콘을 마우스 우클릭합니다.　　'자세히'로 커서를 가져갑니다.　　'속성'을 클릭하면 속성 창이 열립니다.

❸ 스펙을 확인

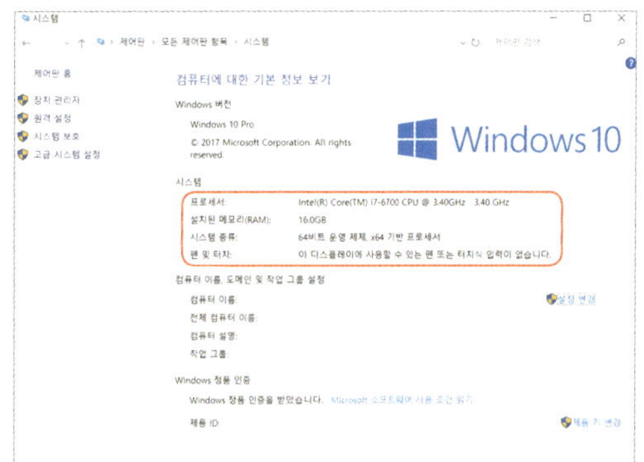

속성을 확인합니다.
빨간색 부분이 중요한
항목입니다.

🎯 POINT ──────── ● 가능하면 인터넷 접속이 되는 환경을 추천

인터넷에 접속하지 않아도 CLIP STUDIO
PAINT를 사용하는 데 크게 문제는 없습니
다. 그러나 사용자 등록을 하거나 추가로 제
공되는 소재 등 인터넷에 연결되지 않으면 다
양한 지원을 받기 어렵습니다. 인터넷 접속이
되는 환경을 구축하면 쾌적한 작업이 가능합
니다.

CLIP STUDIO 공식 사이트에는　　　공식 사이트의 TIP메뉴의 내용을
질문을 할 수 있는 코너가 있습니다.　　　보고 공부할 수 있습니다.

인스톨 방법이 궁금해

다운로드 및 설치 방법을 설명

CLIP STUDIO PAINT를 설치하는 몇 가지 방법 중에서 다운로드판 설치 방법을 설명합니다. 인터넷에 접속해 가장 편하고 손쉽게 구매할 수 있는 방법입니다.

STEP 1

먼저 CLIP STUDIO PAINT를 판매하는 공식 사이트(http://www.clipstudio.net/kr)에 접속합니다. 첫 페이지에 보이는 '지금 구입' 버튼을 클릭하면 구매 페이지로 이동합니다.

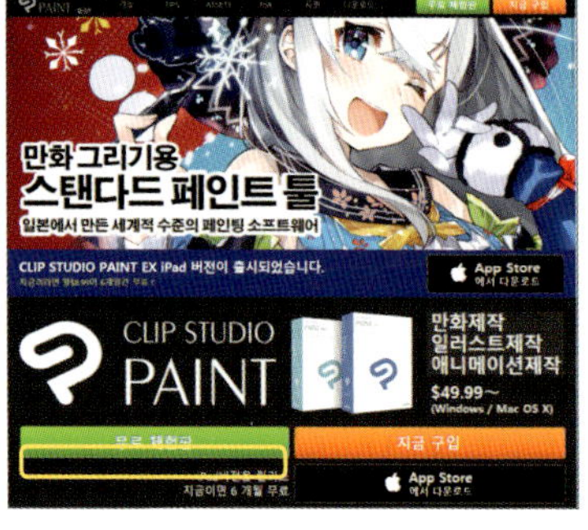

'무료 체험판'을 클릭 하면 체험판을 받을 수 있습니다.

STEP 2

이번에는 PRO를 구입해야 하므로, PAINT PRO 부분의 '지금 구입' 버튼을 클릭합니다. 한글판은 PayPal 혹은 해외 결제가 가능한 카드가 필요합니다.

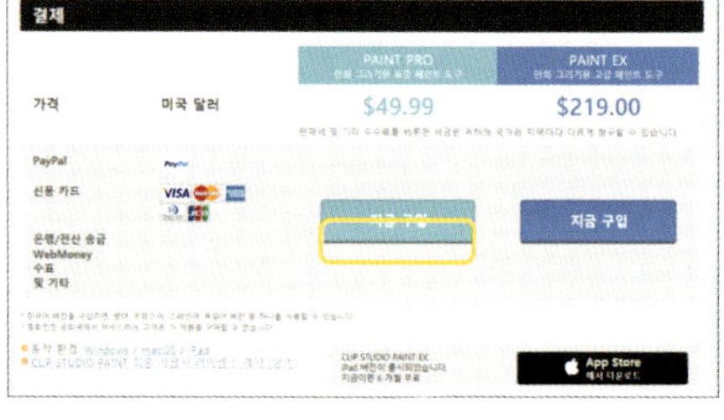

'지금 구입' 버튼을 클릭하면 다음 단계로 넘어갑니다.

STEP 3

구매 페이지가 나타나면 필요한 항목을 입력하고 결제합니다. 이때 입력한 이메일 계정으로 시리얼 넘버가 발송되므로 정확히 입력해야 합니다.

해외결제 시에 편리한 PayPal을 이용할 수도 있습니다.

STEP 4

구매 절차를 마친 뒤, 구매 시에 입력한 이메일 계정에 접속해 시리얼 넘버가 도착했는지 확인합니다. 공식 사이트의 가장 위에 있는 다운로드 항목을 클릭합니다.

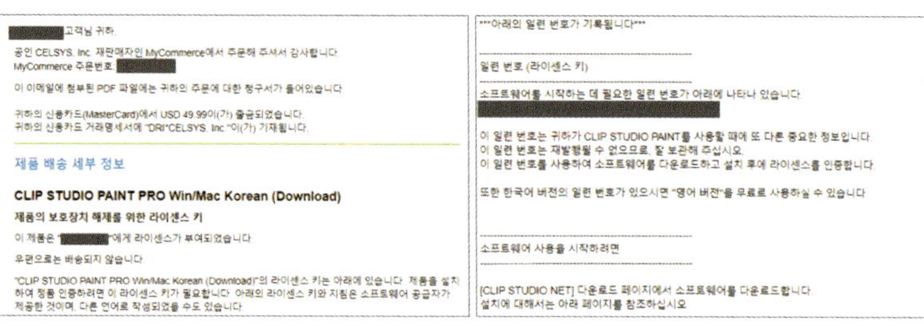

다운로드 페이지에서 'Windows용' 버튼
을 클릭해 CLIP STUDIO PAINT의 다운
로드를 시작합니다.

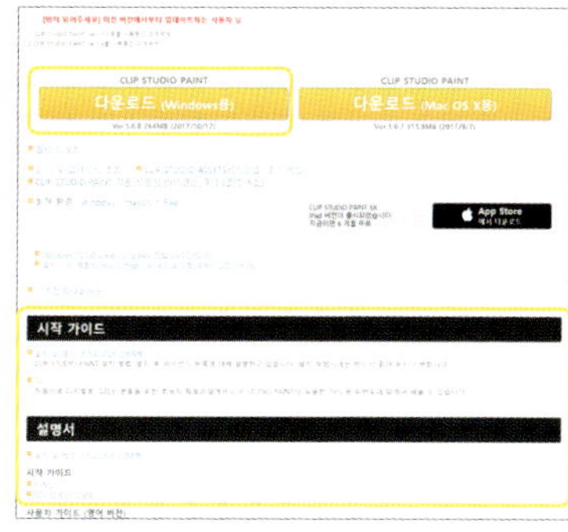

사용자 매뉴얼을 다운
로드할 수 있습니다(한
글판).

다운로드가 완료되면 CLIP STUDIO
PAINT 실행 파일을 더블클릭합니다. 지시
에 따라 설치합니다.

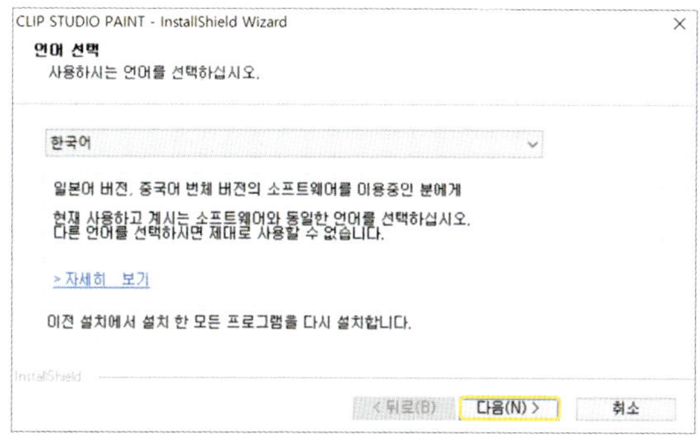

기본적으로 '다음'을
클릭하면 쉽게 설치
할 수 있습니다.

설치가 완료되면 바탕화면에 있는 CLIP
STUDIO 아이콘을 클릭합니다. 그러
면 CLIP STUDIO 창이 나타납니다. 왼
쪽 가장자리의 PAINT를 클릭하면 CLIP
STUDIO PAINT가 실행됩니다.

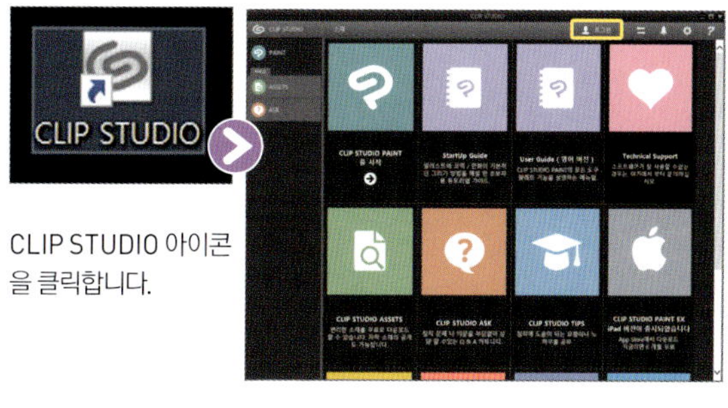

CLIP STUDIO 아이콘
을 클릭합니다.

CLIP STUDIO에서
소재를 받거나 제작
에 필요한 다양한 정
보를 제공합니다. 로
그인을 클릭해 새로
계정을 생성할 수 있
습니다.

CLIP STUDIO PAINT가 실행되면 도움말
메뉴에서 라이센스 등록을 선택합니다.

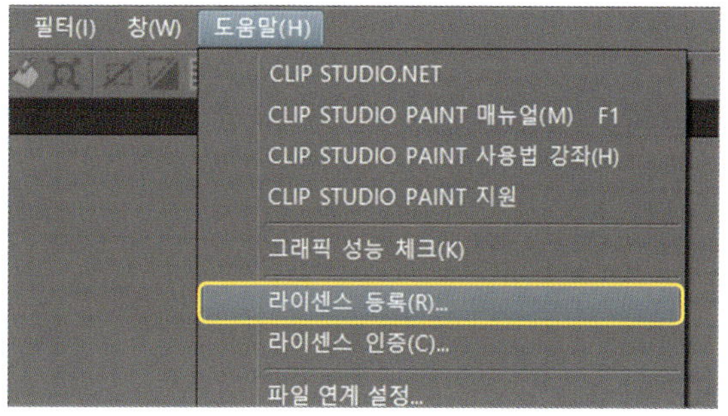

CLIP STUDIO PAINT-라이센스 인증 창
에 시리얼 넘버를 입력하고 라이센스 등록
버튼을 클릭합니다.

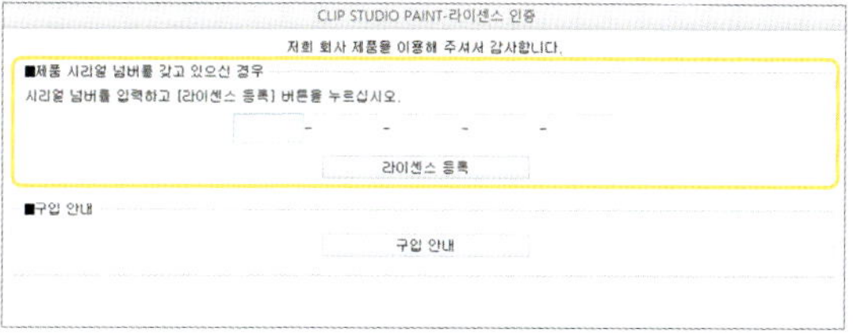

시리얼 넘버에 따라
PRO와 EX를 자동으
로 인식합니다.

어떤 타블렛을 사야 할까

A. 펜 타블렛의 종류와 특징을 알고 목적에 적합한 것을 선택하자

디지털에서 그림을 그리려면 PC 이외에도 펜 타블렛과 전용 펜이 필요합니다(펜 타블렛을 구매하면 전용 펜도 포함되어 있습니다). 타블렛은 크게 일반적인 타블렛과 액정 타블렛으로 구분합니다. 양쪽 모두 장단점이 있으니 자신의 작업 환경에 적합한 것을 준비합니다.

일반적인 타블렛

손이 아니라 모니터를 보면서 그림을 그립니다. 가격은 다양하지만 현재는 제법 저렴한 제품들도 있으며 취미로 그림을 그린다면 이쪽을 추천합니다.

장점

· 자신의 손과 그림자에 방해받지 않는다.
· 설정이 쉽다.
· 액정 타블렛보다도 훨씬 가격이 저렴하다.

단점

· 그리는 손을 보지 않기 때문에 위화감이 있다.
· 익숙해질 때까지 시간이 필요하다.

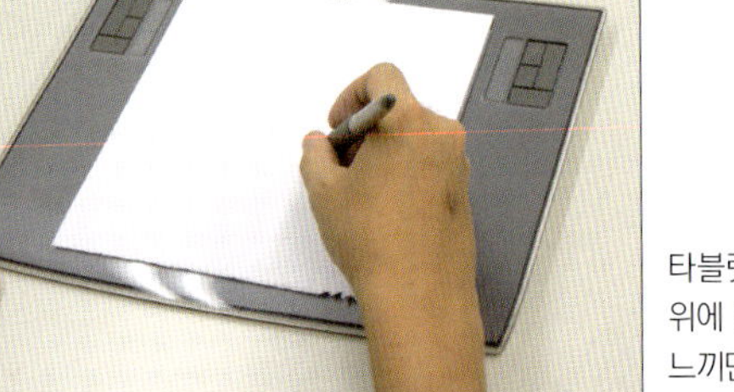

타블렛에 쉽게 적응하는 방법 중 하나는 본체 위에 종이를 붙이는 것입니다. 종이의 저항을 느끼면서 그릴 수 있어서 의외로 애용하는 사람이 많습니다. 한번 시험해 봐도 좋습니다.

액정 타블렛

일반 타블렛과 가장 큰 차이는 디스플레이 위에 바로 그릴 수 있다는 점입니다. 펜촉의 궤도를 보면서 그릴 수 있으므로 종이에 그리는 감각에 익숙하다면 쉽게 적응할 수 있습니다.

장점

- 종이에 그리는 감각으로 작업이 가능하다.
- 익숙해질 시간이 거의 필요 없다.
- 터치 기능이 있는 제품도 있어 작업 효율이 높다.

단점

- 가격이 비싸다.
- 종류에 따라서는 눈이 쉽게 피로해진다.
- 연결과 설정이 어렵고 무거워서 휴대하기 불편하다.

태블릿 PC

터치 조작이 가능한 태블릿 PC가 흔해졌습니다. 이런 태블릿 PC로 그림을 그릴 수도 있습니다. 그러나 필압 감지 기능이 없는 제품도 있어 선의 강약을 표현하기 어렵습니다. 제대로 된 그림을 그리려면 필압 감지가 되는 태블릿 PC가 필수입니다.

장점

- 태블릿 PC를 그대로 쓸 수 있으므로 새로 타블렛을 살 필요가 없다.

단점

- 필압 감지 기능이 없으면 제대로 된 그림을 그리기 어렵다.

POINT — 그 외의 판단 기준도 있다!

크기

화면이 크면 입력 범위가 넓어서 작업하기 쉽습니다. 그 대신 장소를 차지하므로 컴퓨터 책상 주위의 환경에 알맞게 선택해야 합니다.

필압 레벨

필압 레벨이 높을수록 미묘한 필압의 강약을 잘 인식합니다. 종이에 그리는 감각으로 작업하려면 필압 레벨이 높은 제품을 선택해야 합니다.

특전

제품에 따라서는 구매자에게 특전으로 소프트웨어 등을 제공하기도 합니다. 성능 등에 특별히 집착하지 않는 편이라면 구매 시 제공되는 혜택을 참고하는 것도 좋습니다.

펜촉이 다양한데 어떤 걸 써야 할까

A. 펜촉은 그리는 맛에 영향을 준다.
다양하게 사용해보고 취향인 것을 선택하자

타블렛을 구입하면 여러 가지 종류의 펜촉을 제공하는데, 종류에 따라서 그리는 맛도 다릅니다. 이번에는 일반적인 펜촉의 특징을 설명합니다. 직접 사용해 보고 수치도 조절하면서 자신에게 가장 잘 맞는 펜을 찾아봅시다.

일반적인 펜촉(심)

● **표준심**

타블렛을 구매했을 때 기본적으로 장착된 펜촉입니다. 면봉의 심처럼 단단하고 적은 마찰로도 사용할 수 있습니다.

● **스트로크심**

내부에 스프링이 있는 펜촉입니다. 사용할 때 1mm 정도 안으로 더 들어갑니다. 그린다는 감각이 손으로 전달됩니다.

● **펠트심**

부드러운 섬유로 만든 펜촉입니다. 연필로 그릴 때의 느낌과 비슷하므로 타블렛 특유의 미끄러지는 감각이 어색한 사람에게 추천합니다.

● **플렉스심**

표준심과 비슷하지만 이쪽은 고무 재질의 심으로 좀 더 밀착되는 느낌이 있으며, 고무의 탄력과 점성이 있는 감각을 즐길 수 있습니다.

◎ POINT ────────● 펜촉 교환 방법

펜을 사용하다 보면 마찰로 인해 펜촉이 점점 짧아지므로 교환해야 합니다. 닳은 상태로 사용하면 화면에 상처가 생길 수 있으니 주의해야 합니다.

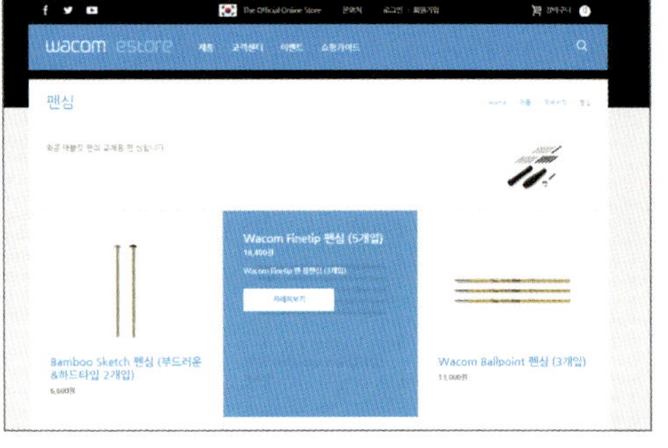

펜촉은 각각 종류에 맞는 펜에만 사용할 수 있습니다. 교환할 때는 종류를 정확히 확인하고 구입해야 합니다.

중고 타블렛을 사도 괜찮을까?

A. 실패하지 않으려면 꼭 알아야 할 주의점

타블렛은 예전에 비해 저렴해진 편이지만 여전히 고가의 제품입니다. 더 저렴하게 구입하는 방법은 옥션 등에서 중고로 구매하는 것입니다. 그러나 중고 제품의 단점이 있으니 주의할 점을 확실하게 체크한 뒤 구매해야 합니다.

중고품과 옥션 구입 시의 주의점

● 부속품 유무

꼭 있어야 하는 부속품이 없을 때도 있습니다. 드라이버는 다운로드할 수 있지만 케이블 같은 중요한 부품이 빠져 있지 않은지 꼭 확인해야 합니다.

● 제조 시기

얼핏 깨끗한 신품처럼 보여도 생각보다 오래된 제품일 수 있습니다. 모델명으로 검색해서 언제 만든 제품인지 확인합니다.

● 보증 기간

중고품이라도 보증 기간이 아직 남아 있는 제품이 있습니다. 그러나 보증 기간이나 보증 내용이 다양하므로 미리 체크해야 합니다.

● 상처와 오염 정도

중고품은 사용감이 있는 것들이 대부분이며, 긁힌 자국이나 오염이 있을 가능성도 있습니다. 이런 부분에 신경이 쓰인다면 꼭 확인합시다.

타블렛 설정 방법을 모르겠어

A. 드라이버를 설치하고 유틸리티와 설정을 확인하자

타블렛은 구입했지만 설정하는 방법을 전혀 모르는 사람도 있습니다. PC의 주변기기를 연결할 때에는 기본적으로 드라이버(연결을 관리하는 소프트웨어)를 설치해야 합니다. 드라이버를 설치하면 PC에서 각종 항목을 설정할 수 있게 됩니다.

STEP 1

동봉된 DVD에 담긴 드라이버를 설치합니다. 분실했을 때는 제조사 홈페이지에서 다운받을 수 있습니다. 이번에는 와콤 액정 타블렛의 설정을 설명하겠습니다.

실행 파일을 더블클릭해 설치를 합니다.

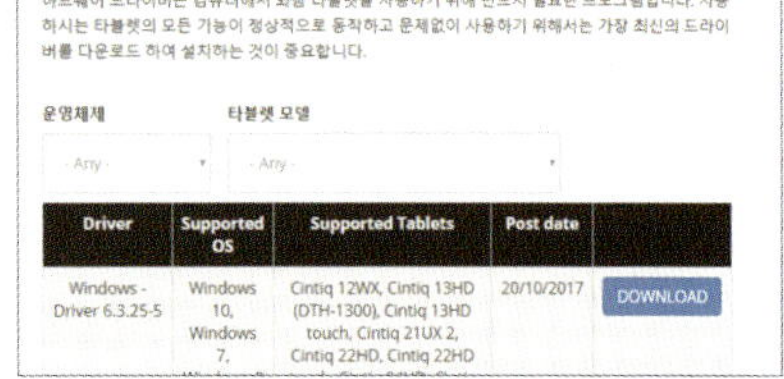

DVD가 없거나 최신 드라이버가 필요하면 공식 홈페이지에서 다운받을 수 있습니다.

STEP 2

실행파일을 더블클릭합니다. 지시에 따라서 진행하면 자동적으로 설치가 완료됩니다.

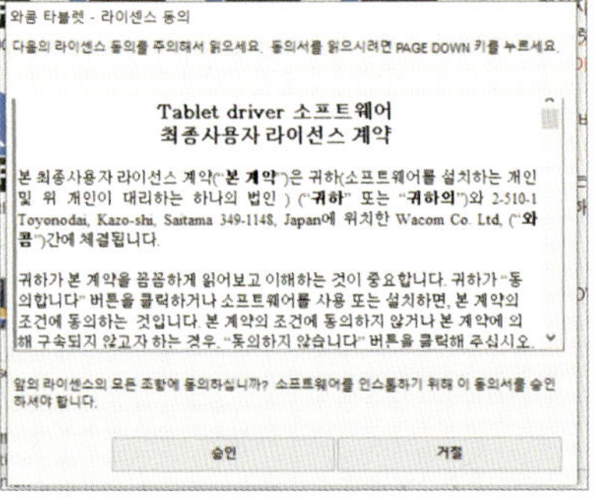

지시에 따라서 버튼을 클릭하면 아무런 문제가 없습니다.

STEP 3

프로그램에 와콤 폴더가 추가되었습니다. 다른 제조사의 제품이라도 기본적으로 드라이버를 설치하는 과정이 필요하니 알아두도록 합시다.

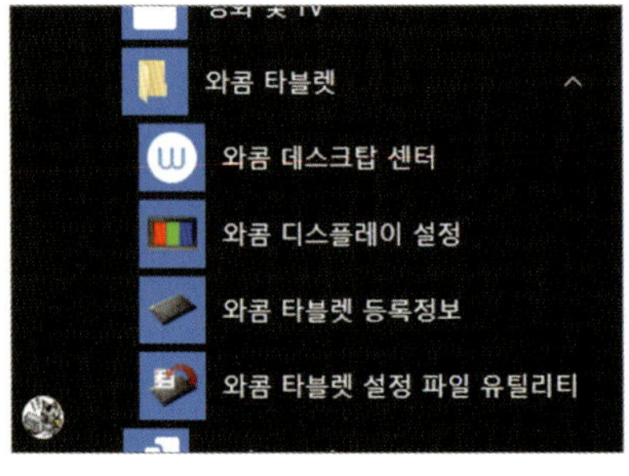

몇 가지 항목이 있지만 설정에서 가장 중요한 '등록정보'는 다음 페이지에서 설명하겠습니다.

속성

타블렛의 사용자 설정을 할 수 있습니다. 본체에 있는 버튼에 단축키를 할당하거나 펜촉의 감촉 등을 설정합니다. 쓰기 쉽게 설정하면 작업효율도 큰 폭으로 상승합니다.

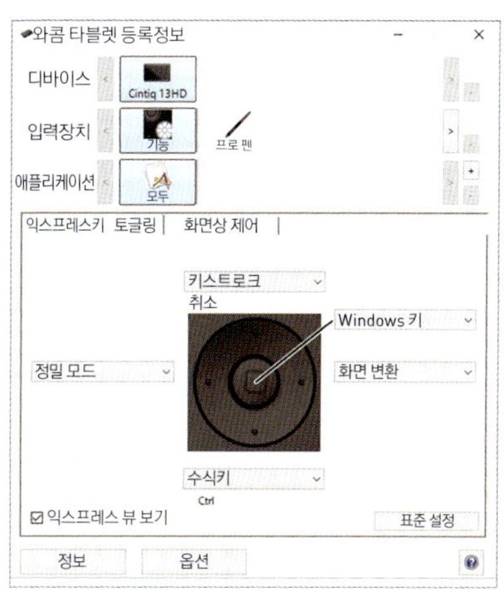

타블렛 본체에 있는 둥근 버튼(토글링)의 단축키를 할당합니다. 쉽게 조작할 수 있으니 사용빈도가 높은 기능을 등록합시다.

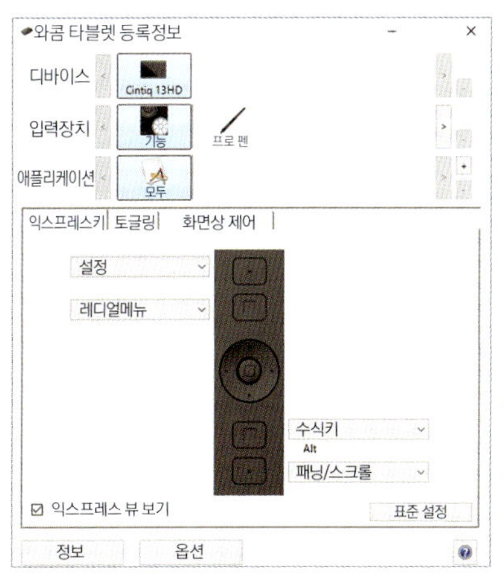

타블렛 본체에 있는 버튼(익스프레스키)에 단축키를 할당합니다. 자주 쓰는 기능을 등록합니다.

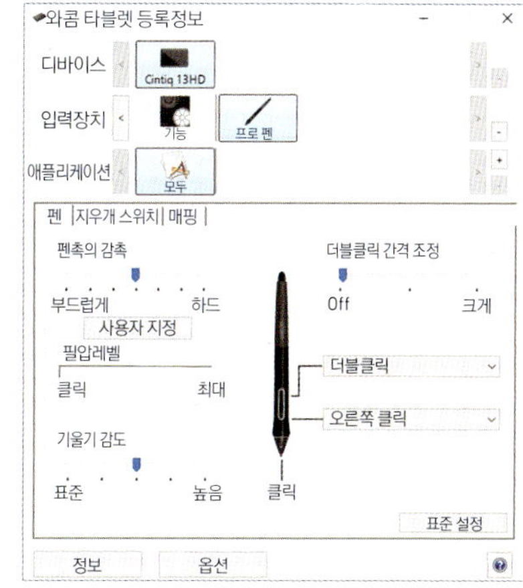

펜촉의 감촉처럼 그리는 감각에 영향을 주는 항목을 설정합니다. CLIP STUDIO PAINT에서도 설정할 수 있지만, 저는 이쪽에서 설정하는 편입니다.

디스플레이 설정

액정 타블렛의 컬러 설정을 할 수 있는 창입니다. 액정 타블렛으로 컬러 일러스트를 그릴 때 중요하므로 제대로 설정해놓도록 합시다.

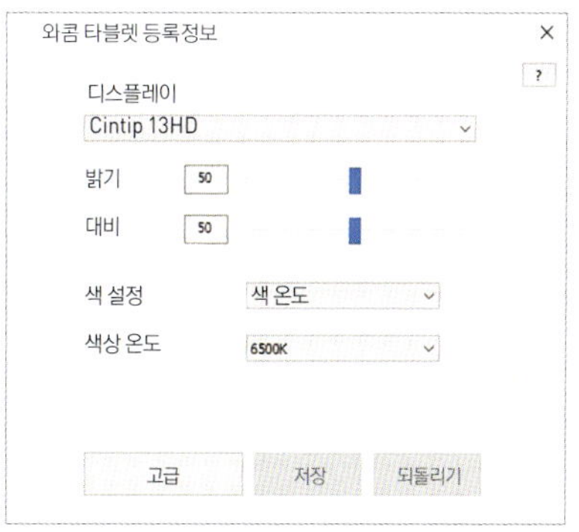

'밝기'와 '대비' 등의 항목이 있습니다. 너무 밝거나 어둡지 않게 설정합시다.

데스크탑 센터

최신 드라이버 업데이트와 설정 백업, 사용자 지원 웹사이트 접속 등 다양한 보조 항목을 이용할 수 있습니다. 인터넷 환경이 요구되는 기능입니다.

설정 파일 유틸리티

PC를 여러 명의 사용자가 함께 쓸 때는 각 타블렛의 설정을 관리할 수 있습니다.

모니터는 어떤 걸 선택해야 할까?

A. 중요하게 여기는 항목을 기준으로 선택하자

PC 환경을 갖추는 데 모니터 선택도 중요합니다. 물론 성능이 높은 모니터를 선택하면 좋지만 그만큼 가격도 높아집니다. 이번에는 모니터의 선택 기준이 될 항목을 몇 가지 설명하겠습니다. 자신이 중요하게 여기는 항목과 예산의 균형을 생각하면서 구입해야 합니다.

시야각

모니터를 비스듬하게 보았을 때 시야각이 넓을수록 색의 변화가 적습니다. IPS 패널은 시야각이 넓지만, 대신 가격이 비싼 편입니다.

● TN 패널

시야각은 다른 패널에 비해서 좁지만 비교적 저렴한 가격으로 구입할 수 있습니다.

● IPS 패널

시야각이 넓고 색의 변화가 적어서 일러스트 제작에 적합하지만 그만큼 비쌉니다.

화면 광택

표면에 광택이 있는 글레어 패널과 광택이 없는 논글레어 패널이 있습니다. 장시간 작업에도 눈의 피로도가 높지 않은 것은 논글레어 패널입니다.

● 글레어 패널

화면이 반짝이므로 색이 선명하게 표시됩니다. 단, 빛의 반사가 큽니다.

● 논글레어 패널

글레어 패널에 비해 발색이 밋밋한 느낌이지만, 빛 반사가 적고 눈의 피로도 경감됩니다.

크기

일러스트를 그릴 때 화면이 클수록(=작업 영역이 크다) 작업하기 쉽습니다. 20인치 이상인 편이 좋습니다. 그러나 화면이 클수록 가격도 비싸고 공간도 차지합니다. 작업환경과 예산의 균형(가성비)이 좋은 것을 선택합시다.

명암비

흑과 백을 표시할 때의 밝기 차이를 가리킵니다. 이 성능이 높을수록 명암의 차이가 명확하고 화면이 선명하게 표시됩니다.

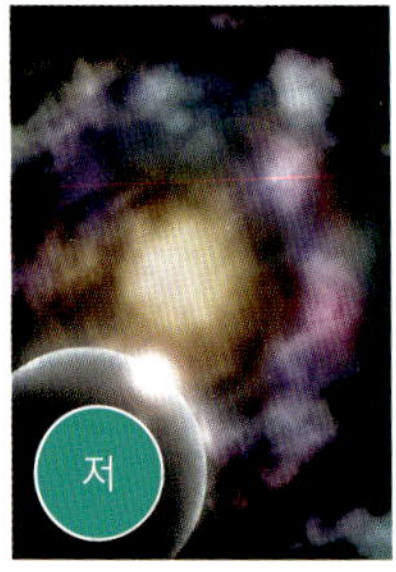

모니터마다 색이 다르게 보여

A. 차이는 당연히 있기 마련이다. 대신, 조절하는 방법도 있다

내가 그린 일러스트를 친구의 PC에서 봤더니, 생각했던 색과 달랐던 적이 있을 겁니다. 색의 데이터가 같아도 모니터의 표현 성능은 제각각입니다. 이런 차이는 피할 수 없으므로 그렇게 신경 쓸 문제는 아닙니다. 단, 특수한 조절로 색을 맞출 수 있습니다.

모니터 캘리브레이션(calibration)

모니터는 계속 사용하면 점차 색의 표현이 약해지거나 같은 기종이라도 차이가 있어서 미묘하게 차이가 생깁니다. 이럴 때 색이 정확히 표현되도록 조절하는 것을 캘리브레이션이라고 합니다. 단, 캘리브레이션은 기기에 대한 확실한 이해가 필요한 난이도가 무척 높은 작업이므로, 초보자에게는 추천하지 않습니다. 주위에 자세히 아는 사람이 없다면 초기설정을 베이스로 밝기와 대비를 조절하는 정도로 만족하는 편이 좋습니다.

계속 사용하면 색감이 변합니다.

본래의 상태로 돌아왔습니다.

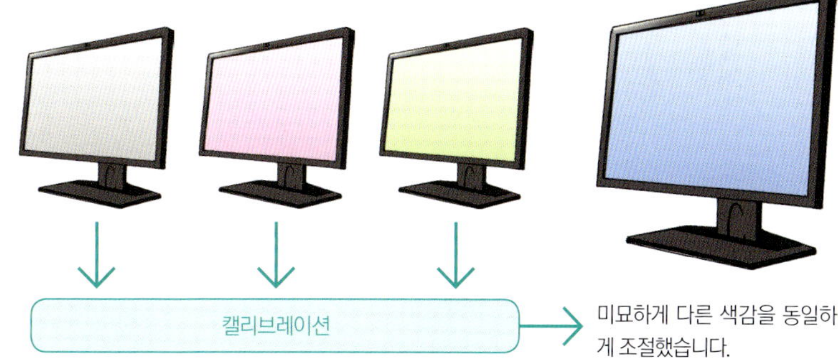

미묘하게 다른 색감을 동일하게 조절했습니다.

 POINT — 같은 모니터에서의 색감 차이를 방지하는 방법

캘리브레이션과는 다르지만 색의 차이를 방지하는 간편한 방법을 소개합니다. 동일한 모니터를 같은 설정으로 사용해도, 주위의 밝기에 따라서 차이가 생깁니다. 사람의 눈은 주위의 밝기에 따라서 인식할 수 있는 색이 달라지기 때문입니다. 따라서 PC 주위의 밝기를 항상 일정하게 유지하는 것이 중요합니다.

차광 커튼으로 작업 공간에 빛이 들어오지 않도록 하고, 실내 조명을 일정한 밝기로 유지합니다.

Q. 10 듀얼 모니터를 쓰고 싶어

A. 연결 방법을 설명합니다

한 대의 PC에 모니터 두 대를 연결하는 것을 듀얼 모니터라고 합니다. 작업 영역이 넓어져 효율도 좋아지므로, 일러스트 작업에 적합합니다. 그러나 당연히 모니터 두 대가 필요하고 대응하는 단자도 있어야 합니다.

STEP 1

먼저 PC에 모니터를 연결하는 단자가 두 개인지 확인합니다. 단자가 없다면 부품을 교체해야 합니다. 단자가 있다면 각각의 단자에 모니터를 연결합니다.

모니터의 종류에 따라서 단자의 종류가 다를 수도 있습니다. PC의 단자가 모니터의 단자와 같은지 확인합니다.

STEP 2

모니터를 두 대 연결한 뒤에, PC에서 설정을 합니다. 몇 가지 설정 방법이 있지만, 작업영역을 넓히려면 '디스플레이 확장'을 선택합니다. 이것으로 두 대의 모니터를 하나의 큰 화면처럼 사용할 수 있습니다.

바탕화면의 빈 영역에서 오른쪽 클릭으로 표시되는 메뉴에서 '디스플레이 설정'을 선택합니다.

'다중 디스플레이' 항목에서 '디스플레이 확장'을 선택하고 설정을 적용합니다.

예를 들어 작업은 왼쪽 모니터에서 하고, 참고 자료는 오른쪽 모니터에 두는 식으로 작업의 폭이 넓어집니다.

실행하는 방법을 모르겠어

A. 바탕화면의 아이콘으로 실행

CLIP STUDIO PAINT를 실행하려면 바탕화면에서 CLIP STUDIO를 먼저 실행해야 합니다. 또는 CLIP STUDIO PAINT로 만든 파일(확장자가 '.clip')을 더블클릭하면 소프트웨어가 실행되면서 파일도 바로 열립니다.

STEP 1

문제없이 설치를 끝냈다면 자동적으로 CLIP STUDIO의 바로가기 아이콘이 바탕화면에 생깁니다. 이것을 더블클릭하면 CLIP STUDIO가 실행됩니다.

STEP 2

CLIP STUDIO의 메인 화면이 표시됩니다. 왼쪽 위에 있는 'PAINT'를 클릭하면 CLIP STUDIO PAINT가 실행됩니다.

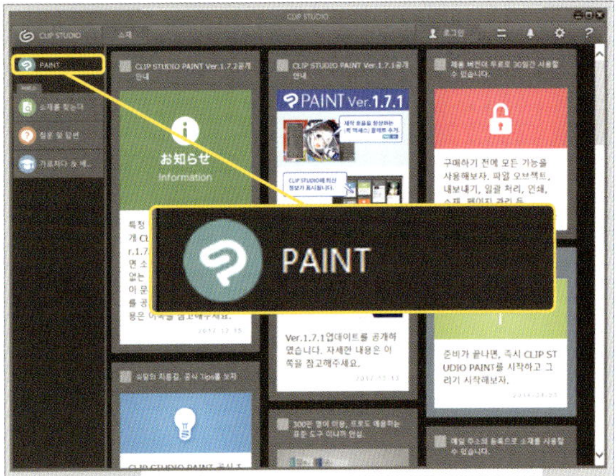

CLIP STUDIO에는 PAINT 이외에도 다양한 기능과 서비스가 있으며, 이 메인 화면에서 동시에 확인할 수 있습니다. 일단 'PAINT'는 여기에서 실행한다는 것만 알아두면 충분합니다.

STEP 3

CLIP STUDIO PAINT가 실행되면 왼쪽과 같은 화면이 표시됩니다. 여기에 다양하고 독창적인 작품을 제작할 수 있습니다.

환경 설정 항목이 너무 많아서 이해가 안 돼

A. 중요한 항목만 설정하고 나머지는 초기 설정이라도 상관없다!

CLIP STUDIO PAINT에는 다양한 항목을 자신의 취향대로 설정할 수 있습니다. 그러나 너무 많아서 무엇을 어떻게 설정하면 좋을지 몰라 고민인 사람도 있습니다. 소프트웨어를 막 쓰기 시작했다면, 특히 중요한 항목만 설정하고 나머지는 초기 설정으로 두어도 문제없습니다. 익숙해지면 다양한 항목을 설정해 봅시다.

환경 설정 창을 불러오는 법

메뉴바의 [파일]→[환경 설정]을 선택하면 환경 설정이 열립니다. 설정은 조작이 익숙해진 뒤에도 얼마든지 바꿀 수 있습니다.

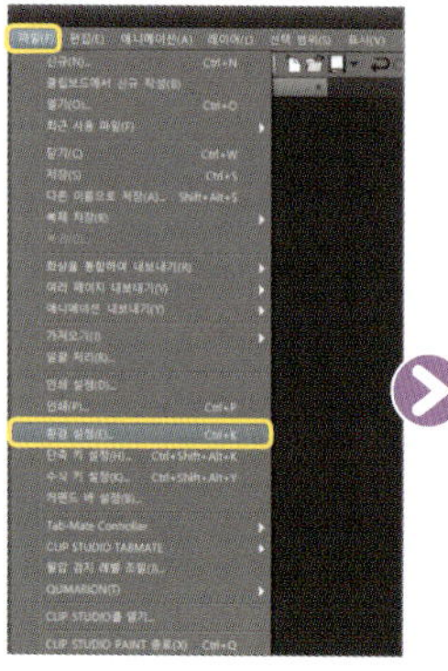

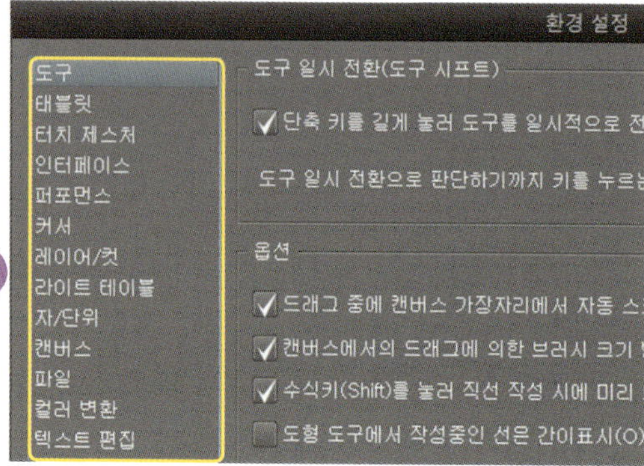

[파일]→[환경 설정]으로 창이 열리면 더 상세한 항목이 있습니다.

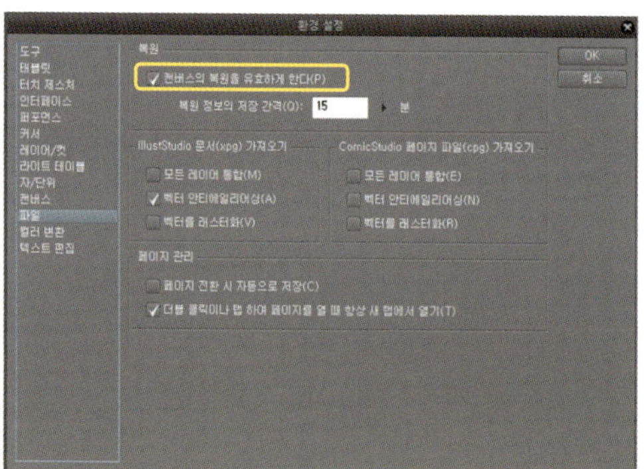

1.7.2버전에는 [파일] 항목에 [캔버스의 복원을 유효하게 한다]가 추가되었습니다.
캔버스의 편집 중에 CLIP STUDIO PAINT가 비정상적으로 종료된 경우 다음 실행 시에 편집 중인 캔버스를 자동적으로 복원합니다.

POINT ●━━━━━━━━━━ 입문자는 이 항목만 알아두자!

도구	퍼포먼스	커서	자/단위
표준 도구의 단축키를 어느 정도 눌러야 반응하는지를 설정할 수 있습니다. 표시에 관련된 옵션의 설정도 있습니다.	메모리 할당이나 실행 취소 횟수, 3D 소재의 표시에 관련된 설정을 합니다. PC 성능이 부족하다면 설정에 따라서 얼마든지 동작을 쾌적하게 만들 수 있습니다.	각 도구의 커서 모양을 지정할 수 있습니다. 표시에 적합한 추가 표시와 표시 위치도 설정 가능합니다.	자의 설정과 그리드, 재단선의 색, 불투명도 등을 설정합니다. 사용하는 단위도 변경할 수 있습니다(자세한 내용은 다음 페이지에서).

환경 설정의 '단위'는 픽셀과 mm 어느 쪽이 좋아?

A. 일러스트의 목적에 따라 변경하자

CLIP STUDIO PAINT의 단위는 'px(픽셀)'이나 'mm'를 선택하게 되는데, 각각 적합한 분야가 있습니다. 결론부터 말하자면 인터넷에 일러스트를 투고할 때는 'px', 종이로 인쇄할 때는 'mm'를 사용합니다. 설정을 얼마든지 변경할 수 있으니 변경 방법을 알아둡시다.

설정 방법

환경 설정 창의 왼쪽 메뉴에서 [자/단위]를 클릭하고, '길이 단위'를 'px' 또는 'mm'로 설정합니다. 변경하면 바로 반영됩니다.

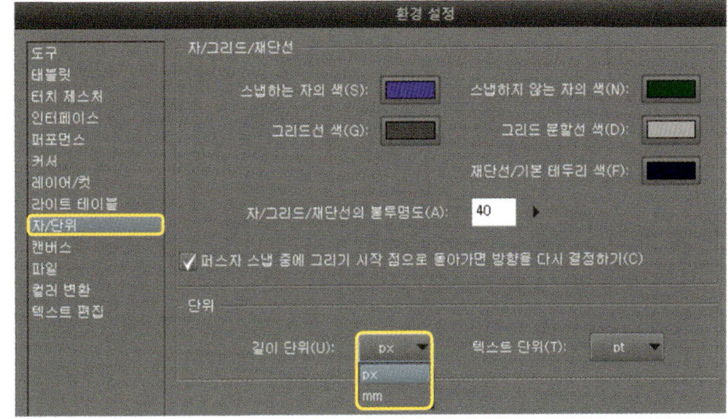

인쇄물이면 'mm'를 추천

예를 들어 A4 용지에 일러스트를 인쇄하고 싶다면 A4 크기의 캔버스를 만들고 그림을 그리면 확대나 축소를 하지 않고도 인쇄가 가능합니다. 인쇄를 전제로 했을 때는 단위를 'mm'로 설정합시다.

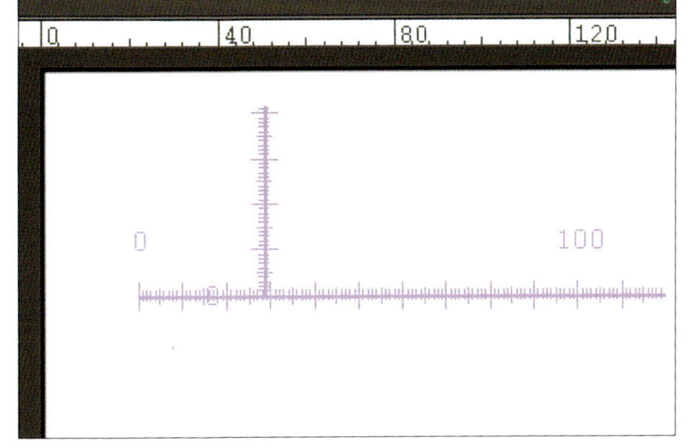

설정하면 캔버스와 브러시 크기 등의 단위도 'mm'가 됩니다.

인터넷에 공개한다면 '픽셀'을 추천

pixiv와 Twitter 등에 투고할 일러스트를 그릴 때는 단위를 'px'로 설정합니다. 이유를 자세히 설명하려면 내용이 너무 길어지니, 인터넷은 무조건 픽셀이라고 생각하면 됩니다. 캔버스를 작성할 때는 오른쪽의 크기를 참고합니다.

인터넷에 올리는 일러스트의 대표적인 크기

- 가로 450px × 세로 700px(세로가 길고 딱 적당)
- 가로 600px × 세로 850px(세로가 길고 약간 크다)
- 가로 800px × 세로 1200px(세로가 길고 크다)
- 가로 700px × 세로 450px(가로가 길고 딱 적당)
- 가로 1000px × 세로 750px(가로가 길고 약간 크다)
- 가로 1280px × 세로 800px(가로가 길고 크다)

가장 먼저 뭘 해야 하지?

A. 캔버스를 만들자

준비와 설정이 끝났으니 바로 일러스트 제작에 돌입하자고 말하고 싶지만, 무엇부터 시작해야 할지 막막한 사람을 위해 먼저 CLIP STUDIO PAINT의 작업 영역인 캔버스 만드는 법과 주의할 점을 살펴보겠습니다.

STEP 1

CLIP STUDIO PAINT를 실행한 화면입니다. 아직 캔버스가 없습니다.

STEP 2

새 캔버스를 만듭니다. 메뉴바의 [파일]에서 [신규]를 클릭합니다.

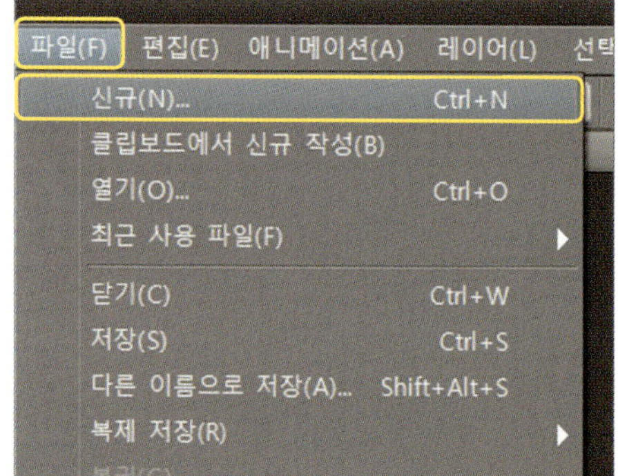

STEP 3

[신규] 창이 열리면 일러스트 작업에 적합하게 각각의 항목에 수치를 입력합니다. 구체적인 항목에 대해서는 다음 페이지에서 설명합니다.

윗부분에 있는 아이콘은 '일러스트', '코믹', '애니메이션' 등 작품의
용도를 나타냅니다. 이번에는 '일러스트'를 선택합니다.

파일명을 입력합니다. 데이터의 이름이므로 가능하면 구별하기
쉽게 짓는 편이 좋습니다.

아무것도 입력하지 않으면
'신규 캔버스'라는 이름이 됩
니다.

캔버스의 크기와 해상도(자세한 설명은 42페이지)를 입력합니다.
A의 메뉴에 준비된 설정을 선택하거나 B에 직접 입력할 수 있습
니다. 이번에는 A4 크기를 선택했습니다.

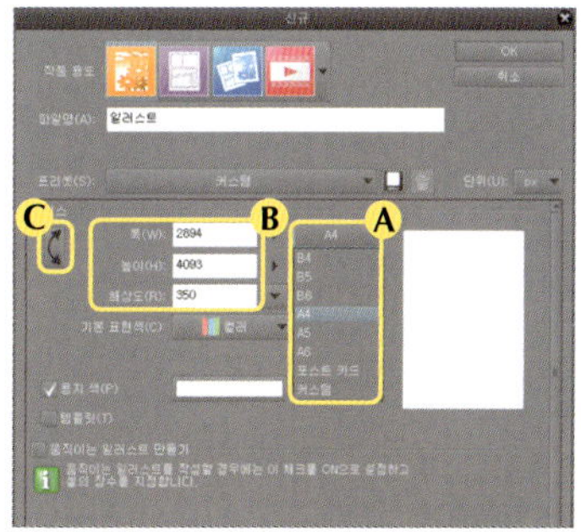

C의 버튼을 클릭하면 가로
세로의 길이를 반대로 설정
할 수 있습니다.

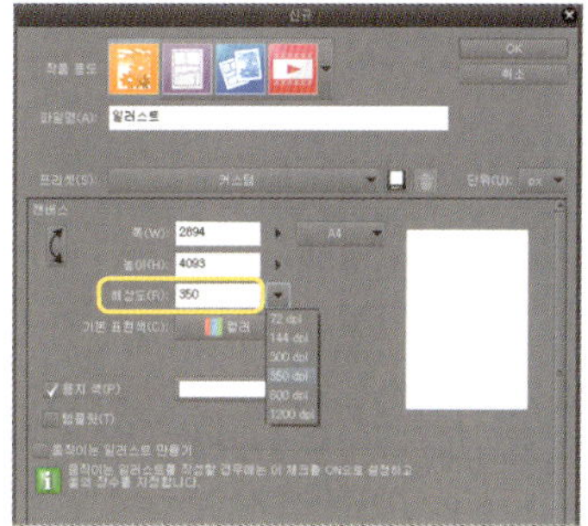

해상도를 정합니다. 컬러 일
러스트는 350dpi로 설정하
면 됩니다.

필요 항목을 입력하고 'OK' 버튼을 클릭하면 캔버스가 표시됩니다.
이제 캔버스에 자유롭게 그림을 그릴 수 있습니다. 캔버스 설정은
나중에도 변경할 수 있지만, 처음부터 정확하게 입력하는 것이 실
수를 줄이는 지름길입니다.

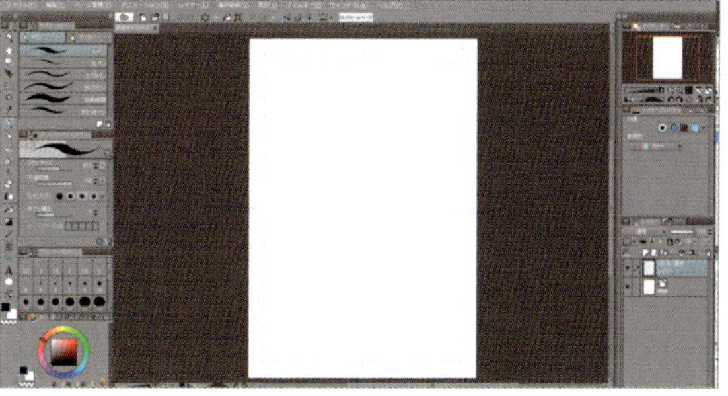

Q. 15

화면을 봐도 뭐가 뭔지 모르겠어

A. 인터페이스 보는 방법을 설명합니다

CLIP STUDIO PAINT는 일러스트를 그리는 데 필요한 다양한 기능을 제공합니다. 이번에는 CLIP STUDIO PAINT의 초기 화면을 보면서 도구와 각종 창의 명칭과 대강의 기능을 살펴보겠습니다. 자세한 사용 방법은 이 책을 읽어나가면 서서히 이해하게 될 것입니다.

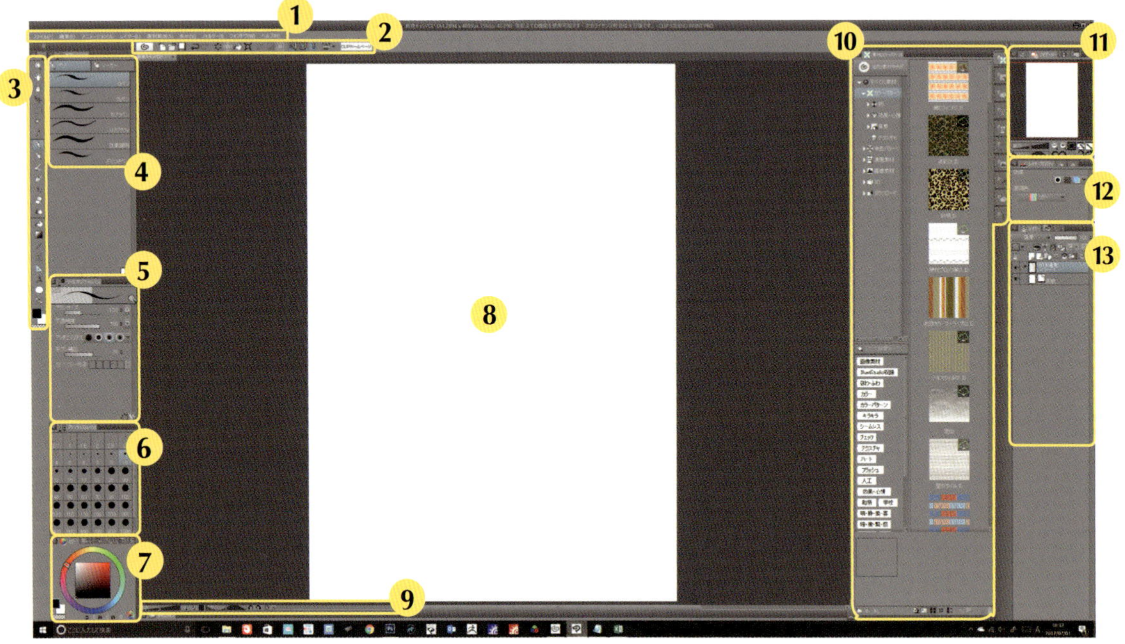

❶ 메뉴바

환경 설정과 캔버스 작성, 저장, 창 표시 등 많은 조작을 할 수 있습니다.

❷ 커맨드바

주로 사용하는 기능의 아이콘을 모아둔 부분입니다. 아래의 이미지는 일종의 예시이며, 자신이 쓰기 쉽게 배치와 기능을 설정하면 작업 능률도 높아집니다.

선을 그리거나 지우며, 색을 칠하고, 톤을 붙이는 등의 도구를 모아
둔 창입니다. 사용하기 쉽게 설정할 수 있습니다.

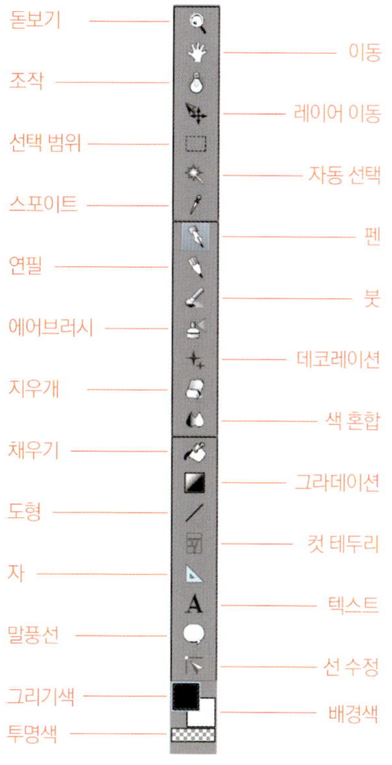

❹ 보조 도구

도구를 선택하면 보조 도구가 표시됩니다. 선택한 도구의 다양한
기능을 선택할 수 있습니다.

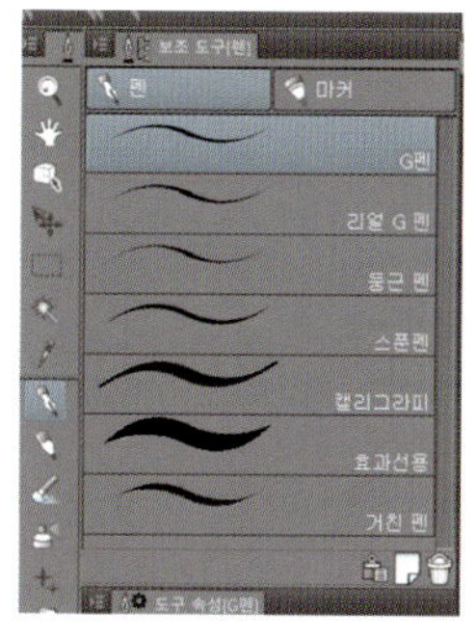

펜 도구를 선택했을 때 표시되는 보조
도구입니다. 다른 도구를 선택하면 창의
표시도 변합니다.

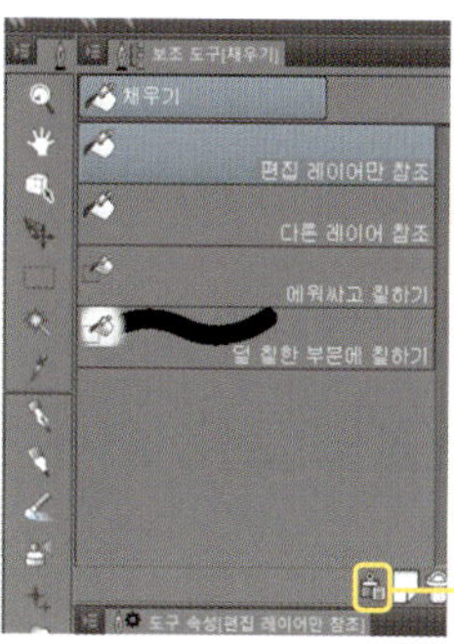

채우기 도구를 선택했을 때 표시되는
보조 도구입니다. 채우기 도구의 다양한
기능을 선택해서 사용할 수 있습니다.

1.7.2버전에는 [보조 도구]에 [보조 도구
소재를 가져오기]가 추가되었습니다.
CLIP STUDIO ASSETS에서 다운로
드한 보조 도구 소재를 불러옵니다.

❺ 도구 속성

선택 중인 보조 도구의 옵션을 조절하는 창입니다. 오른쪽 아래의
공구 아이콘을 클릭하면 [보조 도구 상세] 창이 열리고 상세한 조절
이 가능합니다.

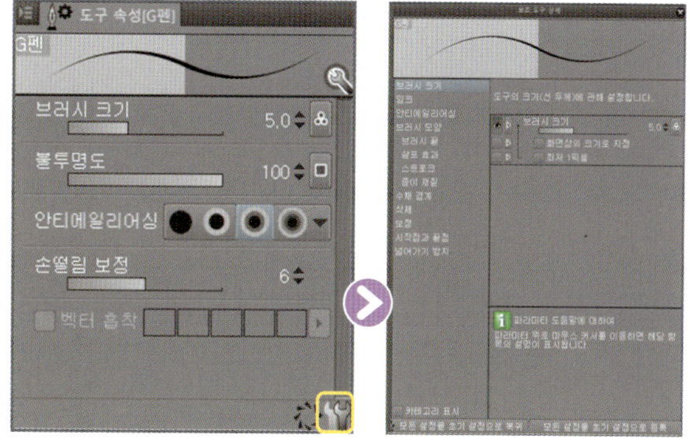

❻ 브러시 크기

펜과 연필, 지우개 등의 크기를 일람에서 선택할 수 있습니다.

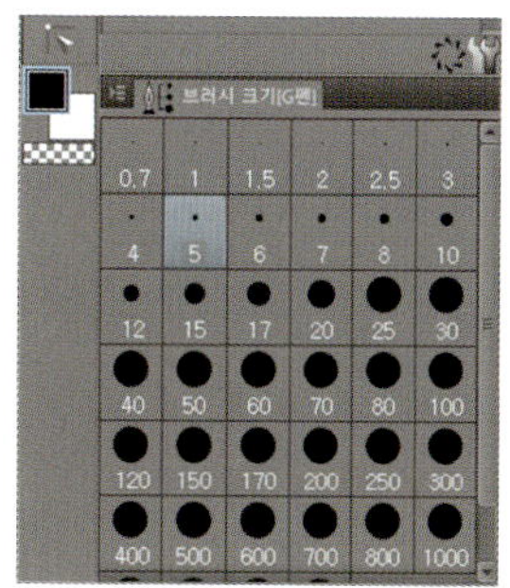

❼ 컬러 창의 종류

그리기색과 배경색을 선택할 수 있습니다. 다양한 종류가 있으니
용도에 적합하거나 평소 잘 쓰는 색을 선택합니다.

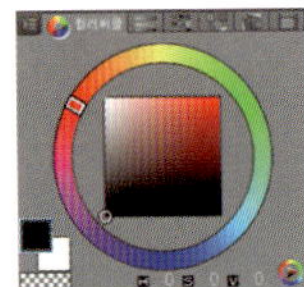

● **컬러 써클**

마음에 드는 색을 클릭 또는 드래그로 선택합니다.
원 부분에서 원하는 색상을 선택하고 중앙 부분에서
좀 더 상세한 색을 선택합니다.

● **컬러 슬라이더**

RGB, HSV/CMYK 중 하나를 선택해서 슬라이더로
색을 설정할 수 있습니다.

● **컬러 세트**

색을 등록해 두면 클릭만으로 색을 선택할 수 있습니
다. 나만의 오리지널 세트를 만드는 것도 가능합니다.
1.7.2버전에는 [컬러 세트] 메뉴에 [색의 이름을 변경]
이 추가되었습니다.

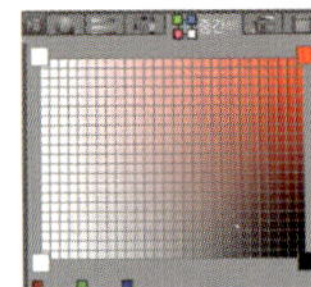

● **중간색**

네 귀퉁이에 배치된 타일의 색을 기준으로 중간색을
표시합니다.

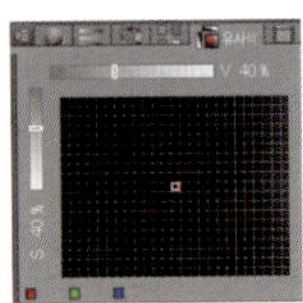

● **유사색**

선택한 색에 가까운 색을 표시합니다.

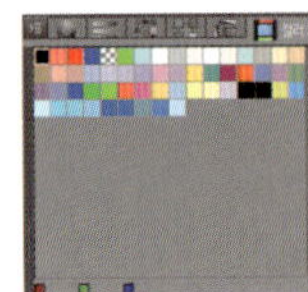

● **컬러 히스토리**

그리기색의 이력을 표시하는 창입니다. 왼쪽 위가 가
장 최근에 사용한 그리기색입니다.

❽ 캔버스

일러스트와 만화를 그리는 공간입니다.

❾ 캔버스 컨트롤

캔버스를 확대/축소, 회전시킬 수 있습니다.

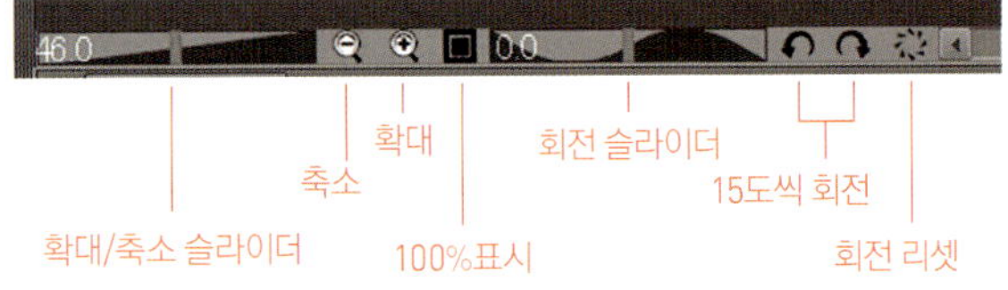

❿ 소재

기본적으로 제공하는 톤, 말풍선, 3D 소재 등을 쓸 수 있습니다.
오리지널 소재를 작성하고 등록하거나 다운로드할 수 있습니다.

● **컬러 패턴/배경**

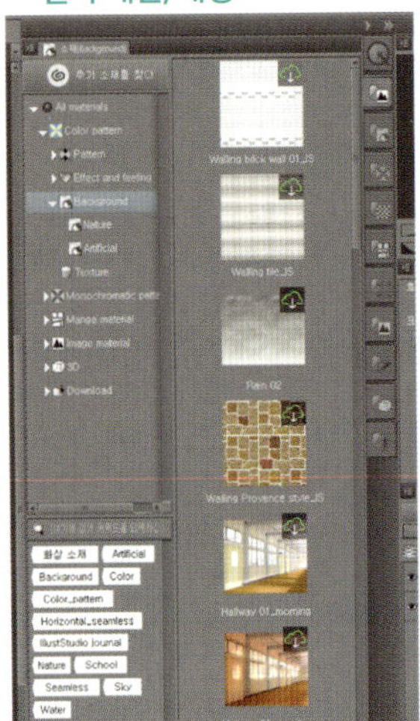

● **화상**

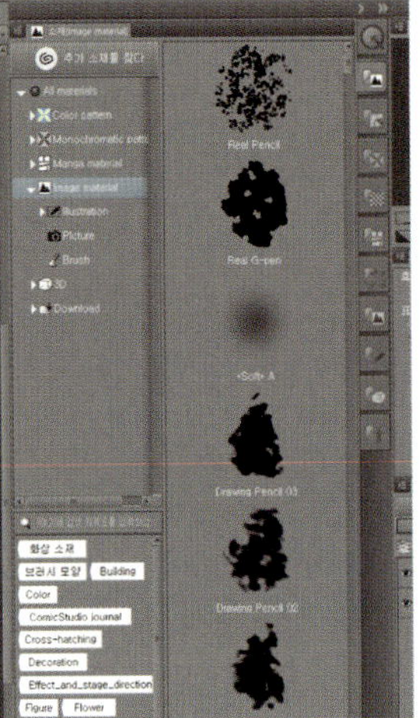

● **3D**

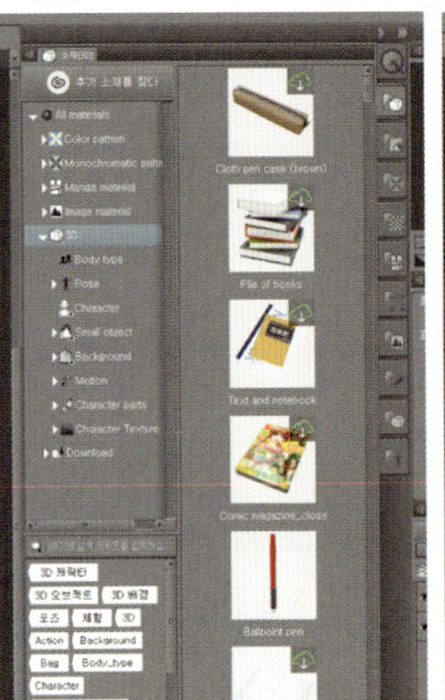

●**3D/포즈**

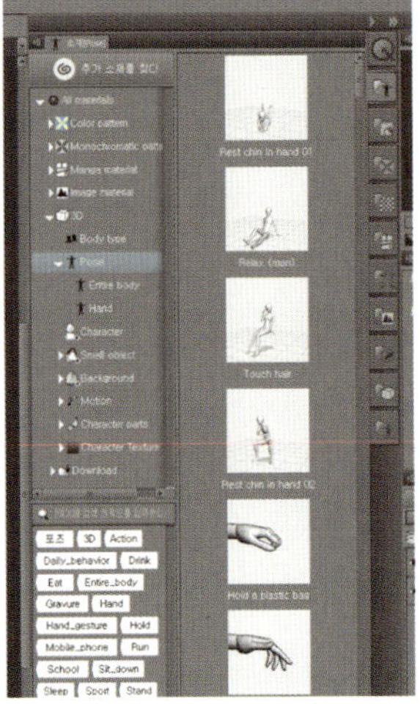

⑪ 내비게이터

캔버스의 섬네일이 표시됩니다. 표시의 확대/축소와 표시 위치를
옮길 수 있습니다.

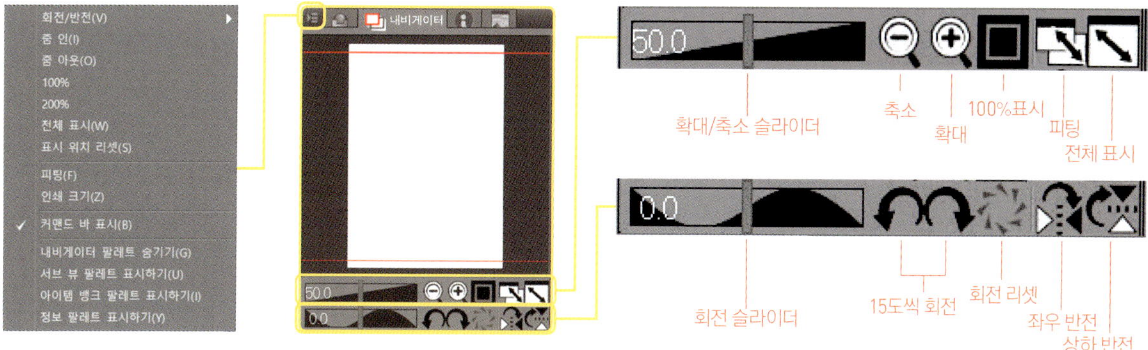

⑫ 레이어 속성/레이어 검색

● 레이어 속성

레이어를 조절합니다. 선택 중인 레이어 별로 표시되는 항목이
다릅니다.

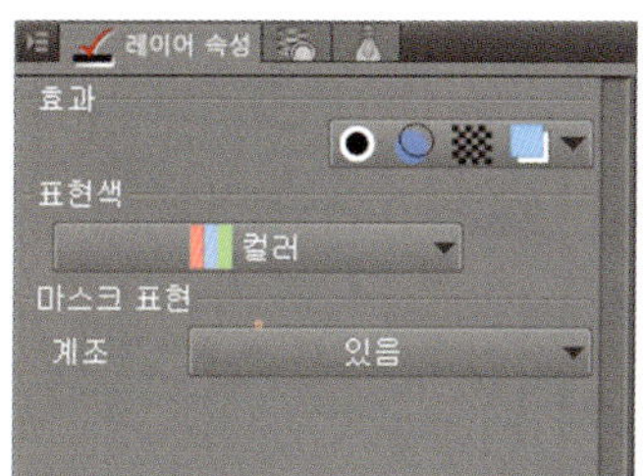

래스터 레이어에 마스크를
적용한 상태

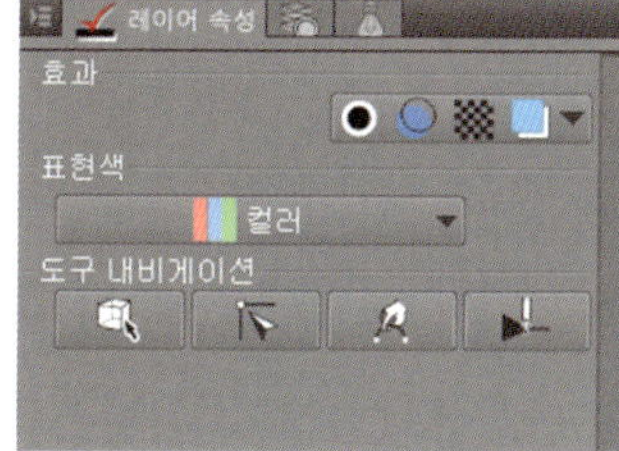

벡터 레이어를
선택한 상태

● 레이어 검색

레이어가 너무 많이 늘어나 찾기 어려울
때 원하는 레이어를 찾을 수 있는 기능
입니다.

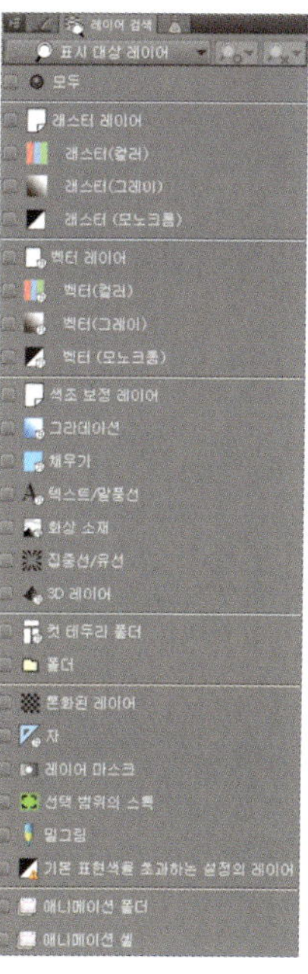

⑬ 레이어/작업 내역

● 레이어

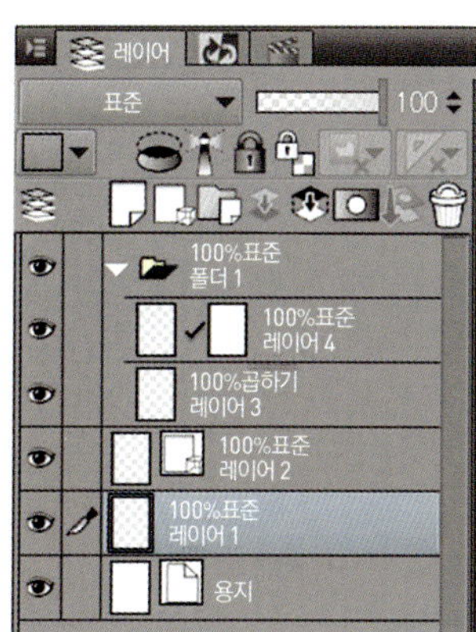

레이어가 표시됩니다. 레이어를
전환하거나 삭제, 복제 등의 조작
을 합니다.

● 작업 내역

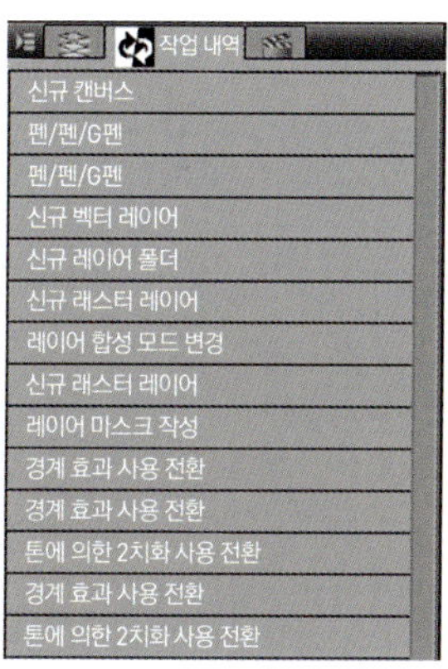

지금까지 실행했던 작업의
이력이 표시됩니다.

작업을 잠시 쉬고 싶어

A. 클립 스튜디오 형식으로 저장하자

그림을 그리는 도중에 중단해야 할 상황일 때는 확실하게 저장합니다. CLIP STUDIO PAINT에서 저장하면 '.clip'이라는 확장자 파일이 만들어집니다. 이 파일을 더블클릭하면 작업을 바로 재개할 수 있습니다. 또한 장시간 작업을 계속할 때도 틈틈이 저장하는 습관을 들여야 합니다.

STEP 1

중단하고 싶을 때는 메뉴바의 [파일]→[저장]을 클릭합니다.

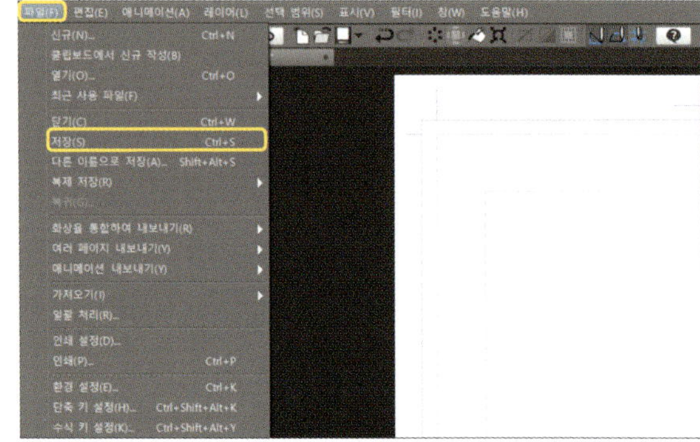

STEP 2

[저장] 창이 열립니다. 파일명 부분은 캔버스를 신규로 작성했을 때의 이름이 표시됩니다. 파일명을 변경하고 싶다면 다시 입력합니다. 파일의 종류가 'CLIP STUDIO FORMAT'으로 표시되어 있는지 꼭 확인해야 합니다. 저장 위치를 선택하고 '저장'을 클릭하면 완료입니다.

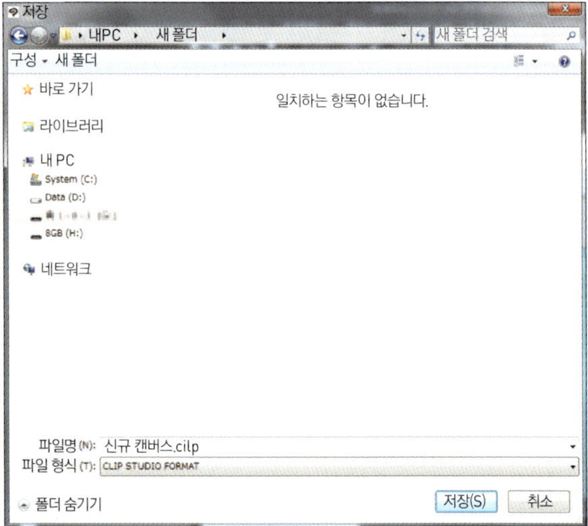

STEP 3

제대로 저장되면 '.clip'이라는 확장자가 붙은 파일이 생깁니다. 이 파일을 더블클릭하면 자동적으로 CLIP STUDIO PAINT가 실행되고 작업을 재개할 수 있습니다.

파일의 확장자가 '.clip'인지 확인합니다.

초보 탈출을 위한
의문해결!

이제 막 CLIP STUDIO PAINT에 입문했을 때 품게 되는
의문을 해소하고, 브러시와 선택 범위와 같은
기본적인 도구의 조작 방법뿐만 아니라 작업에 관련된
기술적인 내용을 살펴보겠습니다.

실수했을 때 이전 단계로 돌아가려면?

A. 실행 취소나 작업 내역 기능을 사용하자

누구나 그림을 그리다가 실수를 하게 됩니다. 아날로그 작업에서는 지우개로 지우거나 다른 종이에 처음부터 다시 그려야 하지만, CLIP STUDIO PAINT에서는 손쉽게 실수하기 전 단계로 돌아갈 수 있습니다. 디지털에서 그림을 그릴 때 가장 큰 장점이므로 실패를 두려워하지 말고 계속해서 그려보세요.

'실행 취소'로 되돌아가기

메뉴바의 [편집]에서 [실행 취소]를 선택하면, 바로 전 단계로 되돌아갑니다. 되돌리고 싶은 단계까지 반복합니다. 또는 단축키인 'Ctrl+Z'나 태블릿에 할당한 단축키로도 실행할 수 있습니다.

실수로 얼굴에 선을 그어 버리고 말았습니다! 이럴 때는 당황하지 말고 [실행 취소] 기능을 쓰면 됩니다.

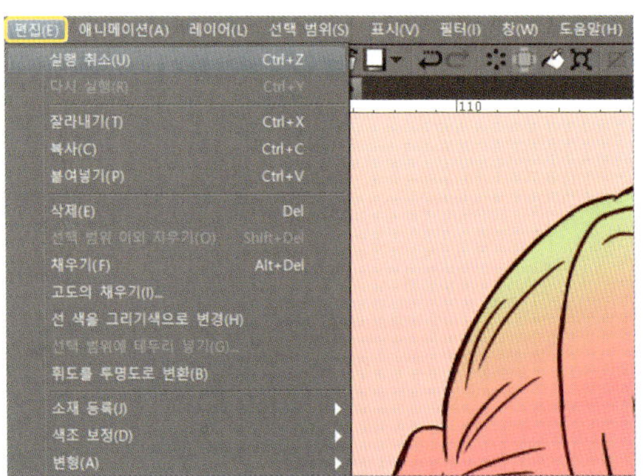

'작업 내역'으로 되돌아가기

CLIP STUDIO PAINT에서는 실행한 작업의 이력이 기록됩니다. 이 기록을 따라가면 과거의 상태로 되돌아갈 수 있습니다. 메뉴바의 [창]에서 [작업 내역]을 선택하고 되돌아가고 싶은 지점을 클릭합니다.

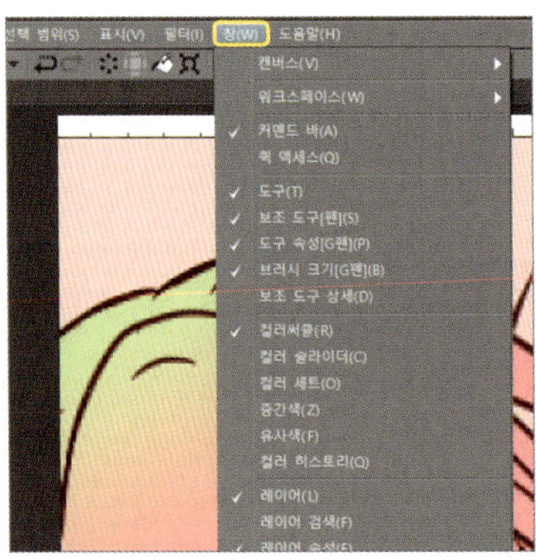
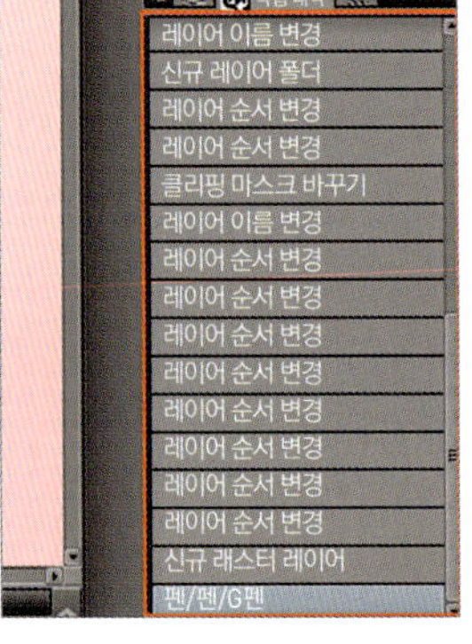

[작업 내역] 창에는 지금까지의 작업이 기록됩니다. 클릭한 위치의 상태로 되돌아갑니다.

캔버스 크기를 바꾸고 싶어

A. '캔버스 사이즈 변경'으로 재설정

캔버스를 작성할 때 크기를 정했지만 작업 중에 변경해야 하는 순간도 있습니다. 그때를 대비해 변경 방법을 설명합니다. 단, 작업 중에 변경하면 문제가 발생할 가능성이 있습니다(축소할 때 일러스트가 잘려나가는 등). 가능하면 변경할 필요가 없도록 처음부터 제대로 설정해야 합니다.

STEP 1

변경하고 싶은 캔버스를 불러온 상태에서 메뉴바의 [편집]에 있는 [캔버스 사이즈 변경]을 선택합니다.

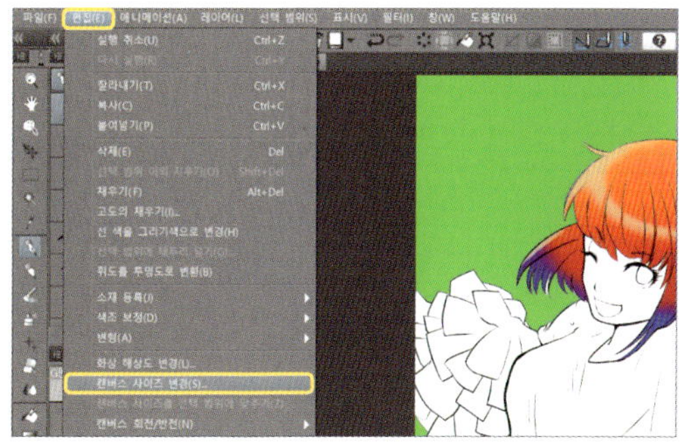

캔버스가 열려있지 않으면 선택할 수 없습니다.

STEP 2

변경하고 싶은 캔버스의 크기를 입력하고 'OK'를 클릭하면 변경됩니다. 현재의 크기보다 확대했을 때와 축소했을 때에 처리가 살짝 다르니 주의해야 합니다.

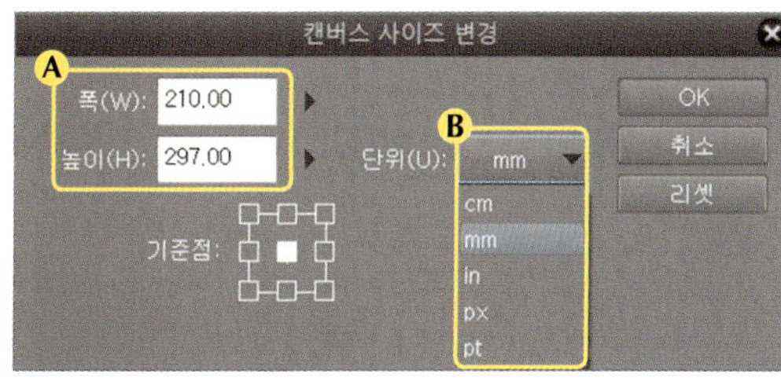

Ⓐ에 수치를 입력하고 Ⓑ에서 단위를 선택합니다.

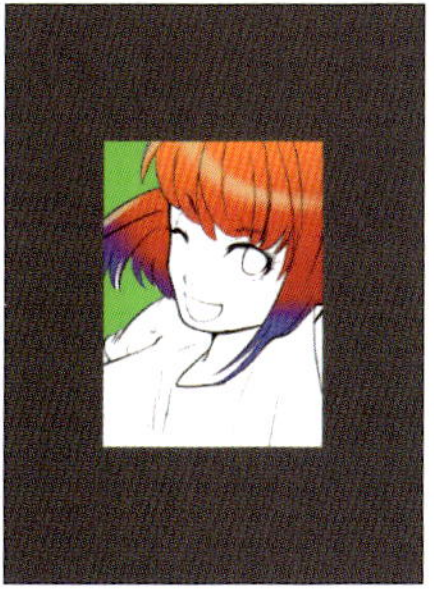

● 축소한 캔버스

캔버스를 축소하면 현재 그리고 있는 일러스트가 잘립니다.

● 확대한 캔버스

확대한 부분은 격자처럼 되고, 이 부분은 투명한 상태로 표시됩니다.

POINT　수동으로 크기를 조절하는 방법

수치를 입력하지 않고도 바운딩 박스를 직접 드래그해서 변경할 수 있습니다. 그림을 보면서 크기를 변경하고 싶을 때 추천하는 방법입니다.

캔버스 주위에 8개의 점이 나타납니다. 임의의 점을 드래그해서 크기를 조절하면 됩니다.

크기 조절이 끝난 뒤 'Enter'를 누르면 크기 변경이 완료됩니다.

해상도가 뭐지?

A. 해상도란 이미지의 밀도!

일러스트를 그릴 때 설정한 해상도는 간단히 설명하면 그림의 선명한 정도입니다. 수치가 높을수록 깔끔한 이미지라고 생각하면 됩니다. 해상도는 'dpi'라는 단위로 표시됩니다. 컬러 일러스트를 인쇄할 때는 350dpi, 모노크롬 일러스트를 인쇄할 때는 600dpi, 인터넷에 공개한다면 72dpi를 추천합니다.

해상도가 높을수록 그림이 선명하다

350dpi와 72dpi의 이미지를 비교해보면 350dpi가 더 선명하다는 것을 알 수 있습니다. 깔끔하고 화질이 좋은 일러스트를 그리려면 해상도가 높은 편이 좋지만, 처리에 시간이 더 걸립니다.

350dpi

확대해도 선이 제대로 표시됩니다. 고화질 일러스트를 그리는 데 적합합니다.

72dpi

확대하면 선이 거칠어집니다. 그러나 데이터가 가볍다는 이점이 있습니다.

해상도 설정 방법

해상도는 캔버스를 작성할 때 설정합니다. 이후에도 변경할 수 있지만(상세한 내용은 다음 페이지), 문제점이 발생할 가능성이 있으니 처음부터 정확하게 설정해야 합니다.

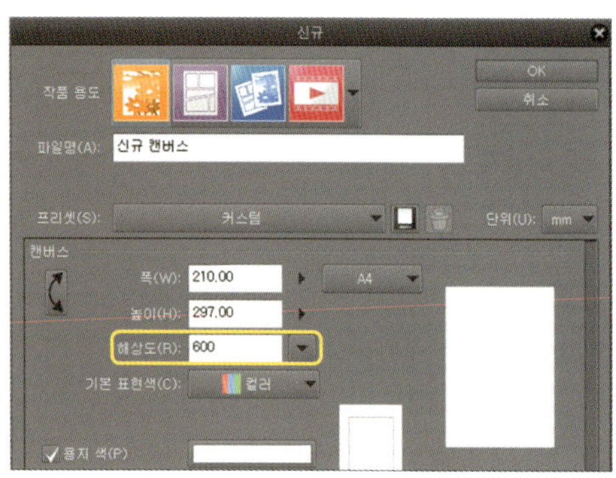

캔버스를 만들 때 '해상도'의 수치를 입력합니다.

해상도 설정을 잘못 했어

A. 나중에 변경할 수 있지만,
저해상도에서 고해상도로 바꿀 수 없다

컬러 일러스트를 인쇄할 때 해상도는 350dpi면 충분합니다. 그런데 600dpi로 캔버스를 만들면 처리에 시간이 걸리고 효율이 떨어집니다. 그럴 때는 해상도를 변경해야 합니다. 단, 저해상도에서 고해상도로 변경하는 것은 NG입니다(변경할 수는 있지만 화질이 나빠집니다).

STEP 1

해상도를 변경할 캔버스를 불러옵니다. 이번에는 600dpi를 350dpi로 변경합니다.

해상도가 높은 것 자체는 문제가 없지만, 작업 시간에 영향을 주는 만큼 수정할 필요가 있습니다.

STEP 2

메뉴바의 [편집]에서 [화상 해상도 변경]을 선택합니다. 화상 해상도 변경 창이 표시되면 '해상도'의 수치를 '350'으로 입력합니다. OK를 클릭하면 끝입니다.

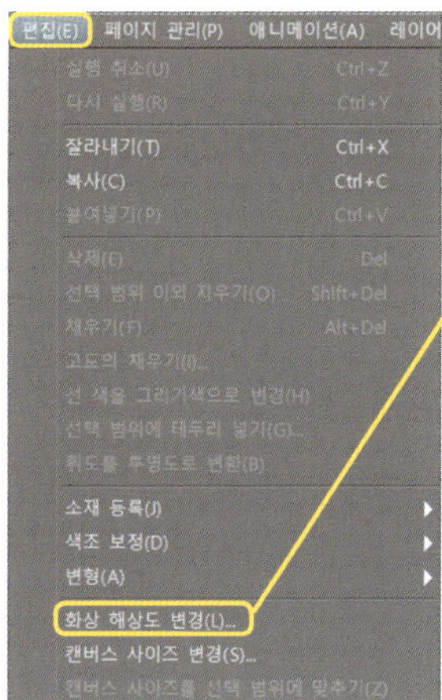

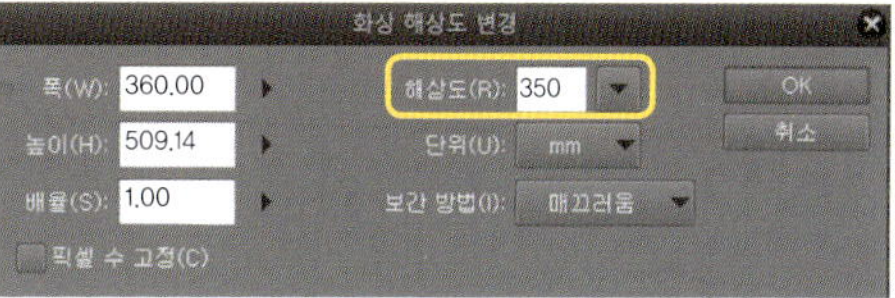

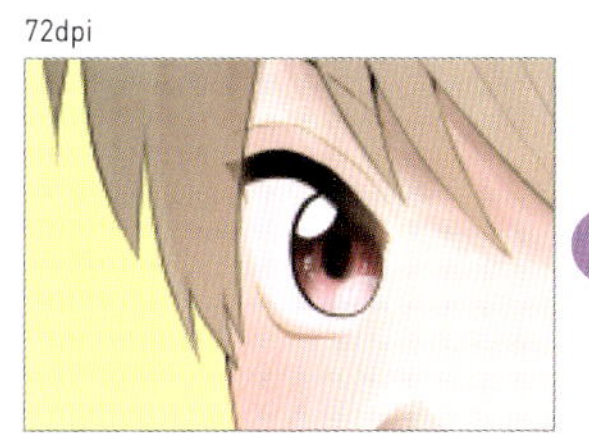

POINT

저해상도에서 고해상도로 변경은 NG

고화질을 저화질로 변경할 수는 있지만, 저화질을 고화질로 변경할 수는 없습니다. 따라서 낮은 해상도로 그린 그림을 고해상도로 변경하려면 다시 그려야 합니다. 그러므로 해상도 설정에 주의할 필요가 있습니다.

해상도를 높인다고 해서 그림이 저절로 깔끔해지는 일은 없습니다.

브러시 도구가 뭐지?
어떤 것들이 있어?

A. 브러시 도구의 사용법과 종류를 알아보자

CLIP STUDIO PAINT에서 가장 사용 빈도가 높은 것이 브러시입니다. 펜과 연필, 붓과 같은 다양한 종류를 제공하므로, 원하는 그림을 그릴 수 있습니다. 이번에는 브러시 도구의 기본 사용법을 포함해, 특히 자주 쓰는 브러시를 소개합니다. 직접 사용해보고 어떤 느낌인지 확인하는 편이 좋습니다.

STEP 1

브러시 중에서도 기본인 [펜] 도구를 사용해 보겠습니다. [펜]을 선택한 다음, 보조 도구 창에서 [G펜]을 선택합니다.

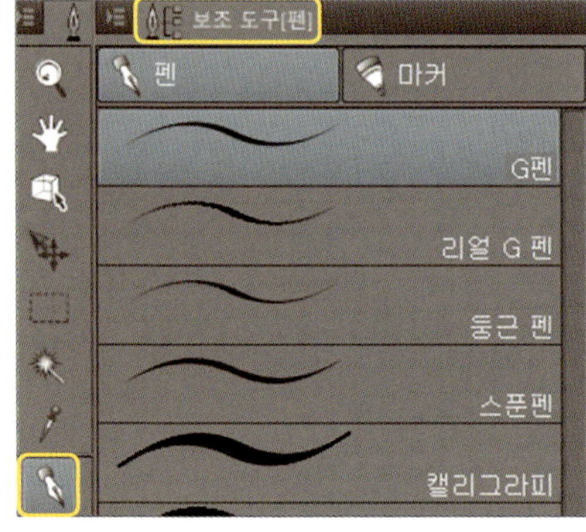

이 화면에서는 펜이 나열되어 있지만, 윗부분의 탭을 클릭하면 마커도 선택할 수 있습니다.

STEP 2

도구 속성에서 브러시 크기를 설정합니다. 수치가 높을수록 굵은 선을 그을 수 있습니다.

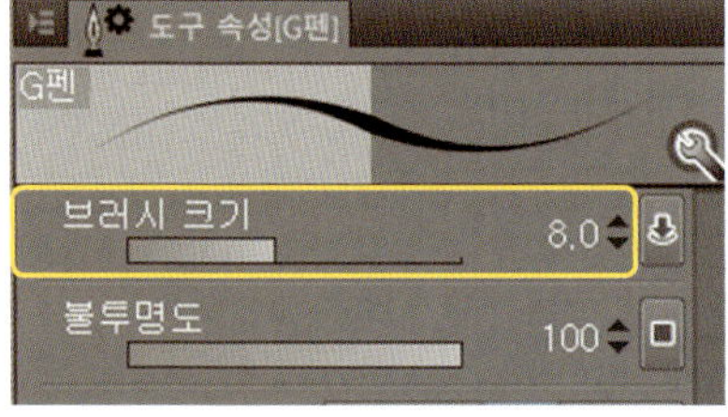

브러시 크기는 슬라이더를 조작하거나 수치 입력으로도 정할 수 있습니다.

STEP 3

타블렛 위에서 펜을 움직여보겠습니다. 캔버스에 선이 나타납니다.

[G펜]의 설정에서는 필압으로 선의 강약을 조절해서 표현할 수 있습니다.

펜

만화를 그릴 때 사용하는 G펜과 스푼펜 등 다양한 종류의 펜을 제공합니다. 선화를 그리는 데 적합합니다.

● G펜

강약을 조절하기 쉽고 박력 있는 선을 긋는 데 적합합니다. 일러스트와 만화에 모두 추천합니다.

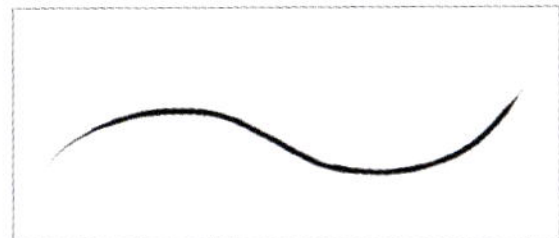

● 둥근 펜

강약의 조절도 가능하고 G펜보다 가는 선을 그을 수 있습니다. 배경 등을 그리는 데 적합합니다.

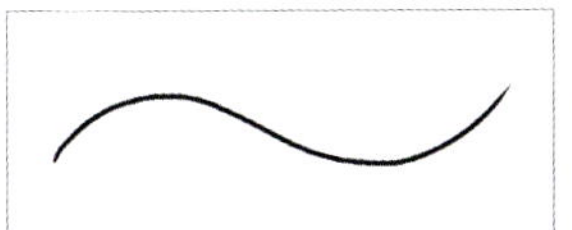

● 스푼펜

G펜과 둥근 펜보다 강약을 조절하기 어렵고 균일한 선을 그을 수 있어 초보자에게 적합합니다.

마커

펜과 달리 강약이 없는 균일한 선을 그을 수 있습니다. 굵기가 다른 것이 여러 개 있습니다.

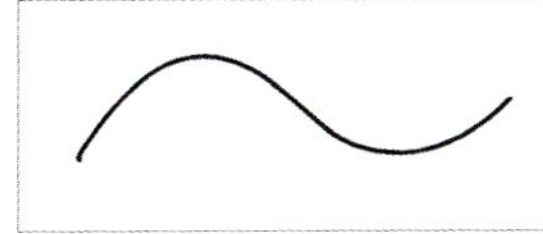

● 밀리펜

심플하며 시작점과 끝점의 차이나 강약의 조절이 적어 가는 선을 긋는 데 적합합니다.

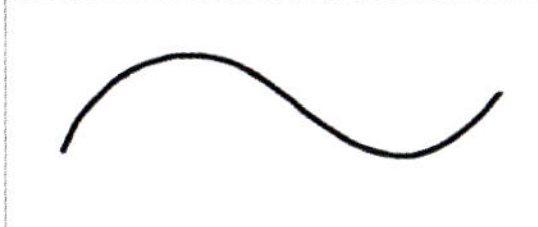

● 사인펜

밀리펜과 비슷하지만 덧칠했을 때 밑의 색과 위의 색이 섞이는 것이 특징입니다.

● 채우기펜

안티에일리어싱이 없어서(선의 가장자리가 선명하다), 채색에 적합합니다.

연필

연필처럼 농담 차이를 표현할 수 있는 도구입니다. 탭을 전환하면 초크와 크레용도 선택할 수 있습니다.

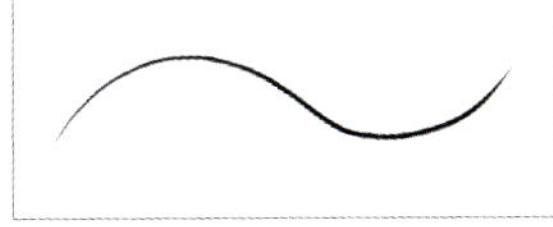

● 진한 연필

경도가 높아서 진한 선을 그릴 수 있습니다.

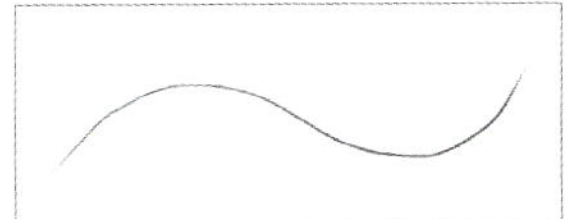

● 연한 연필

진한 연필보다 농도가 옅어 살짝 스친 듯한 선을 그릴 수 있습니다.

● 크레용

크레용으로 그린 듯한 질감의 선을 그릴 수 있습니다.

붓

수채화, 유화, 수묵화의 터치가 설정된 붓이 여러 개 있습니다. 붓으로 그린 듯한 일러스트를 그릴 때 활용합니다.

● 불투명 수채

같은 위치를 여러 번 덧칠하면 색이 변합니다. 밑에 있는 색은 비치지 않습니다.

● 투명 수채

불투명 수채와 비슷하지만 밑의 색이 비칩니다.

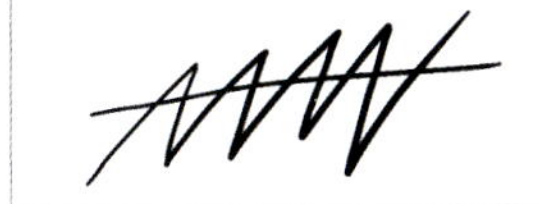

● 유채

칠하는 색이 밑에 있는 색의 영향을 받아 변화합니다.

에어브러시

스프레이를 분사하는 듯한 느낌으로 그릴 수 있는 도구입니다. 채색 작업에 유용합니다.

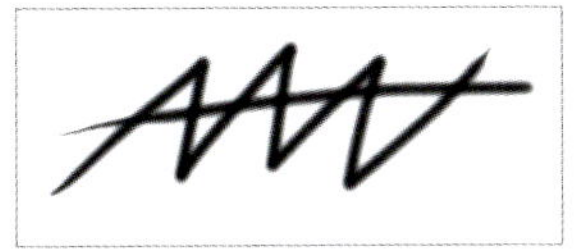

● 강함

비교적 진한 색을 칠할 수 있습니다.

●부드러움

강함에 비해 약간 흐릿하며 부드러운 느낌입니다.

데코레이션

일정한 문양으로 된 브러시로, 선을 그으면 문양을 그릴 수 있습니다. 레이스나 반짝반짝한 문양을 넣을 때 편리합니다.

● 하트 컬러

다양한 하트 문양이 불규칙하게 그려집니다. 하트의 간격을 조절할 수도 있습니다.

● 레이스 리본

레이스가 달린 리본을 그릴 수 있습니다. 옷이나 커튼 등을 그릴 때 사용하면 작업 시간이 단축됩니다.

나에게 딱 맞는 펜을 만들고 싶어

A. 나만의 커스텀 브러시를 만들자

앞 페이지에서 소개했듯이 CLIP STUDIO PAINT는 다양한 브러시를 제공합니다. 그중에서 하나를 선택하면 되므로 초보자에게는 기쁜 일이지만, 익숙해지면 자신에게 맞는 브러시를 만들고 싶어집니다. 이번에는 [펜] 도구로 커스텀 브러시를 만드는 방법을 설명하겠습니다. 설정은 직접 다양하게 시험해 보면 좋습니다.

STEP 1

이번에는 [G펜]을 활용해 만들어 보겠습니다. [펜] 도구의 [G펜]을 선택하고 오른쪽 클릭으로 메뉴를 불러온 다음에 '보조 도구 복제'를 클릭합니다.

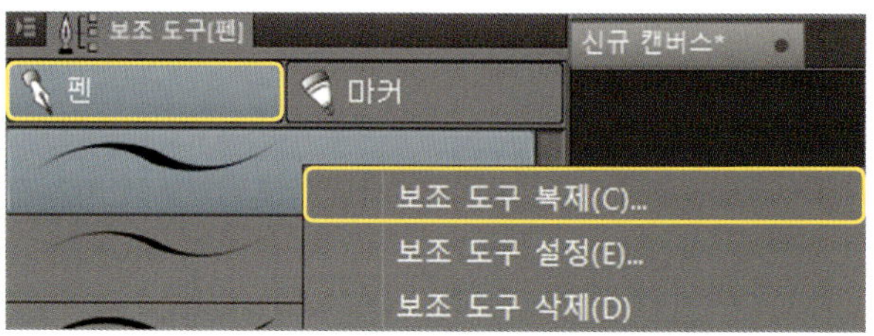

이번에는 [G펜]을 예로 설명하지만, 어떤 펜을 복제해도 상관없습니다.

STEP 2

'보조 도구 복제' 창이 열립니다. '이름'을 입력하고 'OK'를 클릭합니다. '커스텀 G펜'이라고 정했습니다.

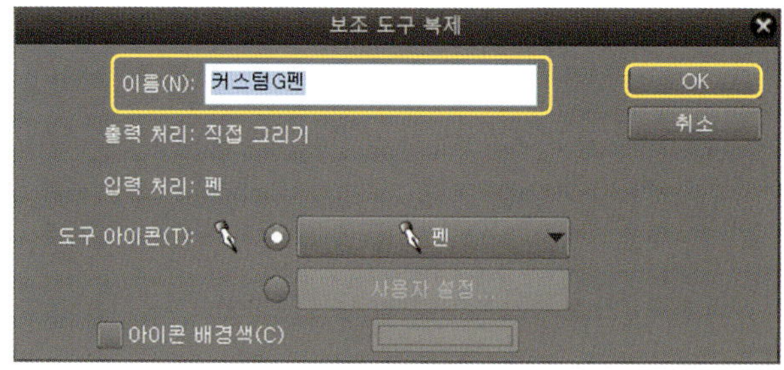

알아보기 쉬운 이름이면 뭐든 좋습니다.

STEP 3

보조 도구 창에 방금 만든 '커스텀 G펜'이 생겼습니다. 클릭으로 선택합니다.

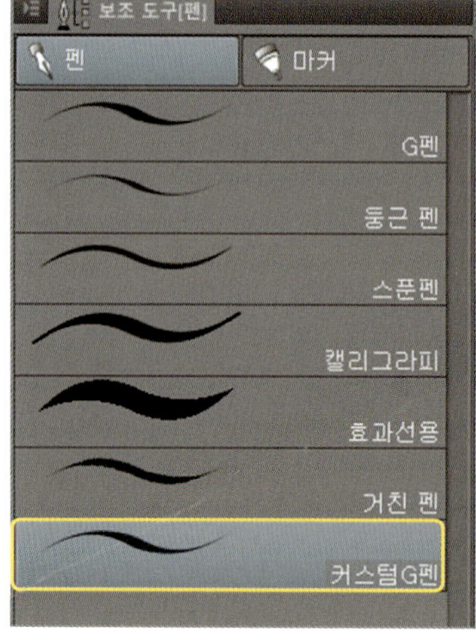

복제했을 뿐이므로 아직까지는 [G펜]의 설정과 같습니다.

도구 속성 창에서 취향에 맞게 각각의 옵션을 설정합니다.

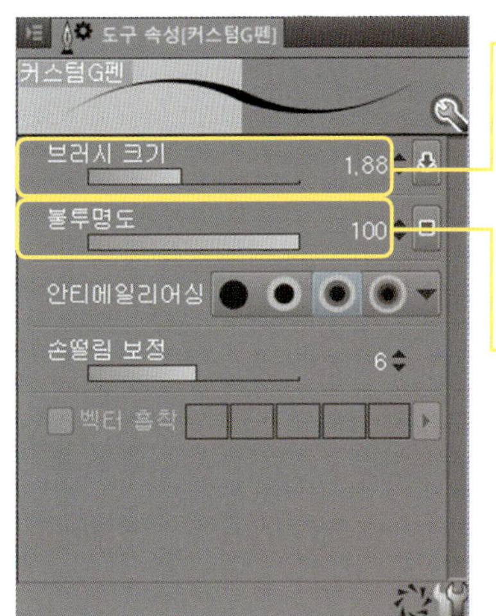

이 수치를 조절하면 브러시의 직경이 변합니다.

이 수치가 낮을수록 브러시로 칠했을 때 투명에 가깝습니다.

도구 속성의 오른쪽 아래에 있는 아이콘을 클릭하면 보조 도구 상세 창이 표시됩니다. 브러시 모양과 시작점과 끝점, 스트로크 등 다양한 설정이 가능합니다. 여러 번 시험해 보면서 내게 맞는 설정을 찾아봅시다.

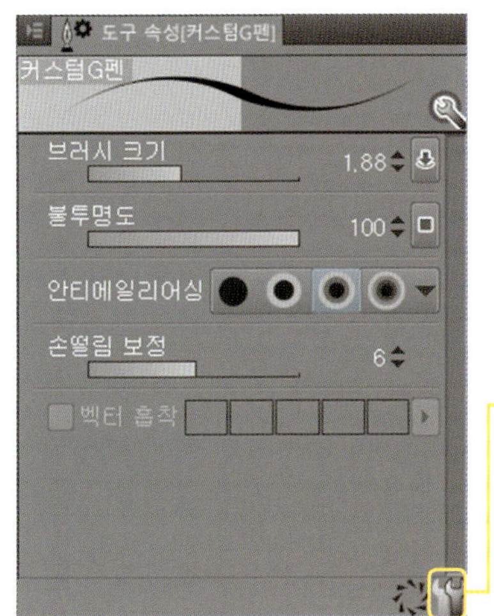

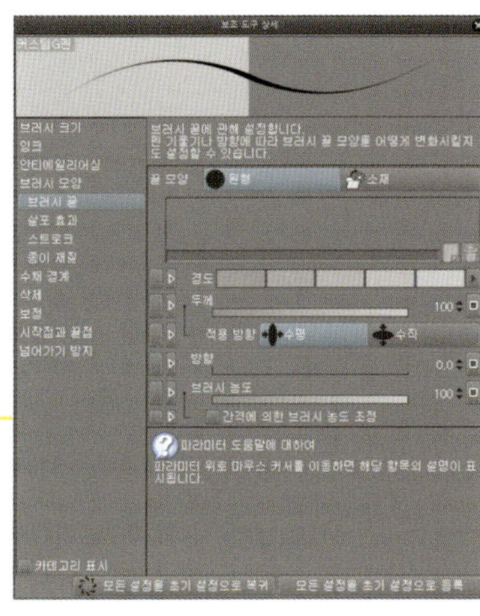

보조 도구 상세 창에서는 오른쪽 탭에 있는 항목을 선택해 각각의 기능을 설정합니다.

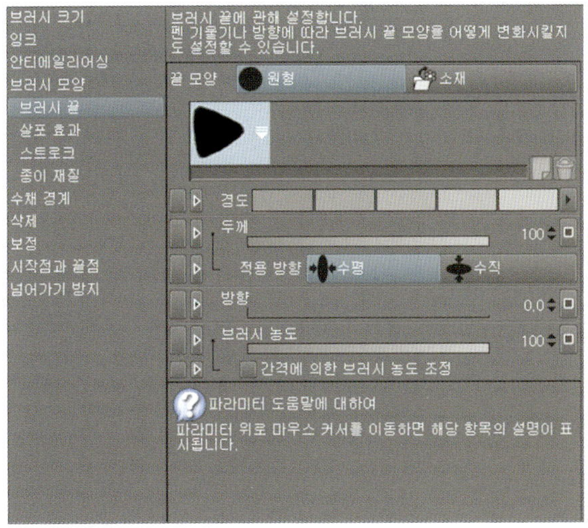

브러시의 모양을 변경하는 항목입니다. 브러시 모양은 기본적으로 제공하는 소재 중에서 선택할 수 있습니다.

위의 선이 본래의 [G펜], 아래의 선이 [커스텀 G펜]입니다. 기본 설정은 크게 다르지 않지만 인상은 굉장히 달라 보입니다.

필압의 영향을 받지 않는 펜을 쓰고 싶어

A. 필압 감지 설정을 OFF로 변경한다

타블렛은 필압을 감지해 종이에 그릴 때처럼 선의 강약을 조절할 수 있는 것이 매력입니다. 그러나 상황이나 그림체에 따라서 강약이 없는 균일한 선이 필요할 때가 있습니다. 그럴 때에 대비해 필압을 감지하지 않도록 설정하는 방법을 알아보겠습니다. 적절하게 구분해서 사용하면 좀 더 완성도 높은 일러스트를 그릴 수 있습니다.

STEP 1

먼저 사용할 펜을 선택합니다. 다양한 펜이 있지만 일단 쓰기 편한 것을 선택하면 문제 없습니다.

가장 많이 쓰는 [G펜], [둥근 펜], [스푼펜]을 추천합니다.

STEP 2

도구 속성 창의 오른쪽에 있는 작은 화살표 버튼을 클릭합니다.

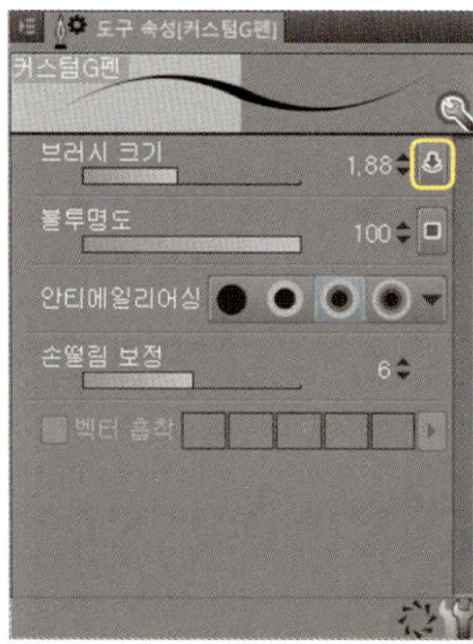

타블렛의 필압 등을 설정하는 항목을 불 러오는 버튼입니다.

STEP 3

'브러시 크기영향 기준의 설정' 창이 열립니다. 체크된 항목을 전부 해제합니다. 이제 타블렛의 필압과 기울기를 감지하는 기능 이 동작하지 않습니다.

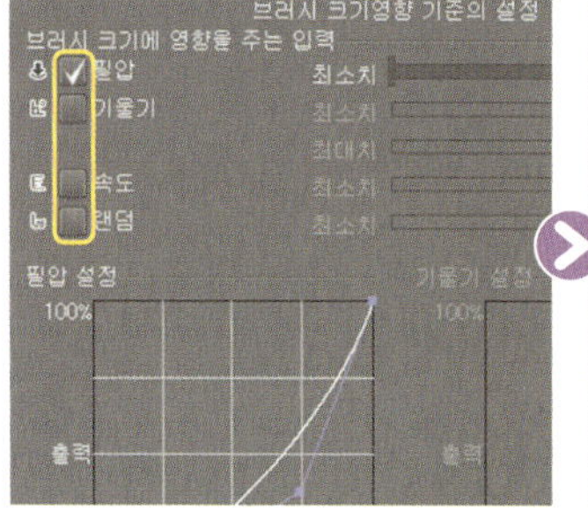
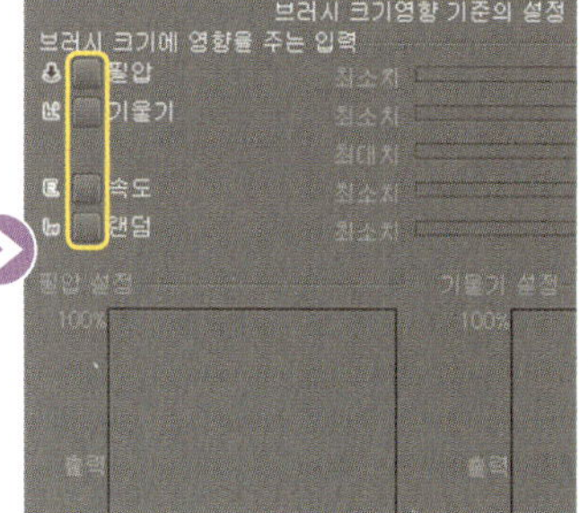

도구 속성 창의 샘플이 굵기 차이가 없는 균일한 선이 되었습니다.

모든 도구를 기본 설정으로 되돌리고 싶어

A. 초기화 실행을 사용해 되돌리는 방법

CLIP STUDIO PAINT에서는 도구 설정과 배치 등도 원하는 대로 설정할 수 있습니다. 그러나 실수로 도구를 지워버리거나 배치가 엉망진창이 되어서 초기 상태로 되돌리고 싶을 때가 있습니다. 그럴 때 초기화 실행을 합니다. 단, 사용자 설정을 한 도구도 지워지니 주의해야 합니다.

STEP 1

먼저 CLIP STUDIO PAINT를 종료합니다. 다시 CLIP STUDIO를 불러옵니다.

STEP 2

Shift키를 누른 채로 'PAINT'를 클릭하면 초기화 실행 창이 열립니다.

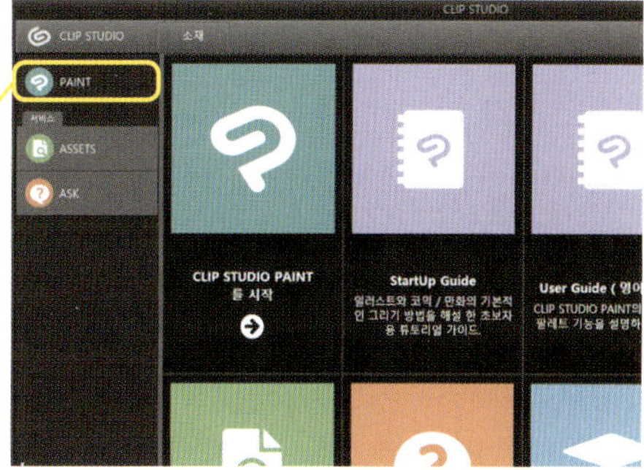

STEP 3

초기화 실행 창에서 초기화하고 싶은 설정 (이번에는 '도구')을 선택하고, 'OK' 버튼을 클릭하면 체크한 항목이 초기화된 상태로 실행됩니다.

지금까지 적용한 설정도 지워지므로 문제가 없는지 잘 생각해서 실행해야 합니다.

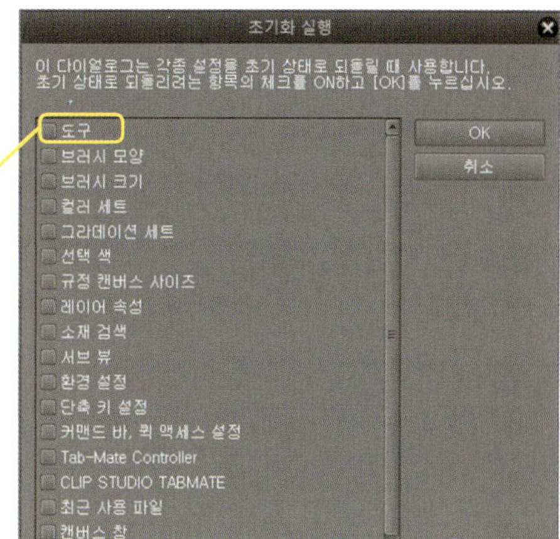

그림을 지우는 방법이 궁금해

 지우개 도구를 사용하자

잘못 그린 부분을 지우는 도구는 다양하지만, 가장 흔한 지우개 도구에 대해서 설명하겠습니다. 지우개 도구는 이름대로 선과 그림을 지우는 도구입니다. 지우개의 '경도'와 '크기' 등도 변경할 수 있으므로 사용하기 쉽게 조절하면 좋습니다.

STEP 1

도구 창에서 지우개 아이콘을 선택합니다. 보조 도구 창에 지우개의 종류가 여러 가지 표시되는데, 이 중에서 쓰기 편한 것을 선택합니다.

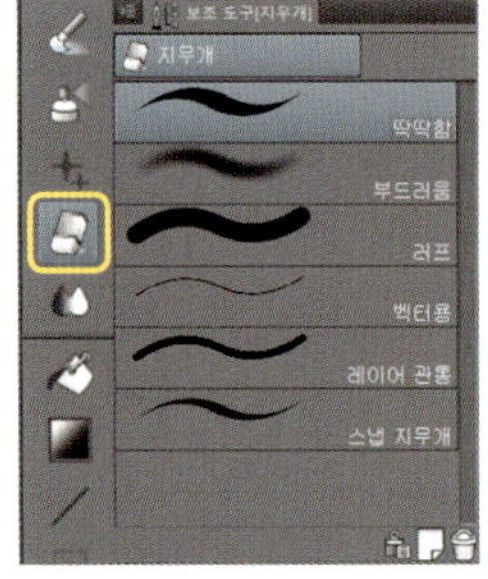

선택한 도구에 따라서 지우는 방법이 다릅니다. 다양하게 시험해 보세요.

STEP 2

도구 속성에 있는 '브러시 크기' 항목으로 지우개의 크기를 변경할 수 있습니다. 그런 다음 지우고 싶은 부분을 펜으로 덧그리기만 하면 됩니다.

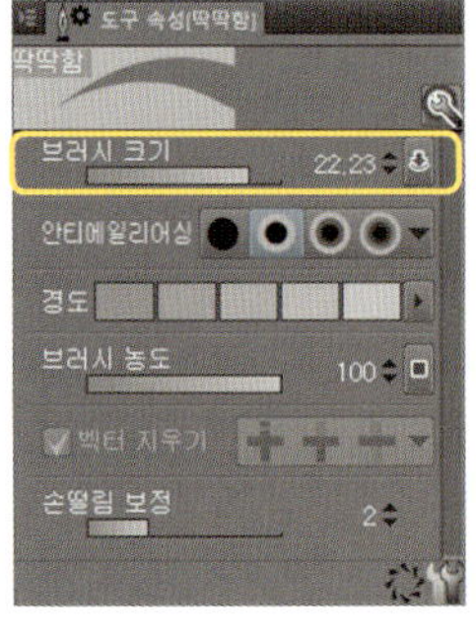

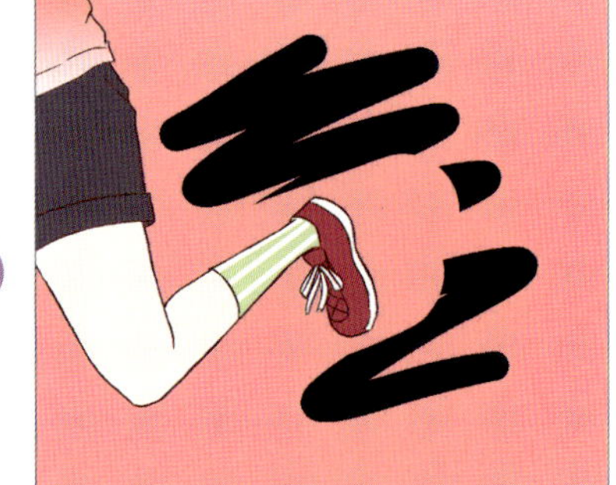

덜 지운 부분이 생기지 않도록 캔버스를 확대해서 지우는 방법을 추천합니다.

POINT — 도구 변환 단축키로 쾌적하게!

지우개를 사용할 때마다 계속해서 도구를 변경하는 것은 번거롭습니다. 그럴 때 효과적인 것이 도구 시프트 기능입니다. 'E'키를 누르고 있는 동안 도구가 지우개로 바뀌며, 떼면 펜 도구로 돌아갑니다. 잘 사용하면 작업 효율이 크게 상승합니다.

도구를 간단히 변경할 수 있어서 효율적인 작업이 가능합니다.

지우개 도구를 쓰지 않고 지우는 방법

A. 투명색으로 칠해도 지워진다

왼쪽 페이지에서 지우개 도구를 설명했지만, 펜 도구인 상태로도 그림을 지우는 방법이 있습니다. 바로 '투명색'으로 칠하는 것입니다. 현실세계에서는 투명한 펜이 존재하지 않으므로, 디지털만의 재미있는 개념입니다. 일일이 지우개 도구로 전환할 필요가 없는 것이 장점입니다.

(STEP 1)

먼저 컬러 써클 또는 도구 창에 '투명색'이 있는지 확인합니다. 투명색은 체크무늬로 표현됩니다.

컬러 써클

도구 창

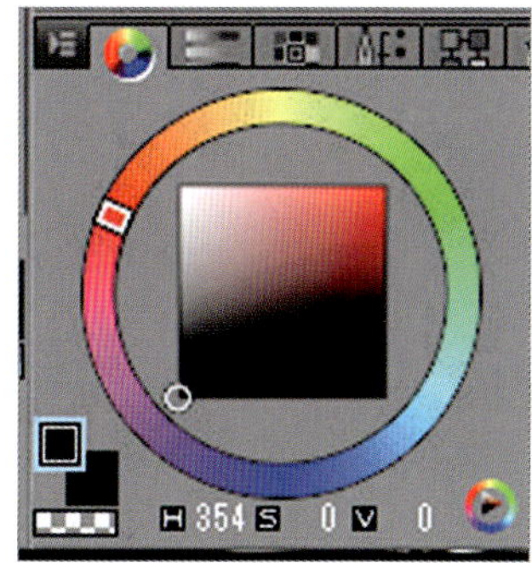
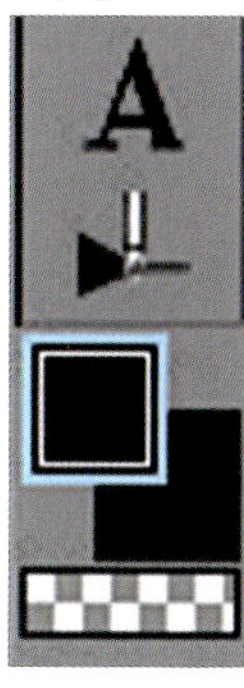

(STEP 2)

펜 도구인 상태로 투명색을 클릭해 선택합니다.

선택된 색은 하늘색 테두리가 생깁니다.

(STEP 3)

펜 도구인 상태로 커서를 움직이면 그림이 지워집니다. 지우개 도구와 비교하면서 상황에 맞게 적절히 구분해 사용하면 좋습니다.

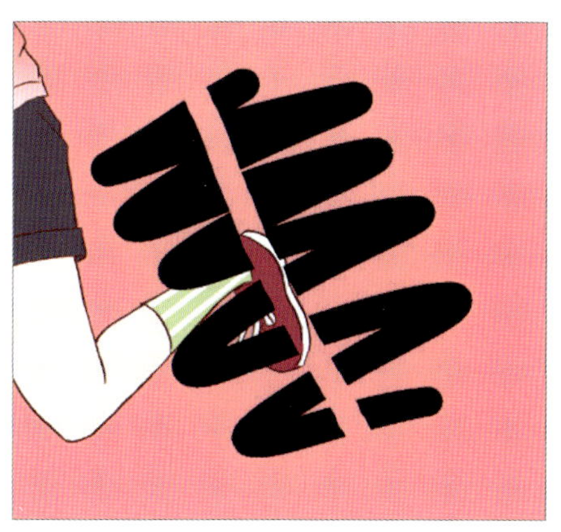

레이어가 뭐지?

A. 그림을 구분하는 계층

디지털에서 일러스트를 그릴 때의 장점은 다양하지만, 가장 큰 것은 '레이어'의 존재입니다. 작업 효율을 높이거나 다채로운 표현이 가능하게 하는 등 레이어의 이점은 셀 수 없을 정도입니다. 이 책에서는 레이어에 관한 Q&A도 다수 실었지만 우선 레이어에 관한 기초지식을 배워보겠습니다.

레이어의 개념

레이어는 '그림을 구분하는 계층'입니다. 얇고 투명한 유리판을 여러 장 겹친 상태를 떠올리면 이해하기 쉽습니다. 가장 위에서 보면 아무것도 그리지 않은 곳에는 아래의 그림이 드러나서, 한 장의 그림으로 보입니다. 이것을 소프트웨어로 구현한 것이 레이어입니다.

노란색 테두리 부분이 '레이어 창'입니다. 레이어의 정보는 전부 여기에 있습니다.

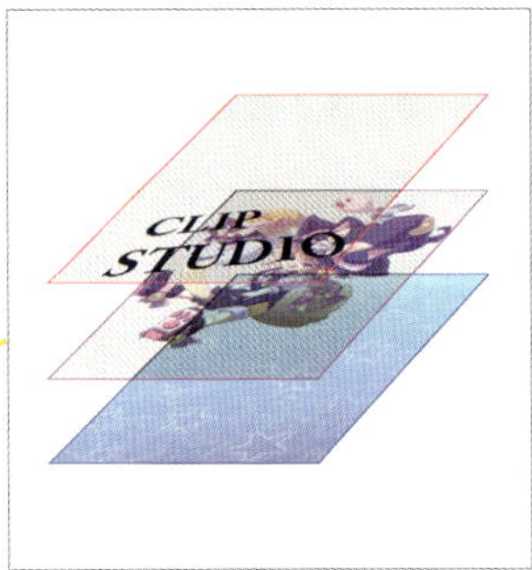

일러스트 A의 레이어 구조입니다. 배경 위에 캐릭터를 그린 레이어가 있고, 가장 위에 문자가 있습니다.

레이어의 순서

레이어에는 순서가 있으며 위에 있는 레이어에 그린 것이 우선적으로 보입니다. 이 순서는 자유롭게 변경할 수 있어서 보여주고 싶은 그림을 위로 가져오거나 숨기고 싶은 그림을 아래로 간단히 옮길 수 있습니다.

A 일러스트에서는 캐릭터 위에 CLIP STUDIO라는 문자가 있습니다. 캐릭터 레이어를 가장 위로 가져오면 B 처럼 캐릭터에 문자가 가려집니다.

레이어 신규 작성

레이어는 얼마든지 새로 작성할 수 있습니다. 레이어 신규 작성은 사용빈도가 높으니 알아두어야 합니다.

레이어 창의 윗부분에 있는 ⓒ아이콘을 클릭합니다.

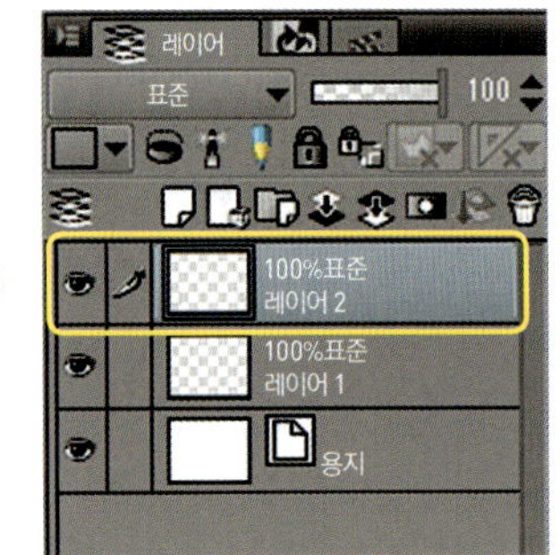

선택 중인 레이어 위에 새로운 레이어가 추가되었습니다.

레이어에는 선택한 레이어에만 편집을 적용하는 기능이 있습니다. 따라서 그림 전체에 영향을 주지 않게 특정 레이어에 그린 부분만 편집할 수 있습니다.

선택한 레이어는 하늘색으로 표시됩니다.

머리카락 레이어를 선택하고 색감을 변경했습니다. 머리카락 부분의 색만 달라진 것을 알 수 있습니다.

레이어 표시/비표시 ·····

레이어는 비표시로 설정할 수 있습니다. 일시적으로 보이지 않는 상태가 될 뿐이며, 레이어가 없어지는 것은 아닙니다.

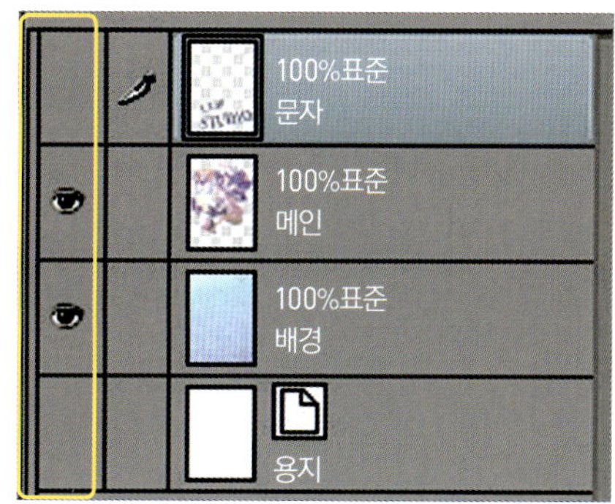

눈 모양이 붙어 있는 것이 표시 레이어이며, 없는 것이 비표시 레이어입니다. 자유롭게 전환할 수 있습니다.

 POINT

투명 레이어란

레이어는 색을 칠하지 않은 부분은 '투명' 상태이므로, 아래의 레이어가 보입니다. 레이어를 '투명한 판'이라고 생각하면 이해하기 쉽습니다.

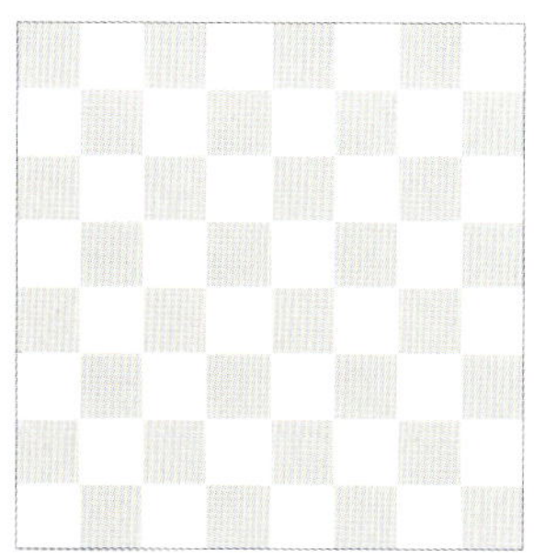

투명은 왼쪽처럼 흰색과 연한 회색의 체크무늬로 표시됩니다. 투명 레이어는 몇 장을 겹쳐도 아래의 그림이 보입니다.

같은 레이어를 늘리고 싶어

A. 레이어를 복제한다

레이어에 그린 소품을 늘리거나 실패를 대비해 예비 레이어를 만들어 두어야 하는 등 생각보다 레이어를 복제해야 할 때가 많습니다. 이번에는 레이어의 복제 방법과 주의점에 대해서 알아보겠습니다. 이렇게 간단히 그림을 복제할 수 있는 것도 디지털 작업의 장점입니다.

STEP 1

복제하고 싶은 레이어를 선택하고 오른쪽 클릭으로 메뉴를 불러옵니다.

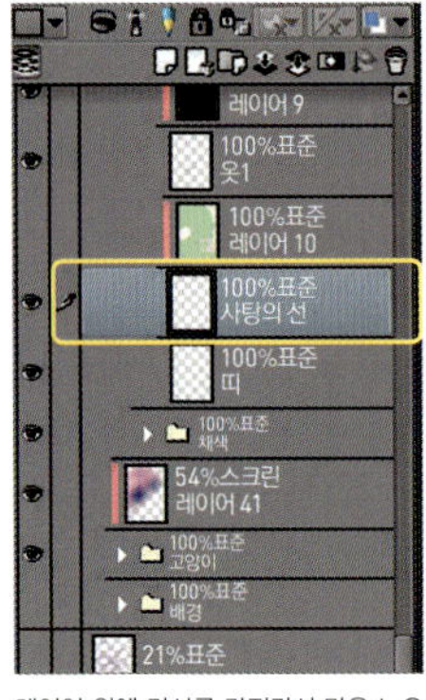

레이어 위에 커서를 가져가서 마우스 오른쪽 버튼을 클릭합니다. 이번에는 '사탕의 선'이라는 레이어를 선택했습니다.

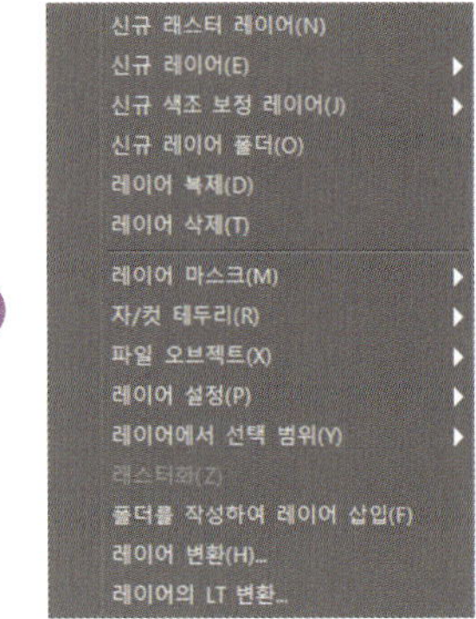

레이어 위에 커서를 가져가서 오른쪽 클릭을 하면 이런 메뉴가 열립니다.

STEP 2

메뉴에서 '레이어 복제'를 선택하면 선택 중인 레이어가 복제됩니다.

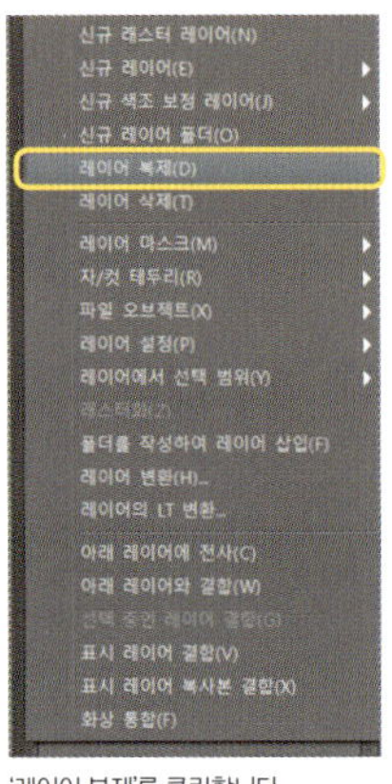

'레이어 복제'를 클릭합니다.

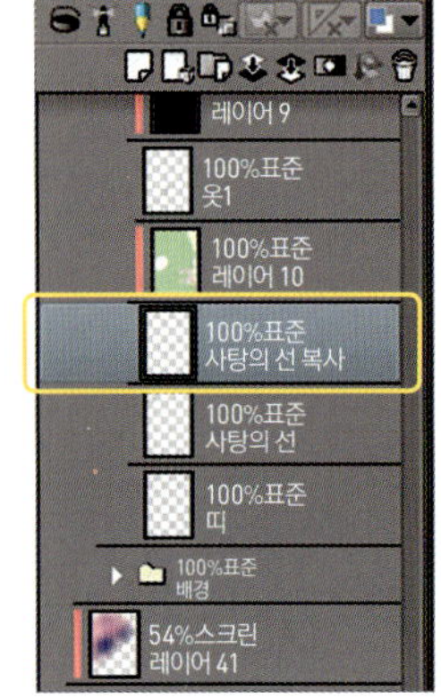

'사탕의 선 복사'라는 레이어가 추가됩니다.

🎯 POINT　　　　　　　　　● 같은 위치에 복제된다

레이어를 복제하면 레이어에 그려진 그림도 완전히 동일한 위치에 복제됩니다. 겹쳐져 하나의 그림처럼 보이므로 복제했다는 것을 잊어버리지 않도록 주의합니다.

사탕 레이어를 복제했지만, 완전히 동일한 위치에 추가되어서 하나뿐인 것처럼 보입니다.

불필요한 레이어를 지우고 싶어

레이어 삭제를 실행하자

그림을 지우개로 지우는 방법은 50페이지에서 설명했습니다. 레이어에 그린 그림을 전부 지우고 싶을 때는 레이어 자체를 지우면 가장 **빠릅니다**. 단, 지워도 괜찮은지 정확하게 확인해야 합니다. 상황에 따라서는 삭제가 아니라 비표시로 설정하는 것이 효과적입니다(자세한 내용은 53페이지).

STEP 1

삭제할 레이어를 선택합니다.

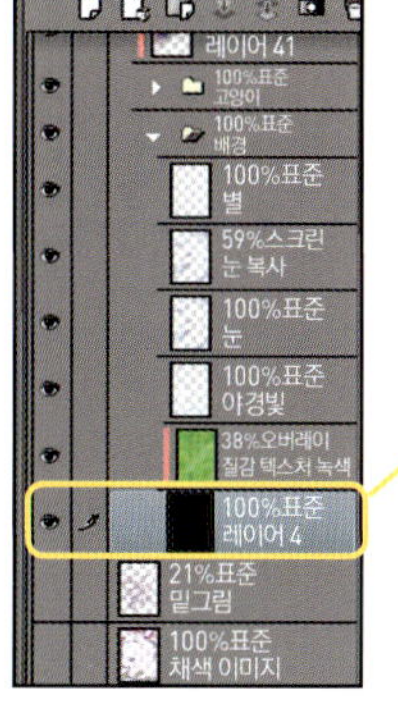

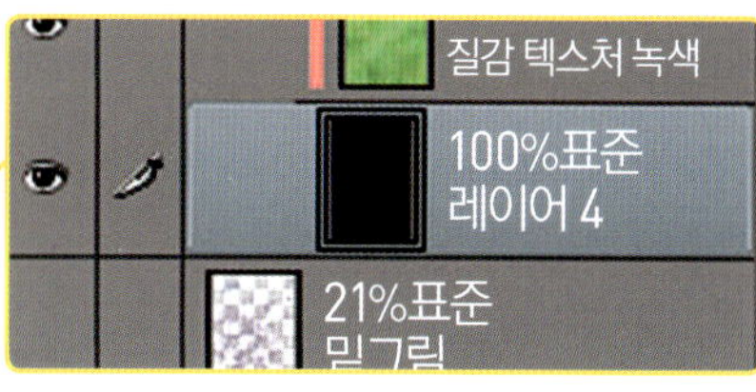

삭제하면 안 되는 레이어를 실수로 선택하지 않았는지 확인합니다.

STEP 2

레이어 위로 커서를 가져가서 오른쪽 클릭으로 메뉴를 불러온 다음에 '레이어 삭제'를 선택합니다.

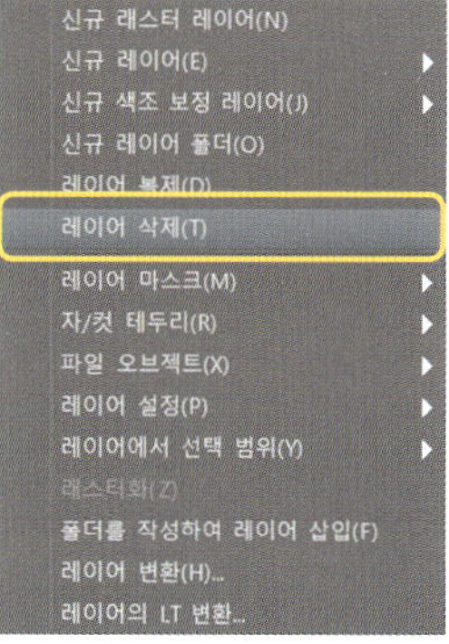

STEP 3

선택한 레이어가 삭제되었습니다. 레이어 창에 있는 쓰레기통 아이콘으로도 동일한 작업이 가능합니다.

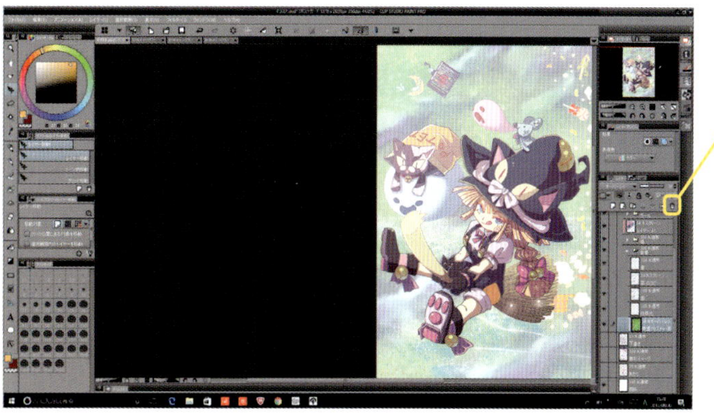

그림을 하나의 레이어로 합치고 싶어

A. 레이어를 통합하자

세세한 부분까지 레이어로 구분해두면 그림을 그리거나 색을 칠할 때 편리합니다. 그러나 레이어가 너무 많으면 데이터가 무거워지는 결점이 있습니다. 레이어를 정리해 하나로 통합하면 데이터가 가벼워집니다. 단, 통합해버리면 레이어별로 작업이 불가능해지니 주의해야 합니다.

STEP 1

어떤 레이어라도 상관없으니 선택합니다.

통합해도 문제가
없는지 확인합니다.

STEP 2

오른쪽 클릭으로 메뉴를 불러와서 '화상
통합'을 선택합니다.

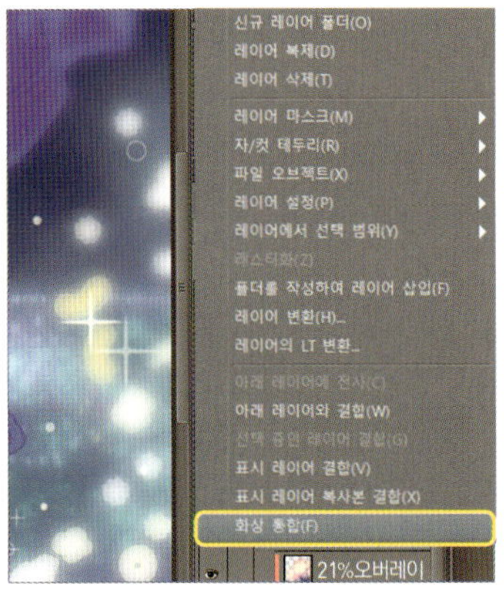

많았던 레이어가 하나로
통합되었습니다.

다른 레이어에 그림을 옮기고 싶어

A. 레이어를 전사한다

선택 중인 레이어를 바로 아래에 있는 레이어로 그대로 옮기는 기능이 있습니다. 예를 들면 각각의 레이어에 그린 배경과 캐릭터를 하나의 레이어로 합칠 때 사용합니다. '레이어 복제'와 달리 옮긴 뒤에 원래 있던 레이어에서 그림이 없어집니다.

(STEP 1)

전사를 할 레이어를 선택합니다.

바로 아래에 있는 레이어로 전사합니다. 레이어의 순서에 주의해야 합니다.

(STEP 2)

오른쪽 클릭으로 메뉴를 불러와서 '아래 레이어에 전사'를 선택합니다.

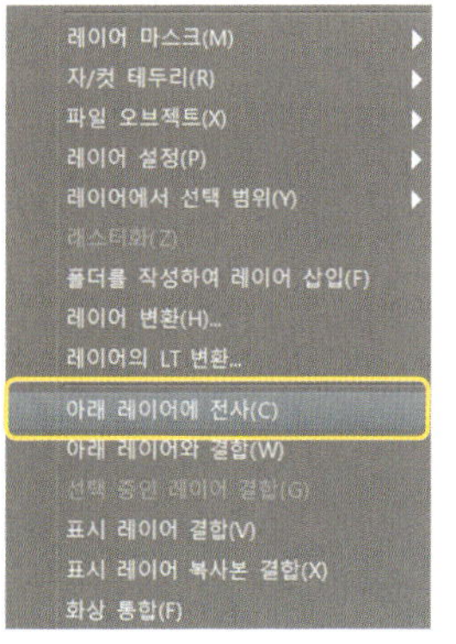

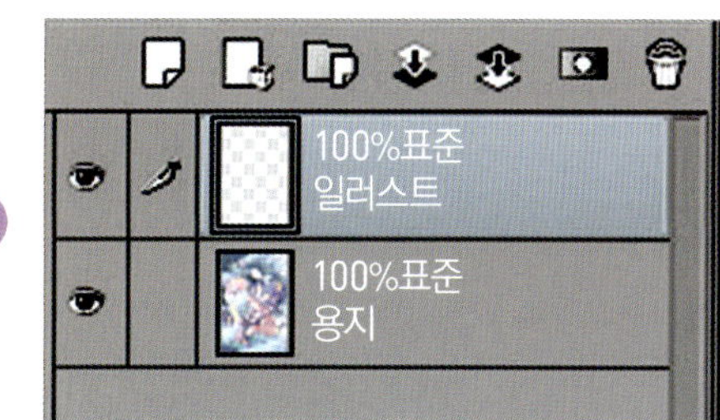

레이어 섬네일을 보면 처음에 선택한 레이어에 이미지가 남아있지 않습니다.

🎯 POINT ● 레이어 종류에 주의하자

전사 원본 레이어와 전사 대상 레이어의 종류나 적용된 효과 등이 다르다면, 전사했을 때 그림에도 영향을 미치니 주의해야 합니다.

표준 레이어에서 특수 레이어로 전사

표준 레이어에서 '하드 혼합' 레이어로 전사하면 오른쪽 그림처럼 변합니다.

Q. 32

그린 그림을 가장 위에 배치하고 싶어

A. 레이어 순서를 변경한다

일러스트를 그리다 보면 '뒤에 있는 그림을 앞으로 가져와야 할 상황'이 종종 생깁니다. 레이어가 나뉘어 있다면, 레이어 순서를 변경해 간단히 앞으로 가져올 수 있습니다. 앞에서 뒤로 보내고 싶을 때도 마찬가지입니다. 사용 빈도가 높은 기능이므로 반드시 알아둡시다.

STEP 1

고양이 그림을 소녀 앞으로 가져오는 방법을 설명하겠습니다. 먼저 레이어 창을 확인합니다.

'소녀' 레이어가 '고양이' 레이어 위에 있습니다.

STEP 2

옮기고 싶은 레이어를 선택하고 드래그로 움직입니다.

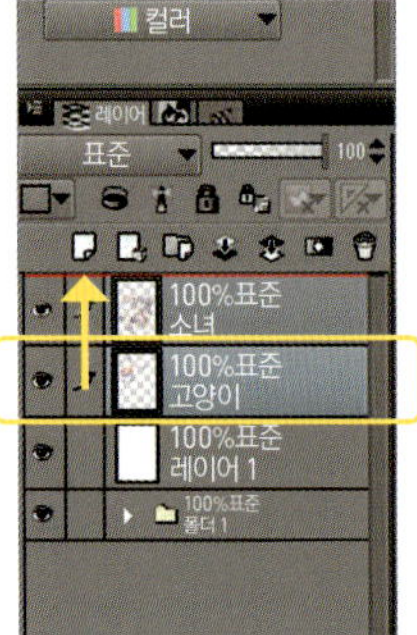

옮길 위치에 빨간색 선이 표시되면 손을 뗍니다.

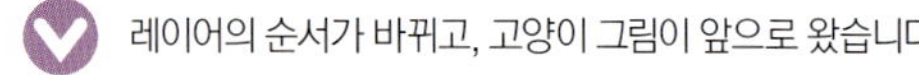

레이어의 순서가 바뀌고, 고양이 그림이 앞으로 왔습니다.

특정 레이어를 알아보기 쉽게 하려면?

A. 레이어 컬러를 변경하자

그림을 그릴 때 밑그림 작업을 하는 사람이 많습니다. 완성한 후에 깜박 잊고 밑그림을 그대로 두지 않도록 레이어 컬러로 구분합니다. 레이어 컬러를 변경한 레이어에 있는 그림은 설정한 색으로 표시되므로 다른 레이어와 쉽게 구분됩니다.

레이어 컬러를 변경할 레이어를 선택하고 **A**를 클릭합니다.

이 밑그림이 있는 레이어의 색을 변경합니다.

레이어 컬러 항목이 표시됩니다. **B**를 클릭하면 색 설정 창이 나타나므로 마음에 드는 색을 선택합니다.

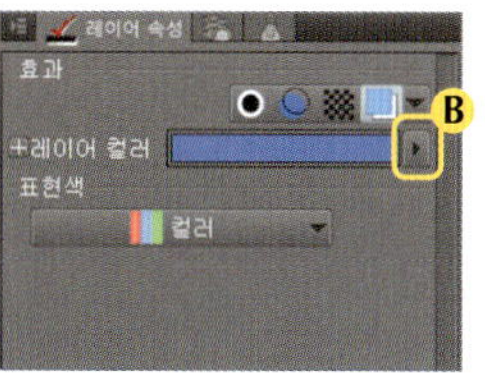

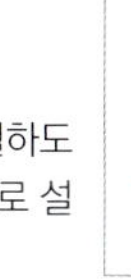

펜선 작업이 수월하도록 연한 파란색으로 설정했습니다.

레이어를 구분하기 쉬울 뿐만 아니라 펜선의 색과 혼동할 일이 없어 그리기 쉽다는 이점이 있습니다.

어떤 레이어에서 무슨 작업을 했는지 모르겠어

A. 레이어 이름을 변경하자

레이어가 많아지면 어떤 레이어에 무엇을 그렸는지 생각나지 않을 때가 많습니다. 그럴 때는 레이어 이름을 변경해 무엇을 그렸는지 알 수 있게 하면 좋습니다. 일일이 이름을 변경하는 것이 귀찮을지도 모르지만, 변경해 두면 효율적으로 작업할 수 있습니다.

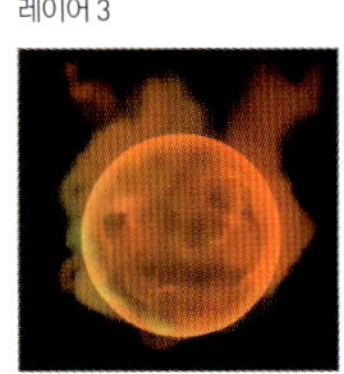

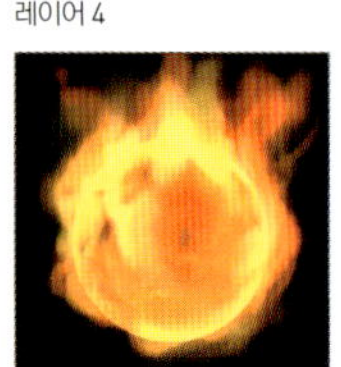

STEP 1

레이어를 만들면 자동으로 '레이어 1'이라는 이름으로 추가됩니다. 각 레이어는 직관적으로 파악하기 쉬운 이름을 붙입니다. 변경할 레이어의 Ⓐ부분을 더블클릭하고 입력 가능한 상태가 되면 이름을 변경합니다.

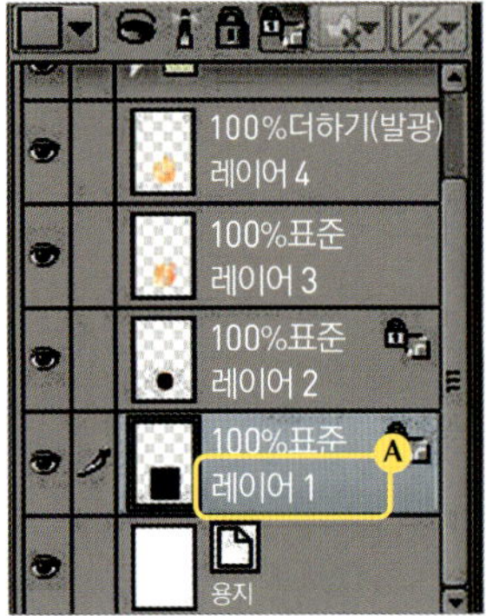

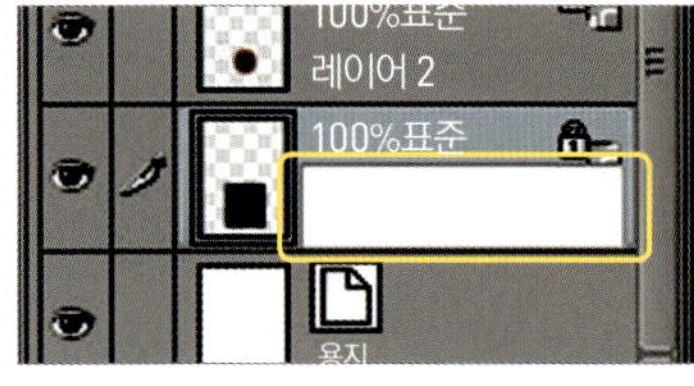

이 상태가 되면 키보드로 이름을 입력합니다.

STEP 2

STEP 1을 반복해서 모든 레이어의 이름을 변경합니다.

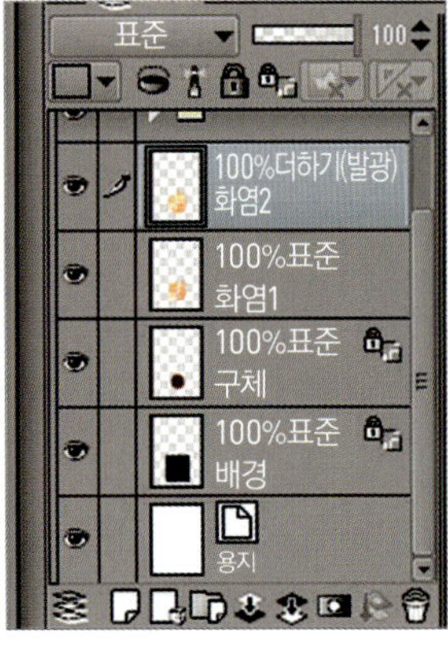

각 레이어에 무엇을 그렸는지 쉽게 구별할 수 있습니다.

레이어가 너무 많아서 작업하기 힘들어

A. 레이어 폴더에 정리하자

화려한 일러스트를 그릴 때는 레이어가 수십 장이 되는 일도 흔합니다. 모든 레이어가 그대로 나열되어 있으면 원하는 레이어를 찾기가 쉽지 않습니다. 어느 정도 레이어가 많아지면 폴더를 만들어서 정리하면 좋습니다. 폴더도 구별하기 쉬운 이름을 붙이고 필요할 때만 열어서 작업할 수 있습니다.

STEP 1

레이어 창의 상단에 있는 폴더 마크를 클릭합니다. 신규 폴더가 만들어집니다.

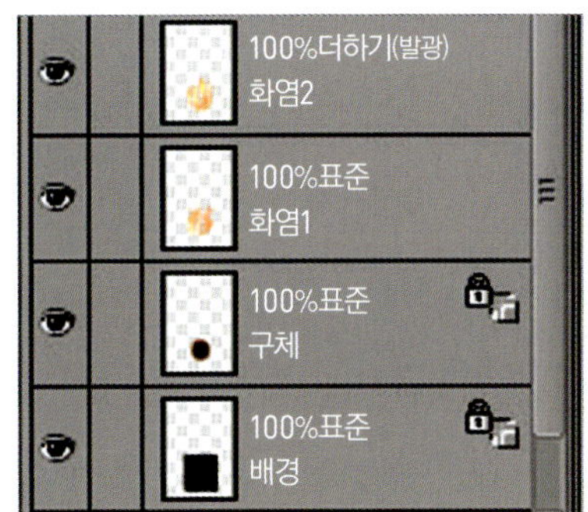

이 4개의 레이어를 하나의 폴더에 정리합니다.

STEP 2

레이어를 드래그해서 폴더에 넣습니다.

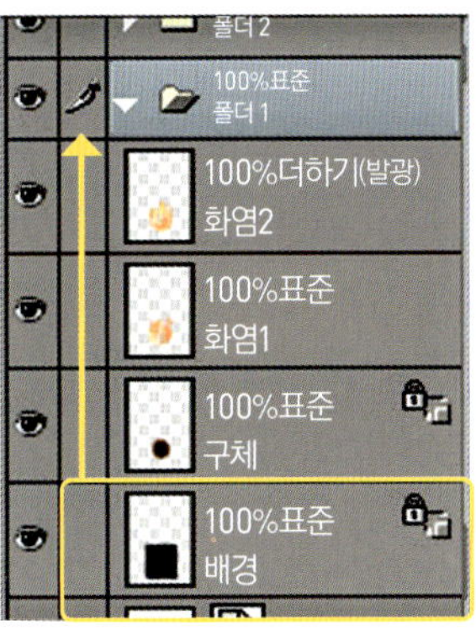
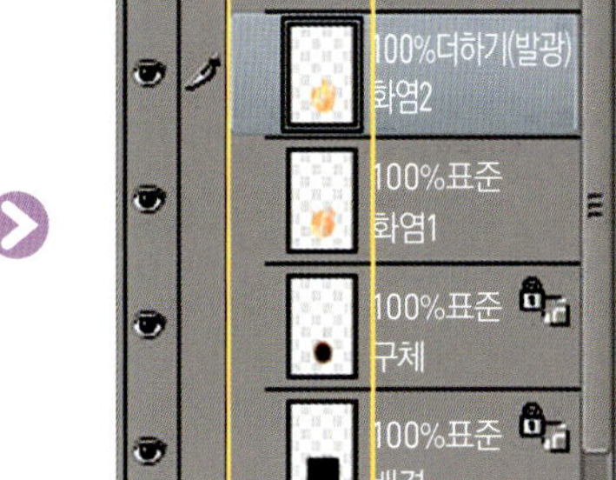

폴더 안에 있는 레이어는 약간 오른쪽으로 밀린 상태로 표시됩니다.

항상 덜 칠해진 부분이 있어

A. 확인용 레이어를 만들어서 체크하자!

색을 칠할 때 세밀한 부분이 칠해지지 않거나 깜빡하고 덜 칠하는 부분이 생기기 마련입니다. 이런 부분을 확인하는 방법을 설명하겠습니다. 확인용 레이어를 만들고 전체에 색을 칠한 다음에 용지 레이어 바로 위에 배치합니다. 덜 칠한 부분이 있으면 확인용 레이어의 색이 드러나므로 바로 파악할 수 있습니다.

STEP 1

신규 레이어를 작성하고 용지 레이어 바로 위에 배치합니다. 구별하기 쉽도록 '확인용 레이어'라는 이름을 붙입니다.

얼핏 눈이나 입을 하얗게 칠한 것처럼 보이지만, 실제로는 용지의 색이 표시될 뿐이며, 용지를 비표시로 하면 투명 상태입니다.

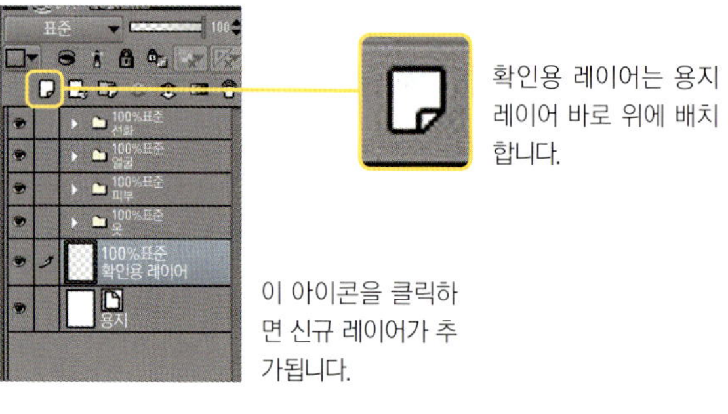

확인용 레이어는 용지 레이어 바로 위에 배치합니다.

이 아이콘을 클릭하면 신규 레이어가 추가됩니다.

STEP 2

도구 창의 [채우기] 도구를 선택하고 캔버스 위를 클릭합니다. 레이어 전체가 색으로 채워집니다.

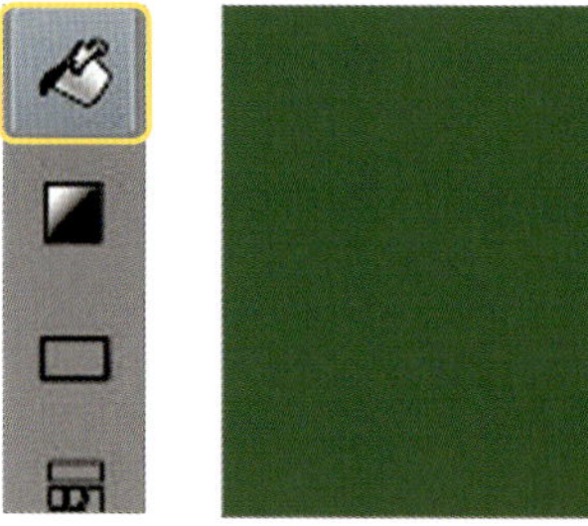

캔버스의 어디라도 상관없으니 클릭합니다.

STEP 3

덜 칠한 부분이 있으면 확인용 레이어의 색이 표시되므로 바로 알 수 있습니다.

진하고 눈에 잘 띄는 색을 채우면 덜 칠한 부분을 쉽게 발견할 수 있습니다.

수정해야 할 레이어를 못 찾겠어

A. 레이어 선택 도구로 수정 레이어를 찾을 수 있다

레이어가 많으면 그림을 수정하고 싶어도 원하는 레이어를 찾기가 어렵습니다. 이럴 때 쓰면 편리한 도구가 [레이어 선택]입니다. 수정하고 싶은 부분을 클릭하면 그림이 그려진 레이어가 선택됩니다. 폴더 등을 사용해 구분하기 쉽도록 꼼꼼하게 정리하는 편이 상책이지만, 급할 때는 [레이어 선택] 도구를 사용합시다.

STEP 1

도구 창에서 [조작] 도구를 선택합니다.

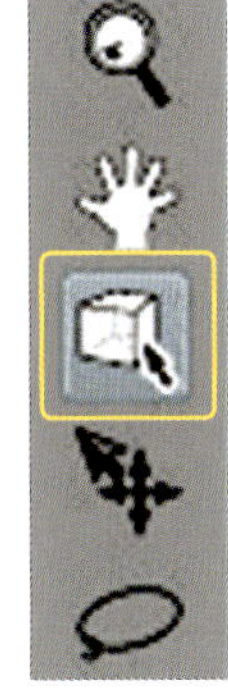

초기 상태에서는 도구 창에 [조작] 도구가 표시됩니다.

STEP 2

보조 도구 창에서 [레이어 선택]을 선택합니다.

STEP 3

수정하고 싶은 부분에 커서를 가져가서 클릭합니다. 그 부분이 있는 레이어가 선택됩니다.

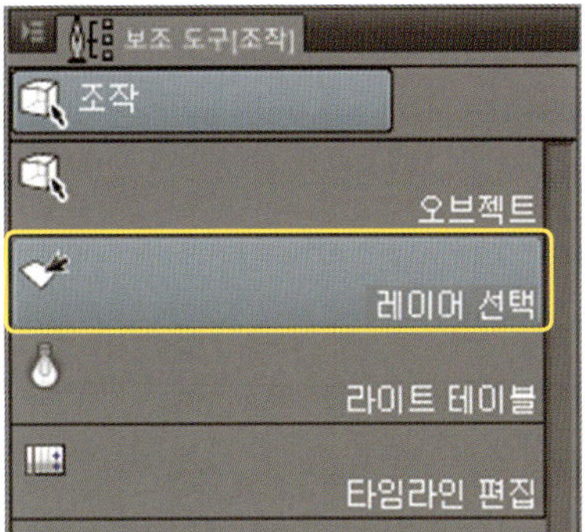

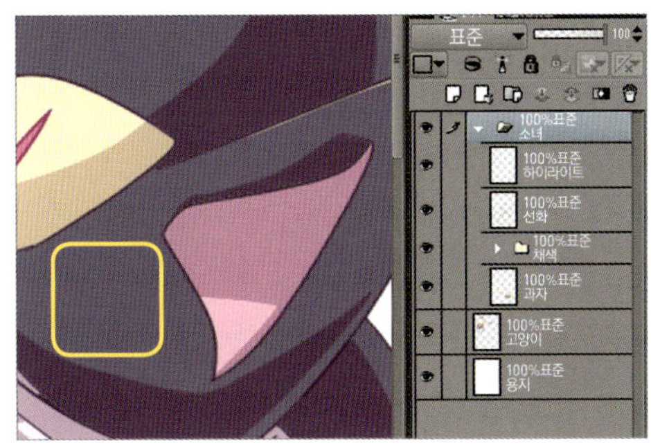

수정하고 싶은 부분을 클릭합니다. 클릭한 부분은 대강이라도 상관없습니다.

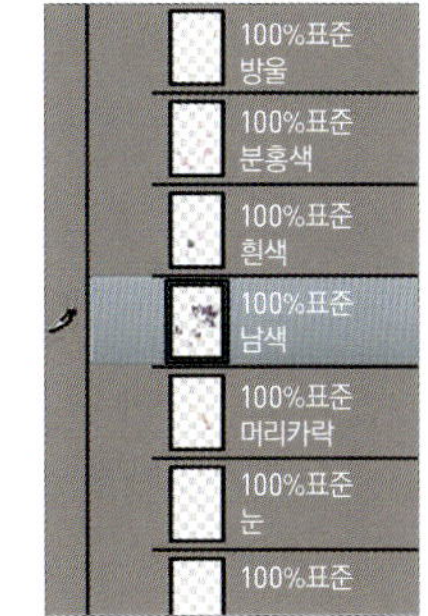

레이어가 선택되면 수정합니다.

실수로 밑그림을 남겨둘 때가 많아

밑그림 레이어를 설정하자

밑그림 레이어를 준비해 두면 그림의 완성도를 높일 수 있습니다. 그러나 완성한 뒤에 필요 없는 밑그림을 남겨두는 실수를 자주 하게 됩니다. 이런 실수를 방지하려면 밑그림 레이어에 '밑그림'이라는 속성을 적용하면 효과적입니다. '밑그림' 속성이 붙어 있는 레이어는 인쇄나 내보내기를 하면 표시되지 않습니다.

STEP 1

'밑그림' 속성을 적용할 레이어를 선택합니다.

'밑그림'이라는 이름의
레이어를 선택합니다.

STEP 2

레이어 창에 있는 연필 모양의 아이콘을 클릭합니다.

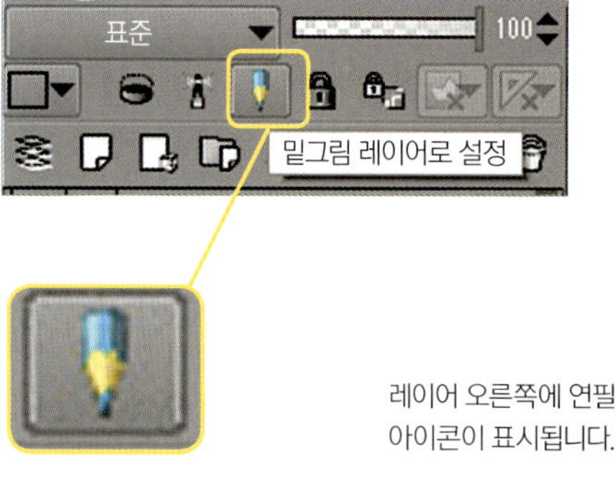

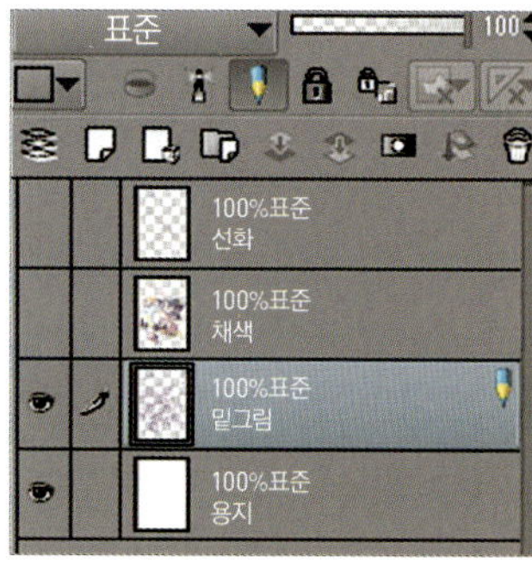

레이어 오른쪽에 연필
아이콘이 표시됩니다.

STEP 3

레이어에 '밑그림' 속성이 적용되었습니다.
이 레이어는 인쇄나 내보내기를 해도 '존재
하지 않는 레이어'로 취급됩니다.

표시도 되고 편집도 가능하지만,
인쇄하면 자동으로 제외됩니다.

Q. 39

그림을 투명하게 만드는 방법은?

A. 레이어의 불투명도를 조절한다

그림의 투명도를 조절하는 방법을 설명합니다. 레이어에는 '불투명도'라는 수치가 기본 100%로 설정되어 있습니다. 100%는 완전한 불투명이며, 수치가 작을수록 투명에 가까워집니다. 밑그림이 너무 진해서 그리기 어려울 때 연하게 하거나 앞에 있는 그림을 흐릿하게 조절해 뒤에 있는 그림이 비치도록 할 때 편리합니다.

STEP 1

불투명도를 조절할 레이어를 선택합니다. 이번에는 밑그림의 선화를 약간 흐릿하게 만들겠습니다.

STEP 2

레이어 창의 상단에 있는 슬라이더로 불투명도를 조절합니다.

슬라이더를 움직여서 임의의 수치로 설정하면 레이어의 불투명도에 반영됩니다.

STEP 3

슬라이더를 왼쪽으로 움직이면 수치가 낮아집니다.

30%

50%

70%

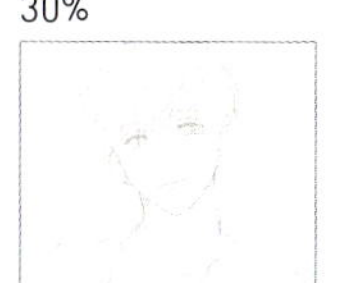

그림을 부분적으로 투명하게 만드는 방법은?

A. 레이어 마스크를 생성하자

그림을 흐릿하게 만드는 방법은 몇 가지가 있지만, 이번에는 '레이어 마스크' 기능을 살펴보겠습니다. 이 기능을 사용하면 원본을 건드리지 않고 필요한 부분만 흐릿하게 할 수 있습니다. 이름 그대로 레이어에 마스크를 씌우는 기능으로 실제로 시험해 보면 바로 이해할 수 있습니다.

STEP 1

도구 창에서 [선택 범위] 도구를 선택합니다. 흐리게 만들 부분이 있는 레이어를 선택하고 드래그로 선택 범위를 지정합니다.

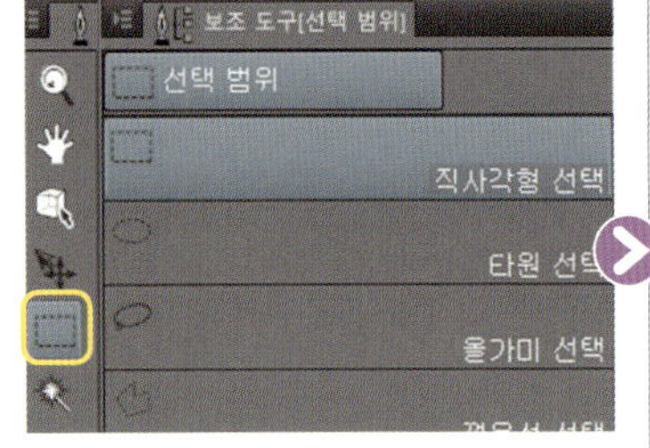

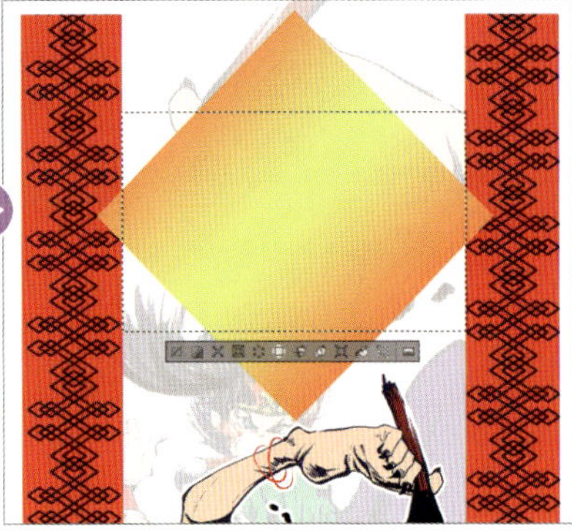

흐릿하게 할 부분에 맞는 형태의 선택 범위 도구를 선택합니다.

선택된 부분은 점선으로 표시됩니다.

STEP 2

레이어 마스크 버튼인 Ⓐ를 클릭합니다. 그러면 Ⓑ처럼 선택 중인 레이어에 흑백의 섬네일이 추가됩니다. 이것으로 레이어 마스크는 완성입니다.

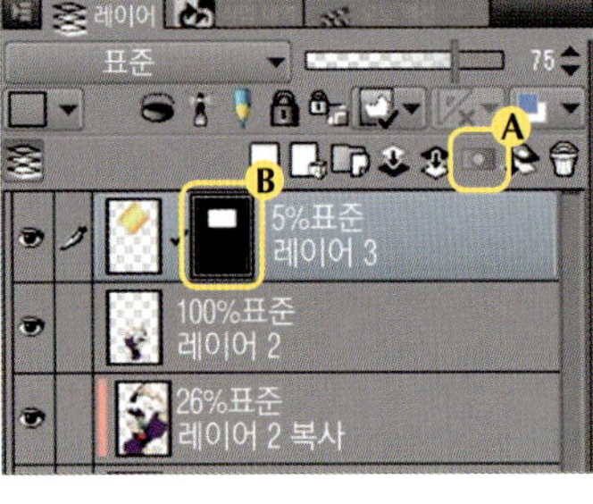

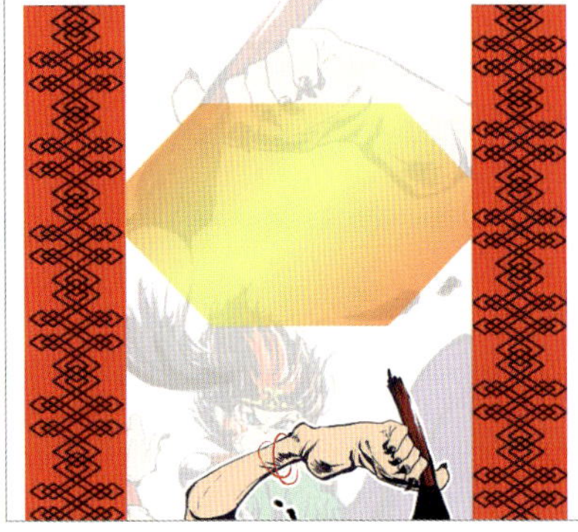

마름모 형태의 선택 범위를 제외한 나머지 부분이 투명이 되었습니다.

POINT　● 레이어 마스크를 비표시로 변경하려면?

작성한 레이어 마스크는 비표시로 만들 수 있습니다. 원본과 형태를 비교하면서 작업할 때 편리합니다.

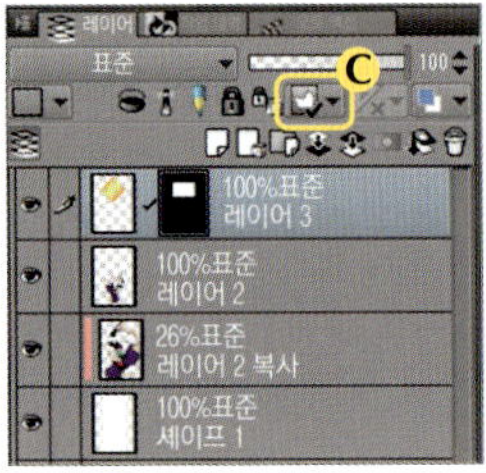

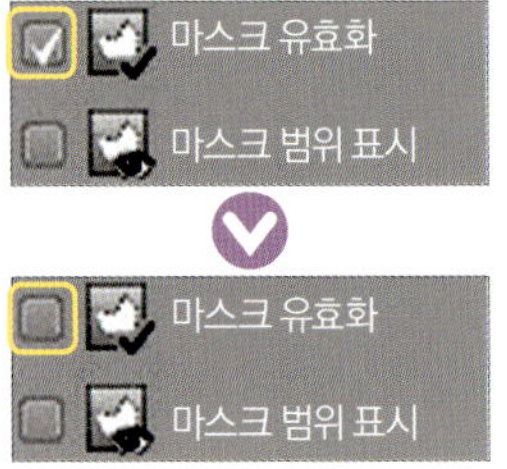

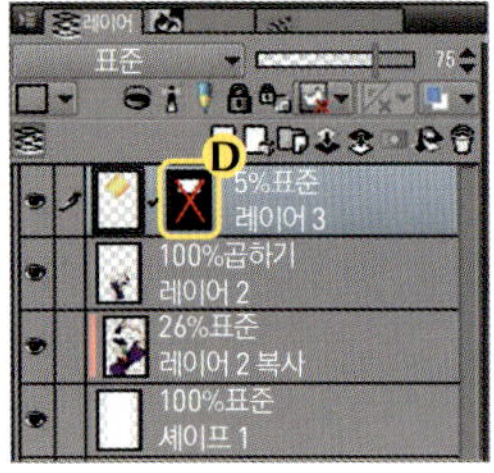

Ⓒ부분의 버튼을 누르면 마스크 체크 박스가 표시됩니다.

'마스크 유효화'의 체크를 해제합니다.

Ⓓ의 섬네일에 ×표시가 생깁니다. 이제 레이어 마스크가 무효화 되었습니다.

다른 레이어에도
레이어 마스크를 적용하려면?

A. 레이어 마스크를 다른 레이어로 옮긴다

레이어 마스크를 적용한 뒤에 다른 레이어에도 완전히 동일한 레이어 마스크를 적용해야 할 때가 있습니다. 이번에는 레이어 마스크를 다른 레이어로 옮기는 방법을 알아보겠습니다. 이동뿐만 아니라 복제도 가능합니다. 이 2가지 방법을 활용하면 효율적으로 일러스트를 그릴 수 있습니다.

치어리더 소녀 일러스트를 예로 설명하겠습니다. 현재는 파란색 머리카락에 레이어 마스크가 적용된 상태입니다. 추가로 갈색으로 칠한 레이어를 작성합니다.

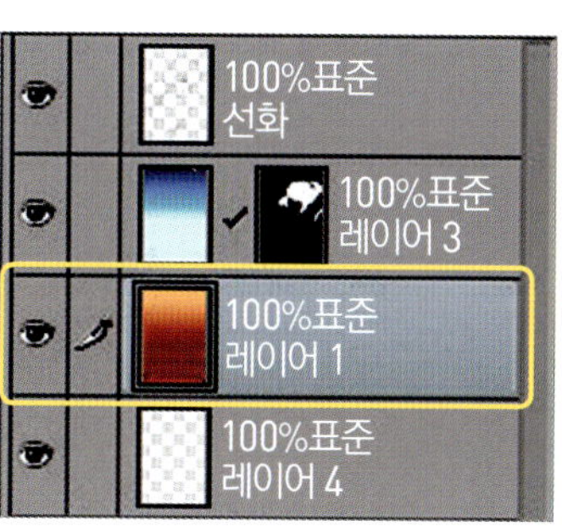

추가한 갈색 레이어에는 레이어 마스크가 적용되지 않아서 전체가 갈색으로 표시됩니다.

레이어 마스크를 드래그해서 갈색 레이어로 옮깁니다.

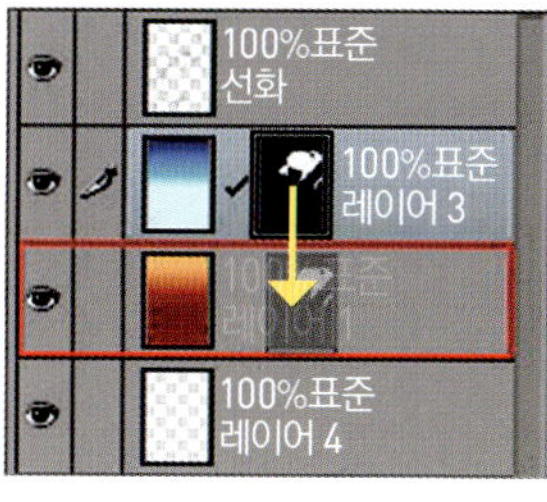

레이어 마스크를 옮기고 싶은 곳에 빨간색 테두리가 표시되면 마우스 버튼에서 손을 뗍니다.

갈색 레이어에 레이어 마스크를 옮겼습니다. Alt키를 누른 채로 옮기면 레이어 마스크가 복제됩니다.

파란색 레이어의 레이어 마스크를 갈색 레이어로 옮겼으므로 파란색이 전체를 채웁니다.

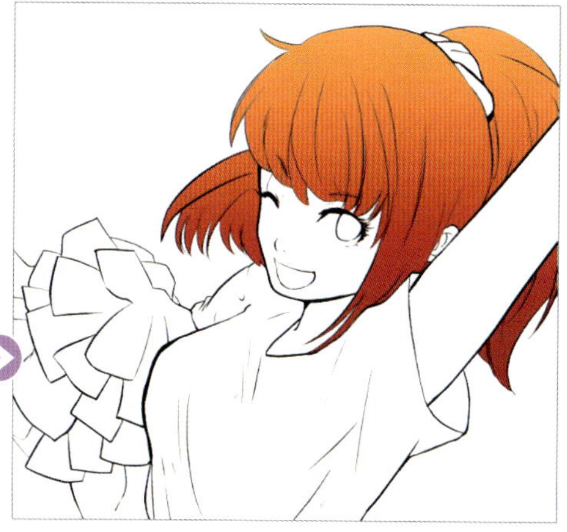

파란색 레이어를 비표시로 하면 아래에 있는 갈색 레이어가 표시됩니다. 레이어 마스크가 적용된 상태이므로 머리카락 부분만 보입니다.

선을 넘어가지 않게
그림자를 그리고 싶어

A. 클리핑 마스크를 생성한다

일러스트의 완성도를 높이려면 빛과 그림자의 표현을 빼놓을 수 없습니다. 밑색 레이어 위에 신규 레이어를 추가하고 그림자와 빛을 그리는 것이 일반적입니다. 하지만 이대로는 선화를 넘어가지 않게 그리기 어렵습니다. 이때 클리핑 마스크라는 기능을 사용하면 깔끔하게 그릴 수 있습니다.

(STEP 1)

먼저 그림자와 빛이 들어갈 부분에 밑색을 칠합니다. 이번에는 '머리카락' 레이어에 녹색을 칠했습니다.

채색을 하는 레이어는 색과 부위별로 구별해서 이름을 붙이면 작업하기 수월합니다.

여기서는 레이어 이름을 '머리카락'으로 했습니다.

(STEP 2)

'머리카락' 레이어를 선택한 상태로 A 부분의 아이콘을 클릭하면 신규 레이어가 '머리카락' 레이어 바로 위에 추가됩니다.

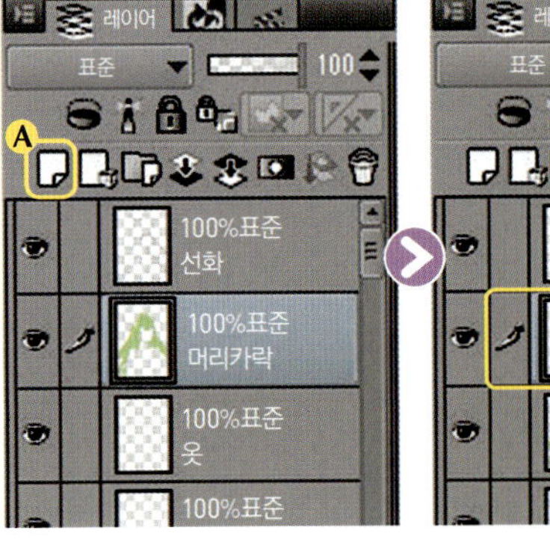

작성한 레이어에 '머리카락 그림자'라는 이름을 붙였습니다.

(STEP 3)

'머리카락 그림자' 레이어를 선택한 상태에서 B 부분의 아이콘을 클릭하면 C 처럼 분홍색 라인이 표시됩니다. 이 표시가 아래 레이어에 클리핑이 적용된 상태를 나타냅니다.

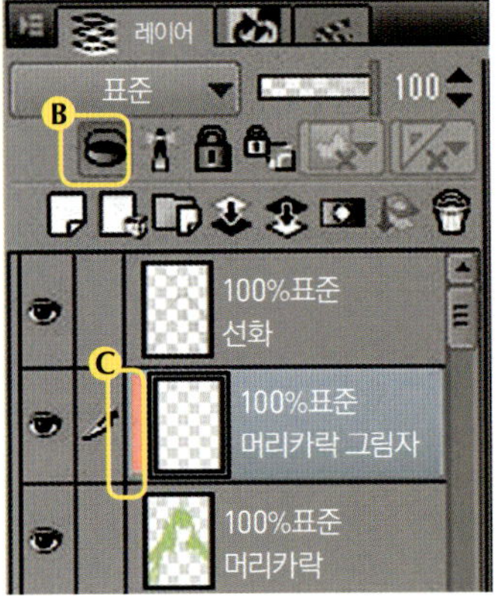

클리핑이 적용된 레이어는 바로 알아볼 수 있습니다.

'머리카락 그림자' 레이어에 그림자 부분을 칠합니다. 선은 신경 쓰지 말고 과감하게 칠합니다. 머리카락의 선을 넘어가지 않고 그림자가 깔끔하게 들어갑니다.
실제로는 선을 넘어가 있지만 아래 레이어의 영향으로 삐져나온 부분이 보이지 않게 되는 것입니다.

선은 신경 쓰지 말고 좋아하는 도구로 머리카락의 그림자를 칠합니다.

대충 칠했지만 선을 넘어간 부분 없이 깔끔하게 그림자가 들어갔습니다.

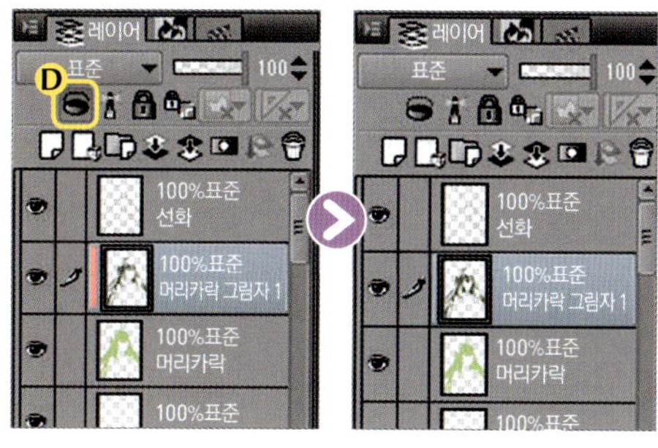

클리핑을 해제하려면 **D** 부분의 아이콘을 클릭합니다. 분홍색 라인이 사라지고 표준 레이어로 되돌아갑니다. 한 번 더 클릭하면 다시 클리핑이 적용됩니다.

위의 이미지는 클리핑 마스크를 해제한 상태입니다. 실제로는 채색 부분이 선을 넘어갔다는 걸 알 수 있습니다.

그림자를 여러 색으로 칠하고 싶을 때는 클리핑이 적용된 레이어를 늘릴 수 있습니다. 클리핑이 적용된 레이어를 얼마든지 추가할 수 있고, 표시되는 범위는 기본 레이어의 영역으로 제한됩니다. 동일한 요령으로 그림자뿐만 아니라 빛 표현도 더해 깊이 있는 일러스트를 그릴 수 있습니다.

대충 칠했지만 선을 넘어간 부분 없이 깔끔하게 그림자가 들어갔습니다.

POINT
클리핑 마스크와 레이어 마스크의 차이

클리핑 마스크는 앞서 설명한 레이어 마스크와 동일하며, 사용자가 임의로 지정한 부분을 비표시로 만드는 기능입니다. '클리핑 마스크'는 기준이 되는 바로 아래 레이어에 종속되고, '레이어 마스크'는 임의의 형태로 지정할 수 있습니다. 완성된 결과물의 차이는 크지 않지만, 더 세부적으로 구분한 많은 수의 레이어를 사용할 때는 클리핑 마스크를 쓰는 편이 효과적입니다.

클리핑 마스크에서 머리카락 그림자를 표현

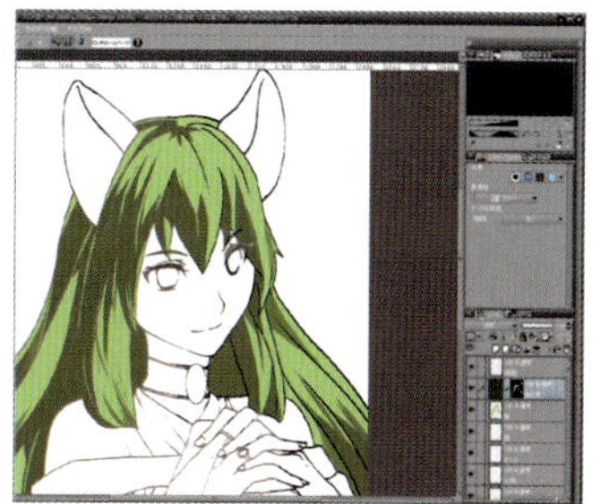

레이어 마스크로 머리카락 그림자를 표현

레이어 마스크를 자유자재로 쓰고 싶어

A. 중요한 테크닉을 알아보자!

레이어 마스크를 자유자재로 다룰 수 있는 중요한 테크닉 2가지를 소개합니다. 첫 번째는 폴더에 레이어 마스크를 적용하는 방법입니다. 개별 레이어에 일일이 적용할 필요가 없어서 작업 효율이 높아집니다. 두 번째로 레이어 마스크의 형태를 변경하는 방법도 알아두면 도움이 됩니다.

폴더에 레이어 마스크 적용

여러 개의 레이어에 동일한 레이어 마스크를 적용할 때 일일이 설정하기는 번거롭습니다. 폴더에 레이어 마스크를 적용하면 폴더에 있는 모든 레이어에 적용됩니다.

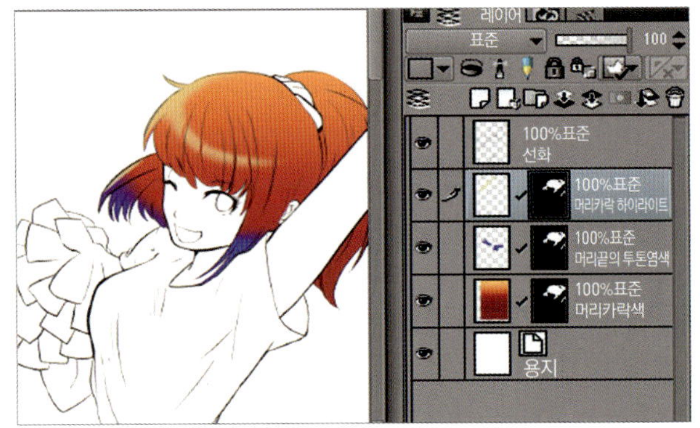

'머리카락 하이라이트', '머리끝의 투톤 염색', '머리카락색'에 각각 레이어 마스크를 적용했습니다.

'머리카락' 폴더에 레이어 마스크를 적용하면 폴더 안에 있는 모든 레이어에 적용됩니다.

레이어 마스크의 형태를 변경

레이어 마스크의 형태를 변경할 수 있습니다. 레이어 마스크를 선택하고 브러시와 같은 그리기 도구로 마스크가 적용되지 않은 부분(레이어 마스크의 흰색 부분)을 수정할 수 있습니다. 반대로 지우개로 지우면 마스크 부분(검정색 부분)을 수정할 수 있습니다.

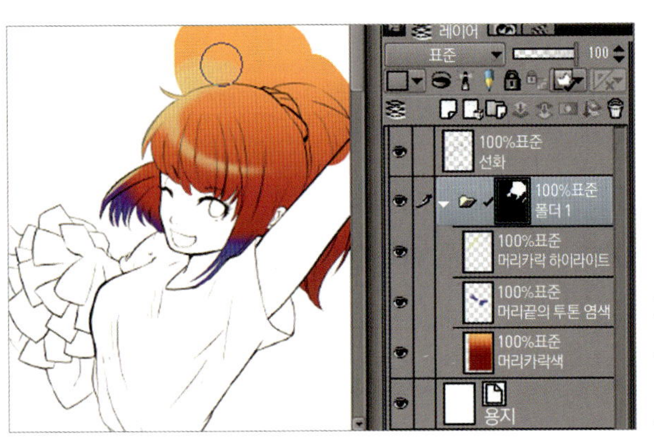

보이는 부분을 수정할 때는 브러시 도구, 숨긴 부분을 수정할 때는 지우개 도구를 사용합니다.

레이어를 조합해 그림에 효과를 넣는 방법

A. 레이어 합성 모드를 변경하자

레이어에는 '합성 모드'라는 기능이 있습니다. 레이어에 합성 모드를 설정하면 바로 아래에 있는 레이어의 내용을 반영합니다. 어떤 그림에 어떤 합성 모드를 사용해야 좋은지 이해하려면 시간이 필요하지만, 우선은 사용법을 배워보겠습니다.

STEP 1

레이어 창의 Ⓐ부분이 현재 선택한 레이어의 합성 모드입니다. 이 부분을 클릭하면 합성 모드의 일람이 표시되는데, 임의로 선택해 보겠습니다.

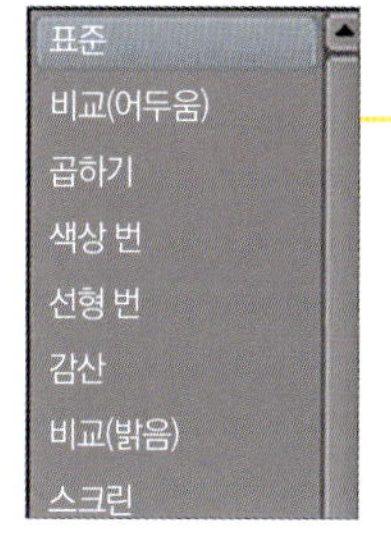

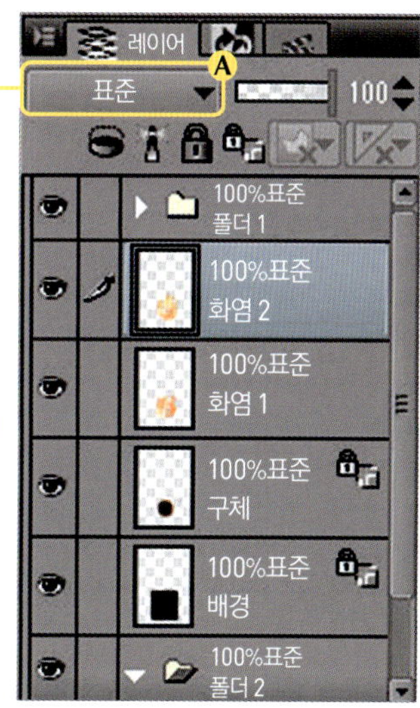

합성 모드는 10가지 넘게 있으니, 그림에 어울리는 효과를 찾아보세요.

STEP 2

합성 모드를 변경하면 레이어의 표시에도 반영되며, 캔버스의 그림의 형태도 달라집니다.

레이어의 표시를 보고 항상 어떤 합성 모드를 설정했는지 파악해야 합니다.

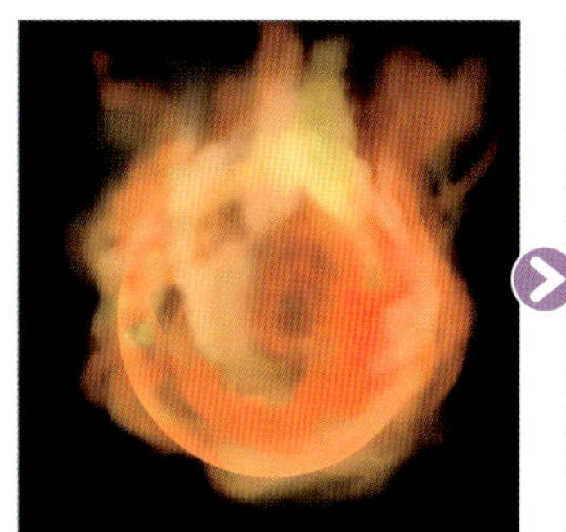

● 표준

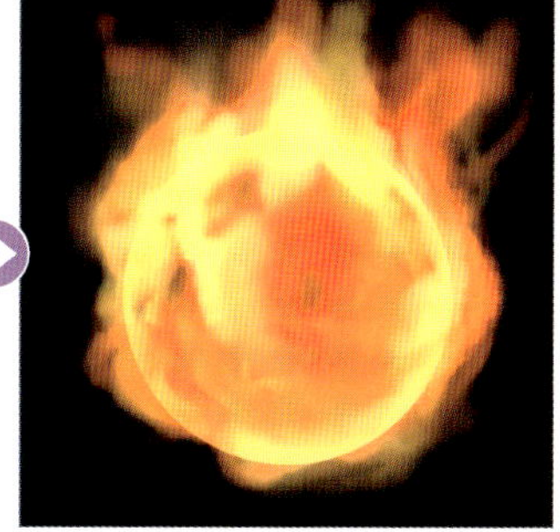

● 더하기(발광)

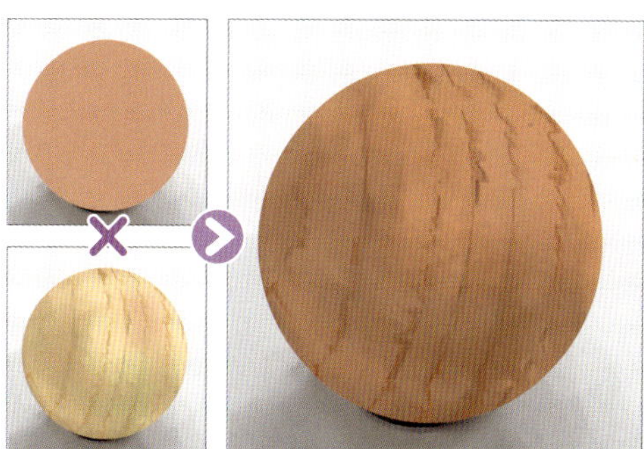

● 곱하기

합성 모드 '표준'은 아래 레이어의 영향을 받지 않고 그대로 색을 겹칩니다.

설정한 레이어와 아래 레이어에 있는 색을 합쳐서 밝게 하는 것이 '더하기'입니다. '더하기(발광)' 모드로 더 강한 효과를 얻을 수 있습니다.

설정한 레이어와 아래 레이어에 있는 색을 합치는 효과입니다. 위의 이미지처럼 색과 무늬를 합칠 때 사용합니다.

벡터 레이어가 뭐야?

A. 그림을 그리는 데 특화된 레이어

CLIP STUDIO PAINT에는 래스터 레이어 이외에도 벡터 레이어가 있습니다. 래스터 레이어는 그림을 그리거나 채색을 하는 레이어이며, 벡터 레이어보다 사용 빈도가 높습니다. 벡터 레이어는 선과 도형을 그리거나 수정하는 데 적합하며, 제대로 사용하면 일러스트 표현의 폭이 한층 넓어집니다. 벡터 레이어의 기본에 대해서 알아보겠습니다.

레이어의 차이

래스터 레이어는 색을 칠하거나 그림을 그리는 작업에 적합합니다. 반면 벡터 레이어는 색을 칠할 수 없습니다.

래스터 레이어

그림을 그리거나 색을 칠하고, 효과를 적용하는 등 다양한 작업이 가능한 레이어입니다.

벡터 레이어

선을 긋거나 도형을 그리는 작업에 특화된 레이어입니다.

벡터 레이어는 선이 흐려지지 않는다

벡터 레이어에 있는 선은 제어점이라는 위치 정보로 관리합니다. 확대나 축소해도 정보는 변하지 않기 때문에 선이 흐려지지 않습니다.

래스터 레이어

확대
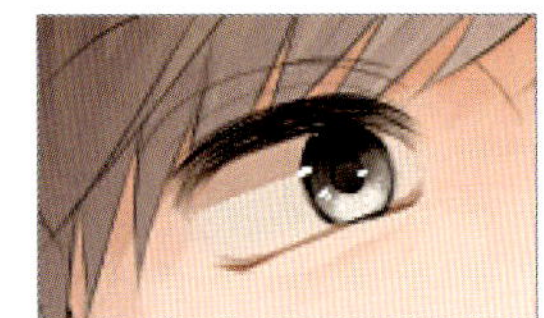

선도 그림이므로 확대하면 흐려집니다.

벡터 레이어

확대

선은 제어점으로 관리되므로 확대해도 흐려지지 않습니다.

벡터 레이어에서 할 수 있는 일

벡터 레이어에서는 제어점을 사용해 선을 변경하는 방법이 몇 가지 있습니다.

제어점

제어점을 선택하거나 움직일 수 있습니다.

벡터선 잡기

선을 잡아서 구부리거나 늘일 수 있습니다.

선폭 수정

선의 굵기를 변경할 수 있는 도구입니다.

벡터 레이어를 만드는 방법

메뉴바에서 만드는 방법과 레이어 창의 아이콘을 클릭하는 방법이 있습니다.

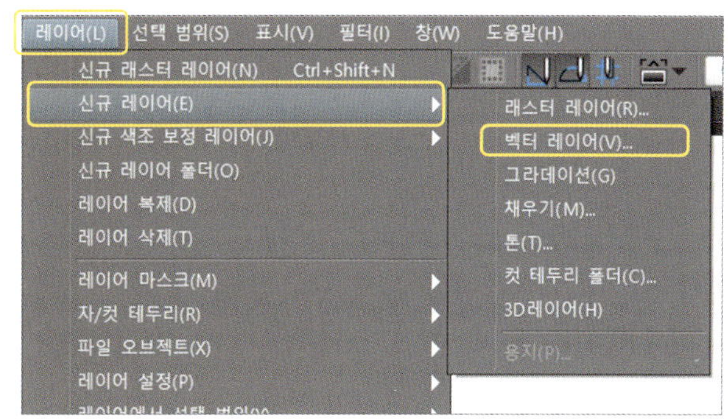

메뉴바의 [신규 레이어]→[벡터 레이어]를 선택합니다.

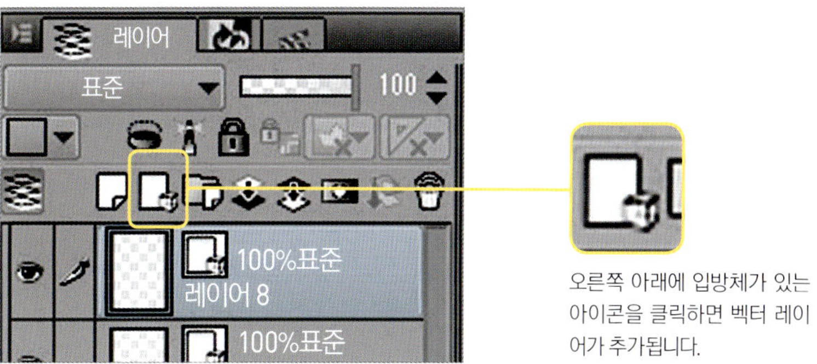

오른쪽 아래에 입방체가 있는 아이콘을 클릭하면 벡터 레이어가 추가됩니다.

 POINT ● 다른 유형의 레이어를 함께 쓰자

벡터 레이어와 래스터 레이어는 같은 캔버스에서 함께 사용할 수 있습니다. 각각의 장점을 활용하면 그림 그리는 작업이 한결 수월해집니다.

이 그림은 선화는 벡터 레이어, 나머지는 래스터 레이어에서 작업했습니다.

벡터 레이어에서 도형을 그리고 싶어

A. 도형 도구로 직사각형을 그려 보자

벡터 레이어는 선과 도형을 그리거나 변형하는 데 특화된 레이어입니다. 이번에는 [도형] 도구를 선택하고 보조 도구는 [직접 그리기] 그룹에 있는 [직사각형]을 사용해, 벡터 레이어에 직사각형을 그려보겠습니다. [도형] 도구는 래스터 레이어에서도 쓸 수 있지만, 벡터 레이어에서 사용하면 도형이 '벡터선'으로 만들어지므로 나중에 변경이나 수정이 용이합니다.

(STEP 1)

벡터 레이어를 추가하고 도구 창에서 [도형] 도구를 선택합니다. [직접 그리기] 그룹에 있는 보조 도구인 [직사각형]을 선택합니다.

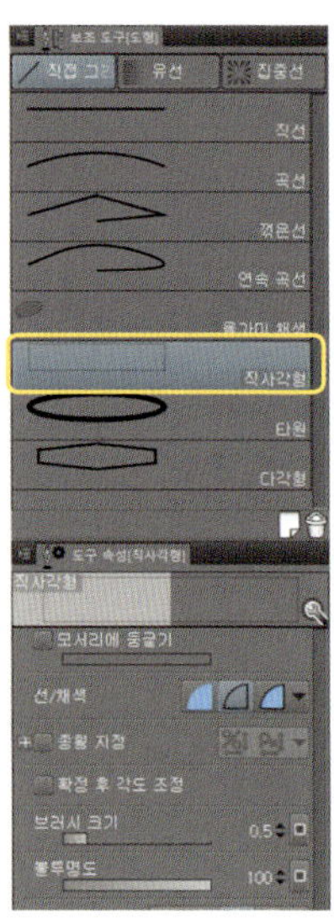

이번에는 직사각형을 선택했지만, 곡선이나 타원 등 다양한 도구가 있습니다.

(STEP 2)

캔버스 위에서 드래그&드롭하면 직사각형이 생깁니다.

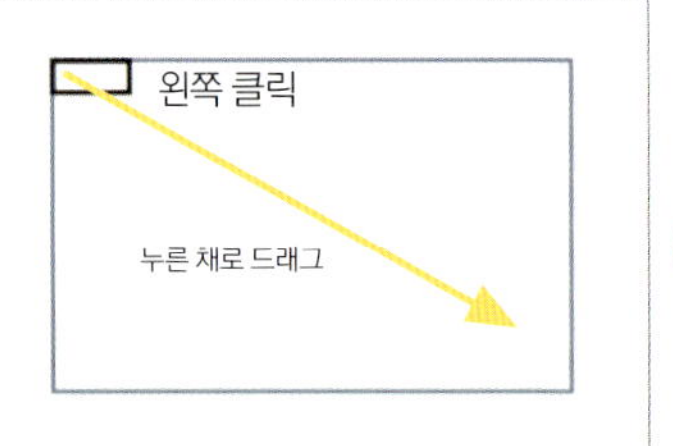

시작점에서 왼쪽 클릭, 그대로 드래그합니다.

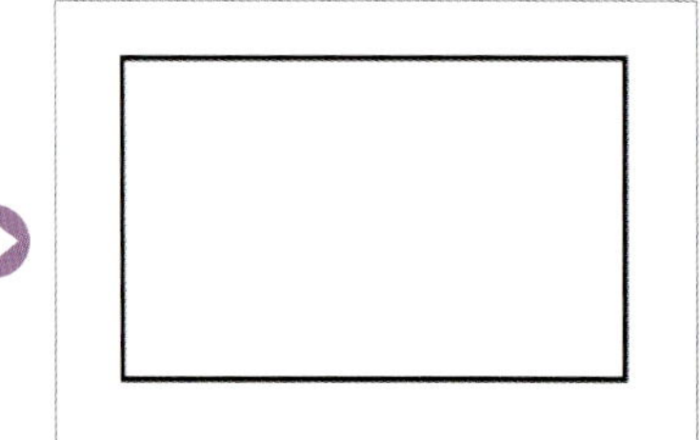

손가락을 뗀 위치가 끝점이며 직사각형이 완성되었습니다.

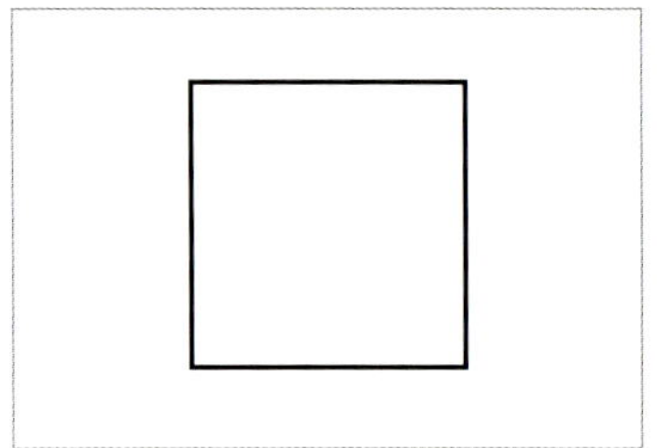

Shift키를 누르면서 드래그하면 정사각형이 됩니다.

도형의 선과 색을 변경하려면?

A. 벡터선을 선택하고 수정할 수 있다

벡터 레이어에 그린 선과 도형은 나중에 선택해서 선폭이나 색 등을 간단히 변경할 수 있습니다. 래스터 레이어에서도 변경은 가능하지만 작업이 번거롭고 그림이 흐려지는 등 문제가 생깁니다. 따라서 선화나 배경 등은 벡터 레이어에서 작업할 것을 추천합니다.

STEP 1

먼저 벡터 레이어에 도형을 그립니다. 도구 창에서 [조작] 도구를 선택하고 보조 도구는 [오브젝트]를 선택합니다.

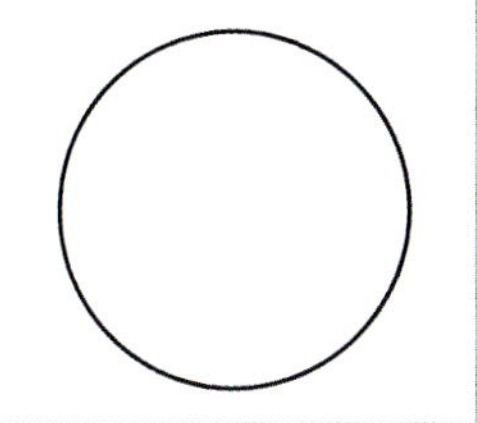

이번 예제 도형은 원입니다.

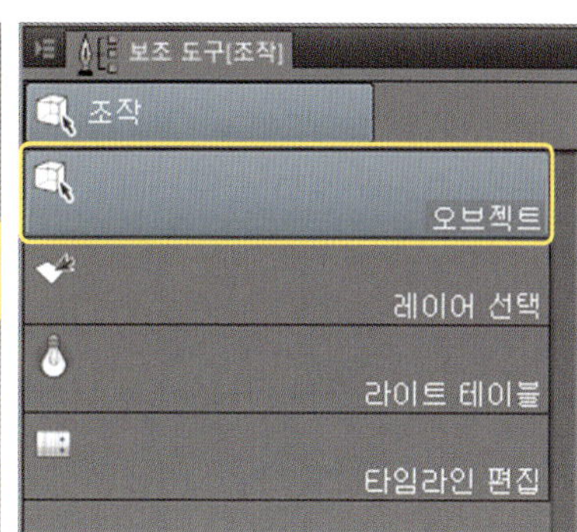

STEP 2

[오브젝트] 도구로 그린 도형을 클릭하면 선택됩니다.

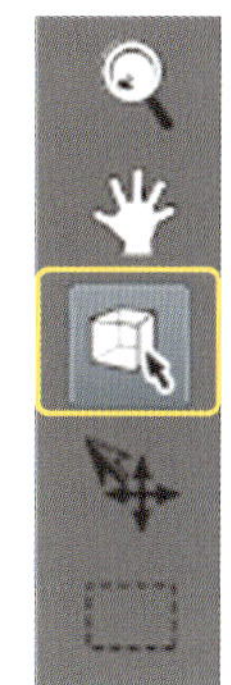

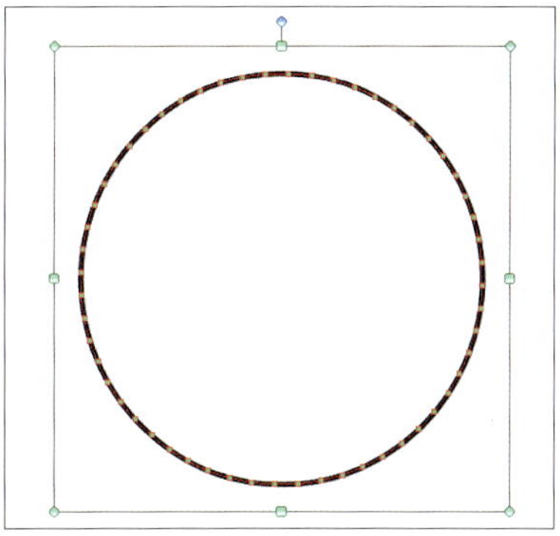

선택하면 이렇게 제어점과 바운딩 박스가 표시됩니다.

STEP 3

도구 속성 창의 '메인 컬러'에서 색을, '브러시 크기'에서 선 굵기를 변경할 수 있습니다.

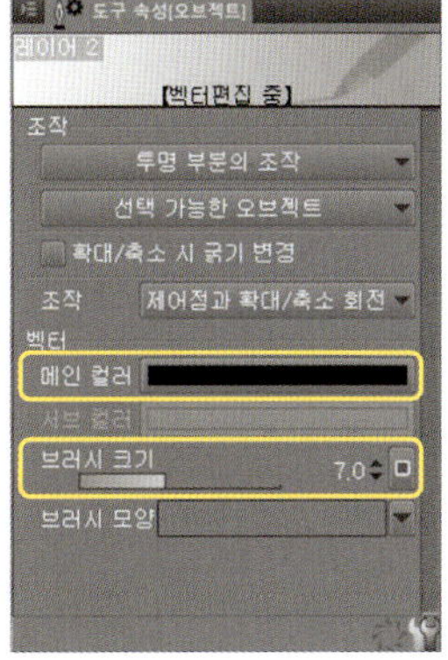

색은 컬러 써클에서 변경할 수 있습니다.

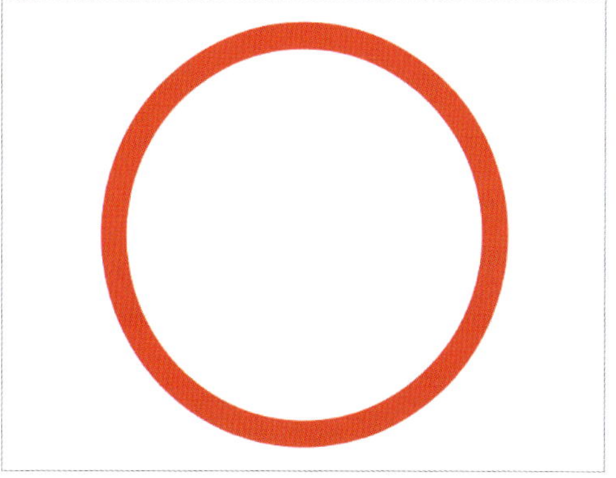

빨간색의 굵은 원이 되었습니다. 벡터 레이어라면 몇 번이라도 선 굵기를 변경할 수 있습니다.

도형을 조절하는 방법

A. 제어점을 움직여서 조절하자

앞서 벡터 레이어에 그린 선과 도형이 제어점으로 관리된다고 설명했습니다. 이번에는 제어점을 이용한 도형의 변형과 바운딩 박스를 이용한 확대/축소/회전에 대해서 알아보겠습니다. 또한 도형을 확대/축소하는 방법은 래스터 레이어에서도 동일하니 꼭 알아둡시다.

STEP 1

도구 창에서 [조작]을 선택하고 보조 도구 는 [오브젝트]를 선택합니다.

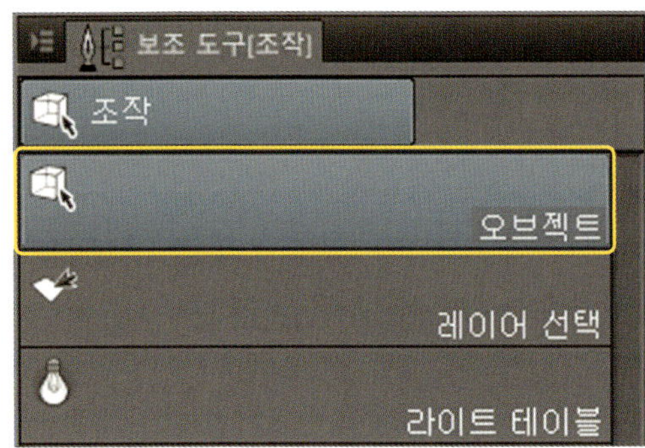

STEP 2

도형을 선택하면 제어점이 표시됩니다.

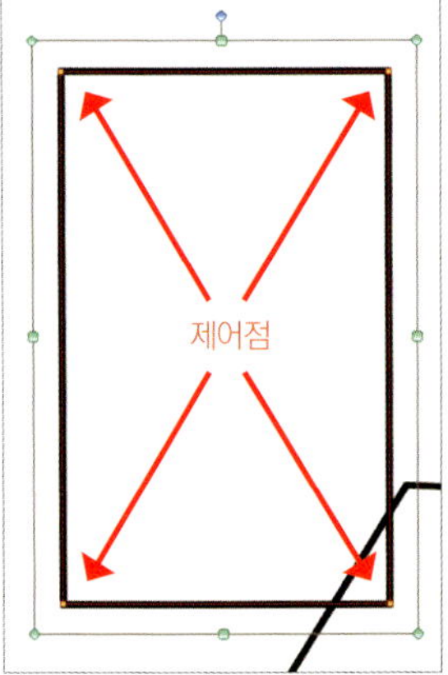

STEP 3

제어점을 드래그로 움직이면 도형이 변합 니다. 직접 시험해 보고 어떤 느낌인지 알 아둡시다.

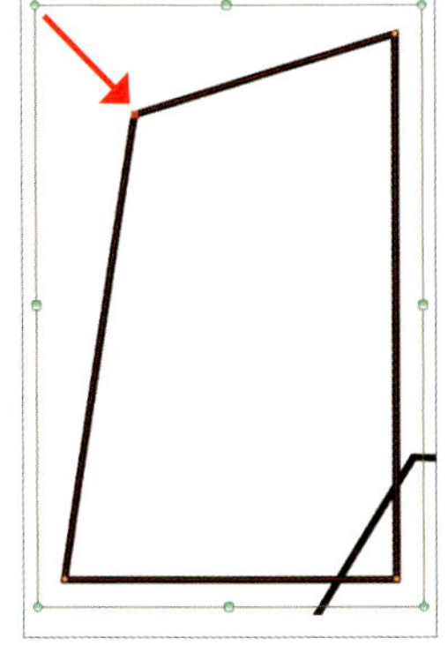

제어점을 움직이면 점이 붙어 있는 선의 길이와 각도가 달라 집니다.

도형을 선택하면 제어점 바깥에 흐릿한 사
각형이 표시됩니다. 이것을 바운딩 박스라
고 하며, 눈으로 보면서 그림을 확대/축소/
회전할 수 있습니다.

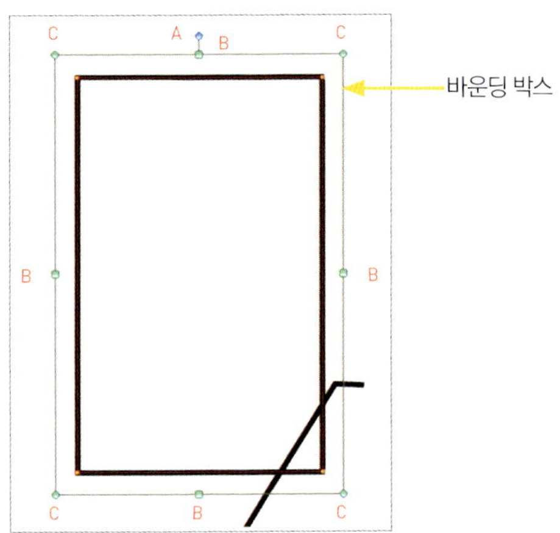

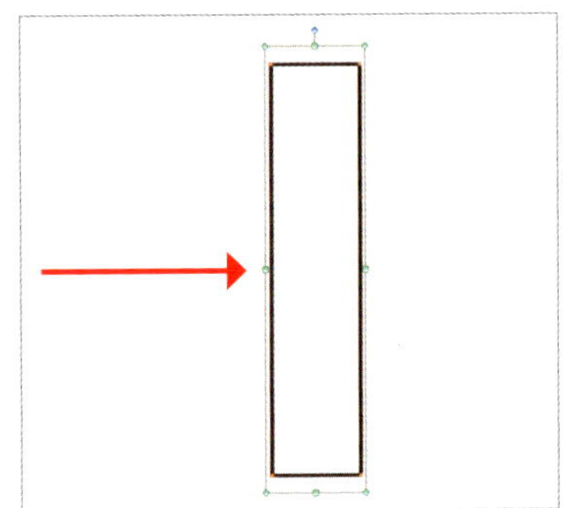

B의 점을 드래그하면 도형이 세로 또는 가로 방
향의 길이를 유지한 채로 확대/축소됩니다.

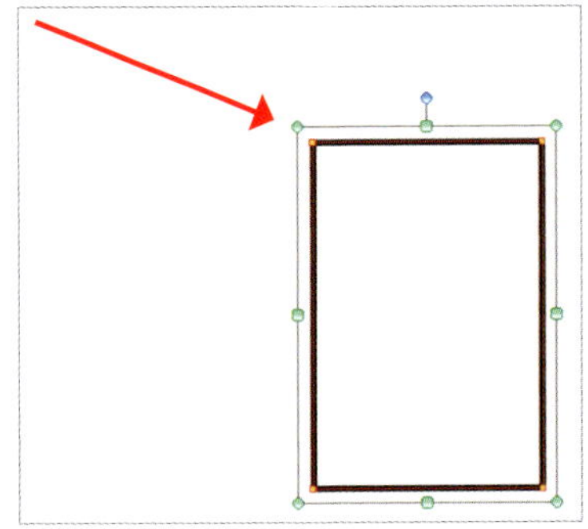

C의 점을 드래그하면 도형 전체의 형태를 수정하
면서 확대/축소할 수 있습니다.

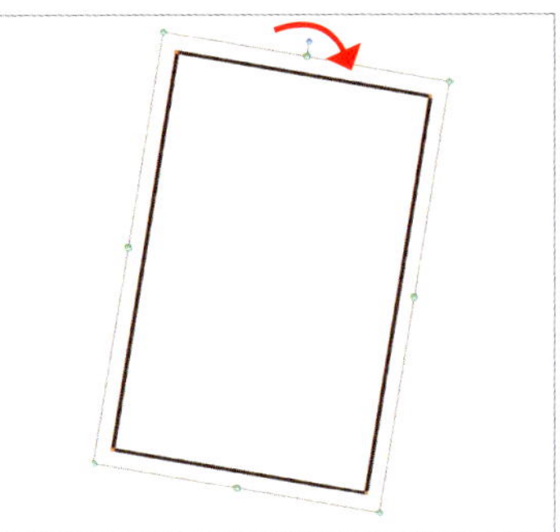

A의 점을 드래그하면 도형 전체를 회전시킬 수
있습니다.

POINT

제어점을 줄여서 조절하기 쉽게 만들자

심플한 도형은 제어점의 수
가 적지만, 손으로 그린 선
은 제어점이 많습니다. [벡
터선 단순화] 도구로 제어
점을 줄이면 조절이 편해집
니다.

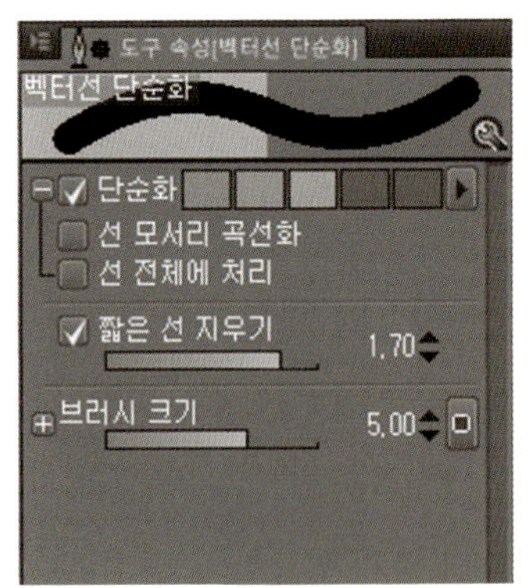

[선 수정] 도구를 선택하고 보조 도구는 [벡
터선 단순화]를 선택합니다.

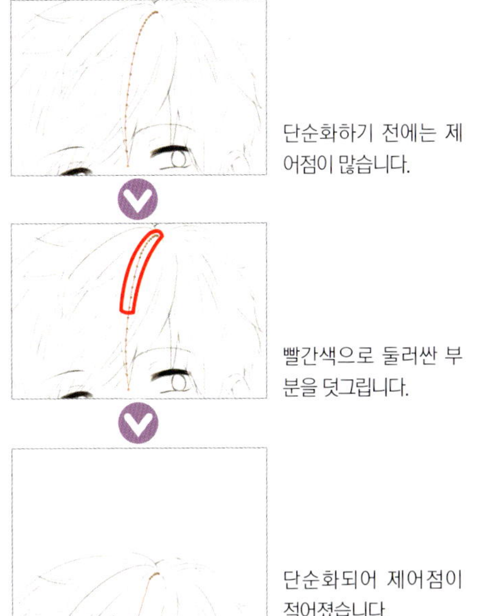

단순화하기 전에는 제
어점이 많습니다.

빨간색으로 둘러싼 부
분을 덧그립니다.

단순화되어 제어점이
적어졌습니다.

벡터선의 폭을 통일하고 싶어

A. 선폭 수정 도구를 사용하자

벡터 레이어에서 벡터선의 굵기를 수정할 수 있는 도구가 [선폭 수정]입니다. 다양한 조작이 가능하지만, 이번에는 선폭을 일정하게 통일하는 방법을 알아보겠습니다. 벡터선을 그으면 펜의 강약으로 굵기가 일정하지 않을 때가 있습니다. 그럴 때 일정한 굵기로 변경할 수 있어 편리합니다.

STEP 1

도구 창에서 [선 수정]을 선택하고 보조 도구는 [선폭 수정]을 선택합니다. 도구 속성에서 '일정 굵기로 하기'와 '선 전체에 처리'에 체크를 합니다.

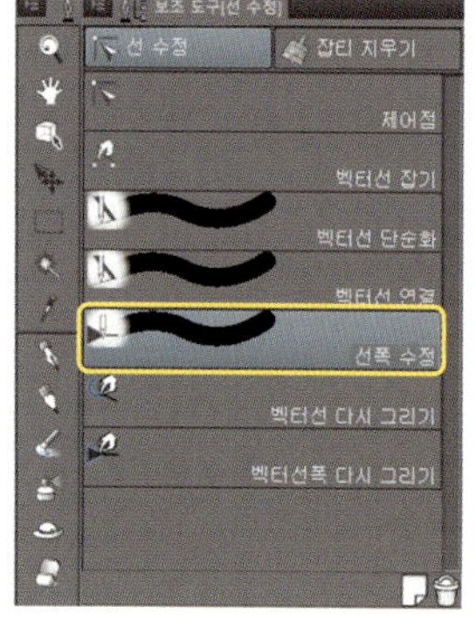
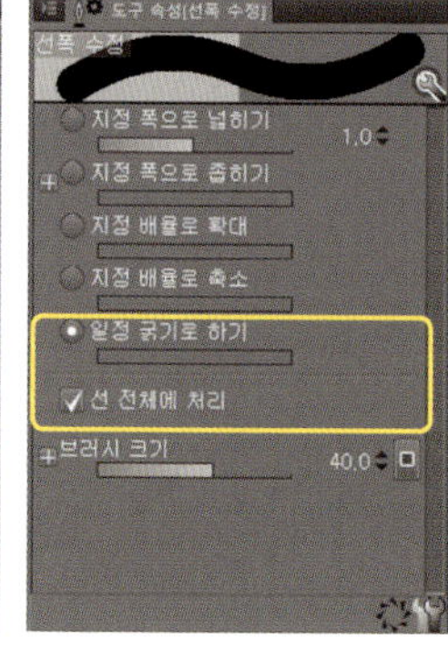

아래의 수치는 선의 굵기입니다. 높을수록 선이 굵어집니다.

STEP 2

수정하고 싶은 부분을 드래그해 선폭을 변경합니다.

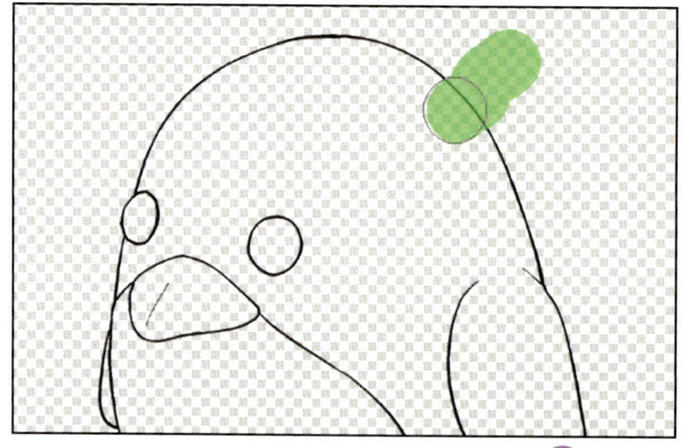

굵게 만들고 싶은 선의 일부를 드래그합니다. 그림의 테두리 부분을 드래그했습니다.

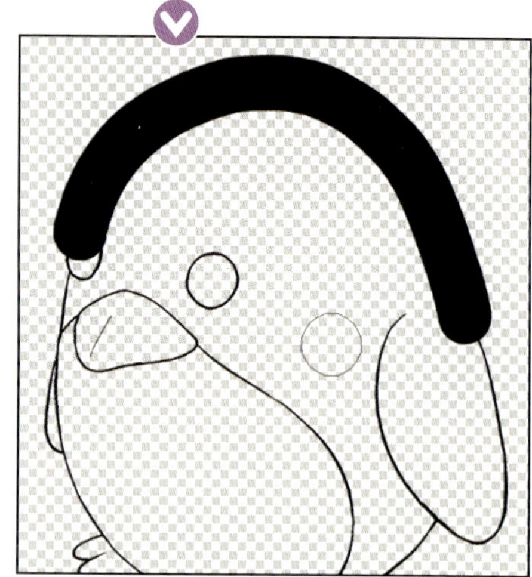

'선 전체에 처리'의 효과로 벡터선 전체가 굵어졌습니다. 이 작업은 벡터선별로 이루어집니다. 드래그한 선과 이어지지 않은 선에는 적용되지 않습니다.

선폭을 일부분만 변경하고 싶어

A. 선폭 수정 도구로 변경하자

Q49에서는 선 전체의 폭을 일정하게 통일하는 방법을 설명했습니다. 이번에는 드래그한 부분의 선만 변경하는 방법을 알아 보겠습니다. 캐릭터 윤곽의 일부분을 굵게 만들고 싶을 때 유용합니다. 브러시 크기를 키우면 광범위하게 선폭을 변경할 수 있으니, 다양하게 시험해 보시기 바랍니다.

STEP 1

도구 창에서 [선 수정]을 선택하고, 보조 도구 창에서 [선폭 수정]을 선택합니다. 도구 속성의 '일정 굵기로 하기'를 체크하고, '선 전체에 처리'의 체크는 해제합니다.

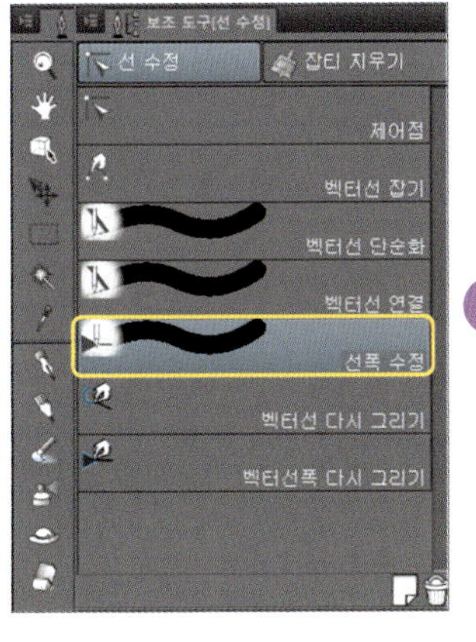

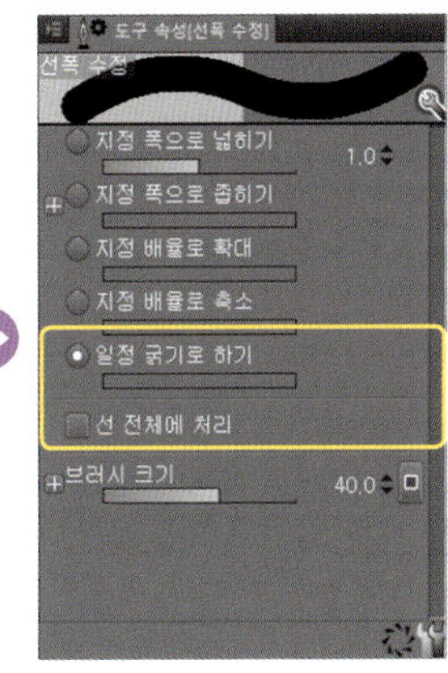

'일정 굵기로 하기'에 체크를 넣었습니다.

STEP 2

선폭을 수정하고 싶은 부분에 마우스로 드래그합니다.

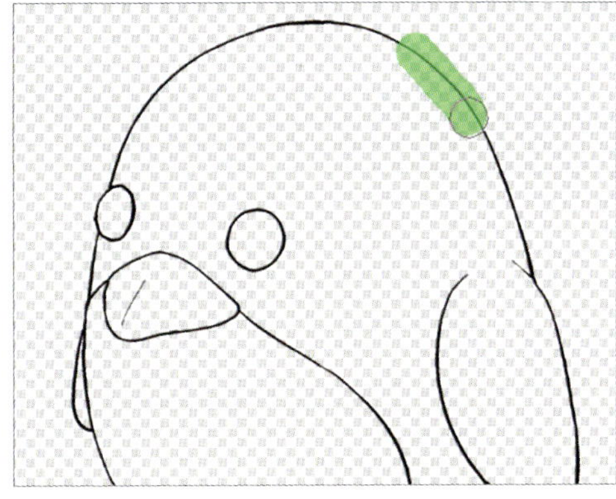

브러시 크기를 변경하면 한 번에 넓은 범위에 적용됩니다.

STEP 3

드래그한 부분만 선폭이 변경되었습니다.

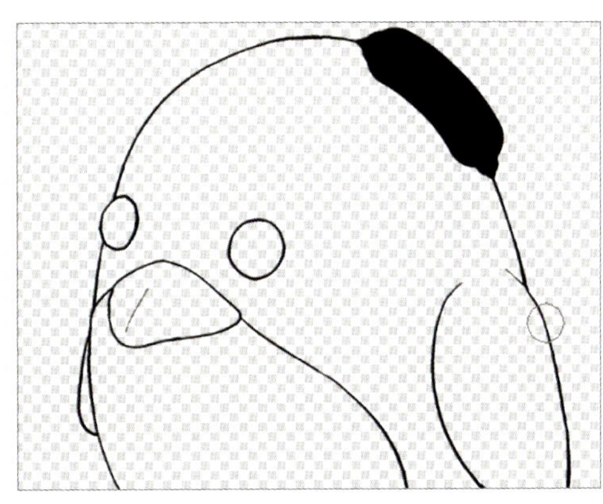

윤곽의 일부만을 강조하고 싶을 때 편리합니다.

래스터 레이어를 벡터 레이어로
변환하는 방법

A. 레이어 변환 기능을 사용한다

래스터 레이어에 선화를 그린 상황이라도 얼마든지 벡터 레이어로 변환할 수 있습니다. 그러나 벡터 레이어에 그린 것처럼 깔끔한 선으로 완벽하게 재현할 수는 없습니다. 레이어의 설정을 잘못했다면 작업을 시작하기 전에 레이어를 변환해야 합니다.

STEP 1

메뉴바의 [레이어]에서 [레이어 변환]을 클릭합니다.

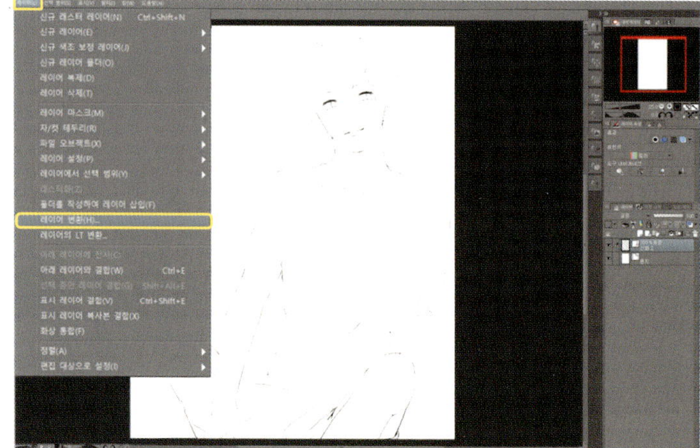

STEP 2

레이어 변환 창이 표시됩니다. '종류'를 클릭하고 벡터 레이어를 선택합니다.

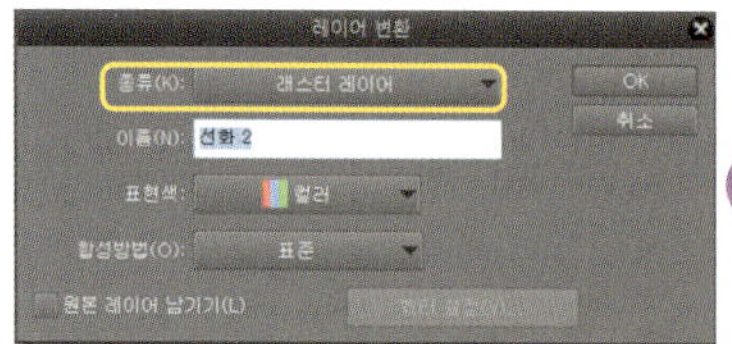

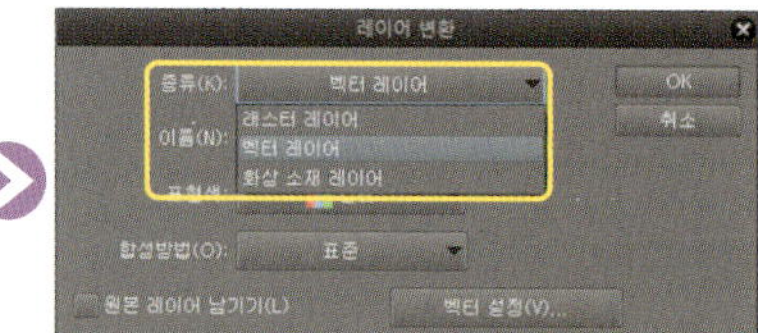

STEP 3

래스터 레이어에서 벡터 레이어로 변환되었습니다.

창틀을 간단히 그릴 수 없을까?

A. 벡터 지우기의 '교점까지'를 활용한다

창틀과 건물 등의 인공물은 직선을 사용해 그리는 부분이 많아서, 주로 [직선] 도구와 [지우개] 도구의 '교점까지'를 활용합니다. '교점까지'란 선이 교차하는 지점까지 삭제할 수 있는 지우개 도구의 기능입니다. 벡터 레이어에 직선을 긋고 벗어난 부분에 '교점까지'를 설정하면 간단히 창틀을 그릴 수 있습니다.

STEP 1

[도형] 도구의 [직접 그리기] 그룹에 있는 [직선]을 선택합니다.

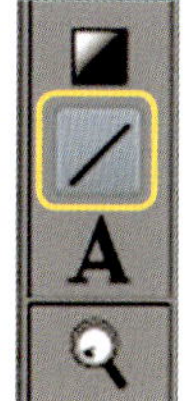

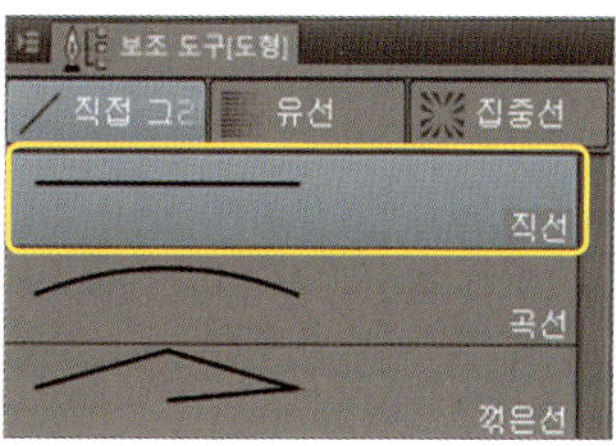

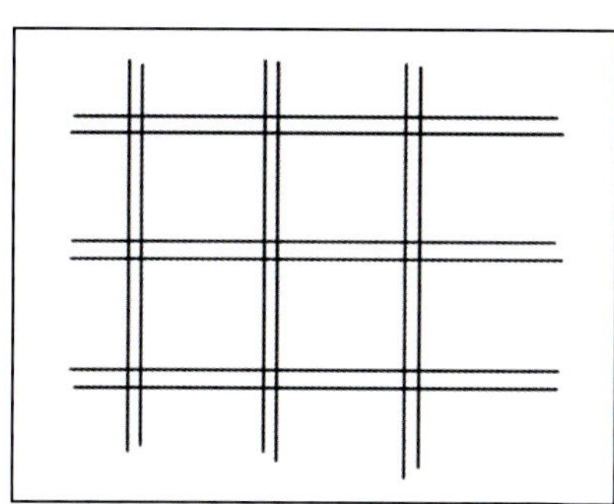

직선 도구로 대강 선을 겹치게 그립니다.

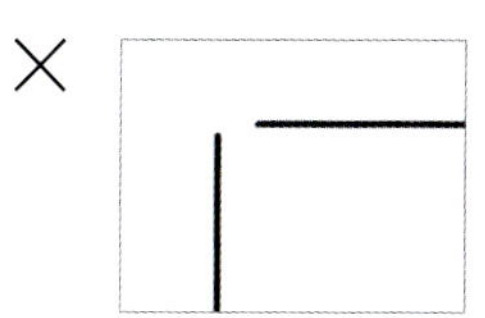

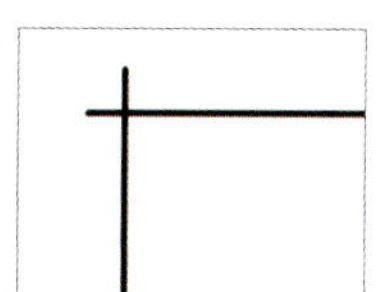

선이 교차하지 않으면 '교점까지'를 사용할 수 없기 때문에 직선은 길게 긋습니다.

STEP 2

도구 창에서 [지우개]를 선택합니다. 보조 도구 창에서 [딱딱함]을 선택하고, 도구 속성에 있는 '벡터 지우기'에 체크한 다음 Ⓐ를 클릭합니다.

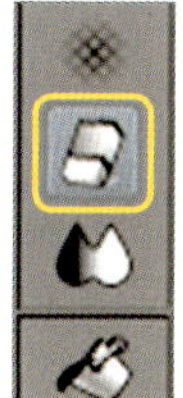

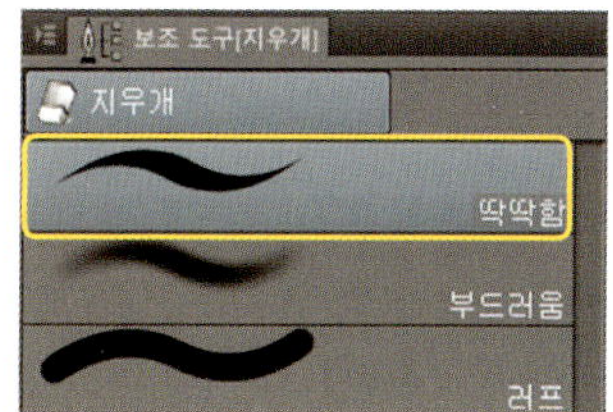

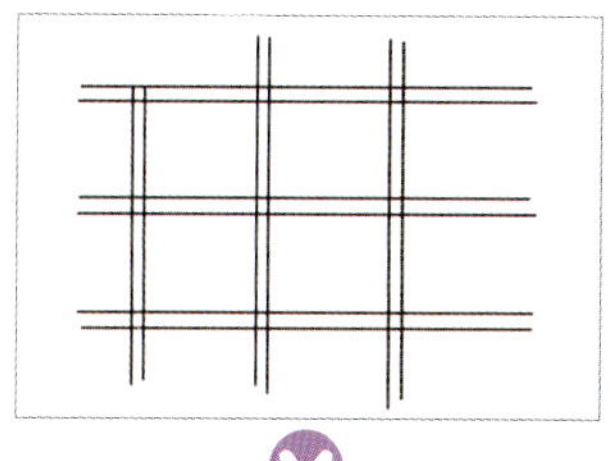

창틀의 윤곽선에서 벗어난 부분을 드래그하면 자동으로 교점까지 삭제됩니다.

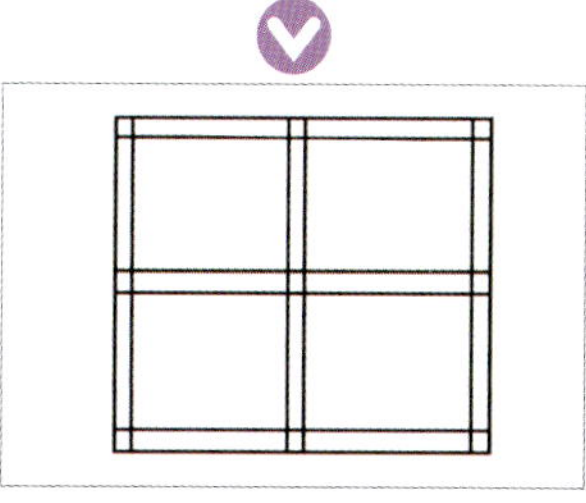

윤곽선에서 벗어난 모든 부분을 지우면 창틀의 밑그림이 완성됩니다.

불규칙한 선을 매끄럽게 만들고 싶어

A. 제어점 삭제와 이동으로 선을 매끄럽게 만든다

벡터 레이어에 그린 선에는 제어점이 생성됩니다. 이 제어점은 래스터 레이어에는 존재하지 않으므로 벡터 레이어의 최대 특징이라고 할 수 있습니다. 선이 울퉁불퉁해져도 제어점 삭제와 이동을 이용해 매끄러운 선으로 수정할 수 있습니다. 이번에는 선을 매끄럽게 만드는 방법을 알아보겠습니다.

(STEP 1)

수정할 선이 있는 레이어를 선택하고 도구 창에서 [선 수정]을 클릭합니다.

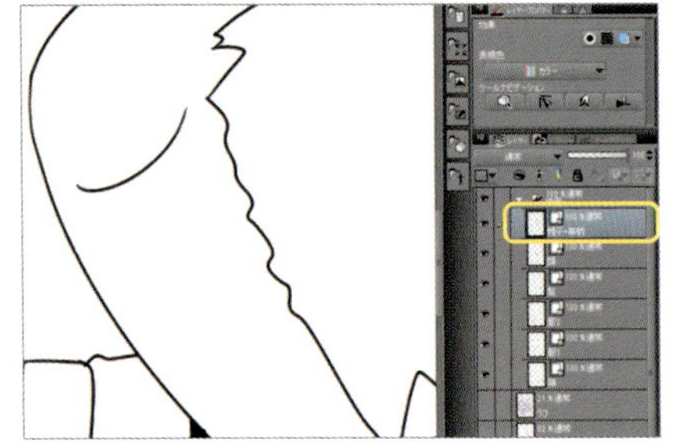
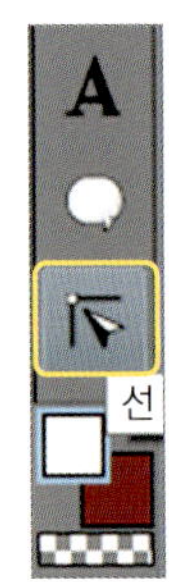

(STEP 2)

보조 도구 창에서 [제어점]을 클릭하고 도구 속성의 처리 내용을 '제어점 삭제'로 설정합니다.

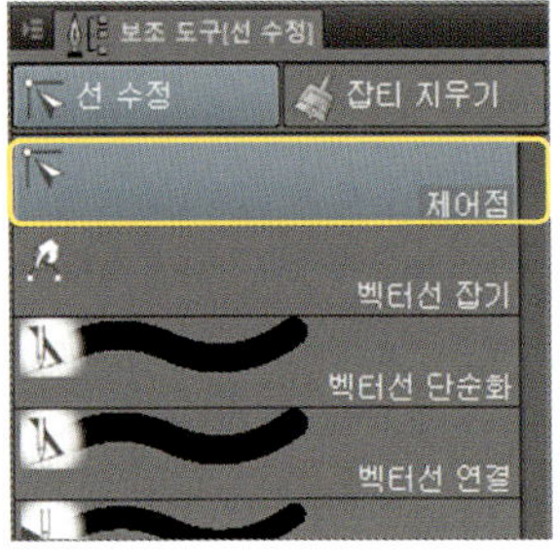
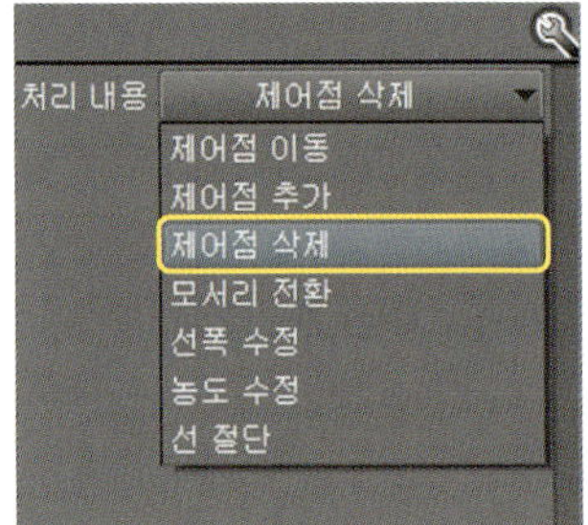

(STEP 3)

선의 중간에 있는 제어점 중에서 삭제하고 싶은 점을 선택하고 클릭합니다.

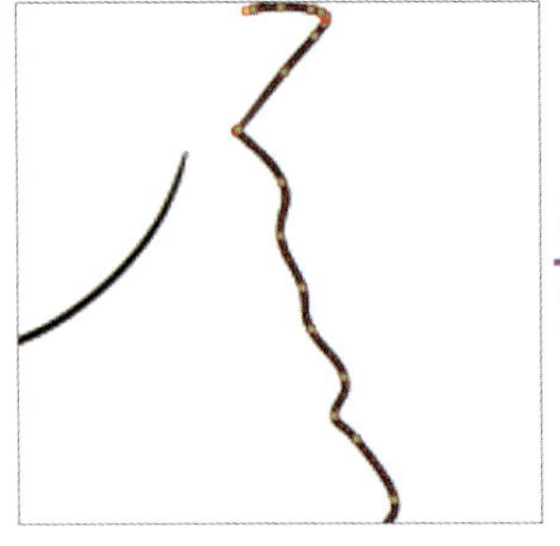

제어점이 적어지고 상당히 매끄러워졌습니다.

(STEP 4)

도구 속성의 처리 내용을 '제어점 이동'으로 변경합니다.

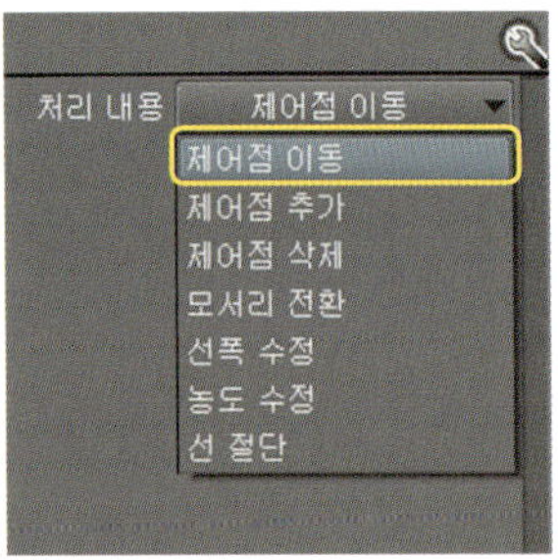
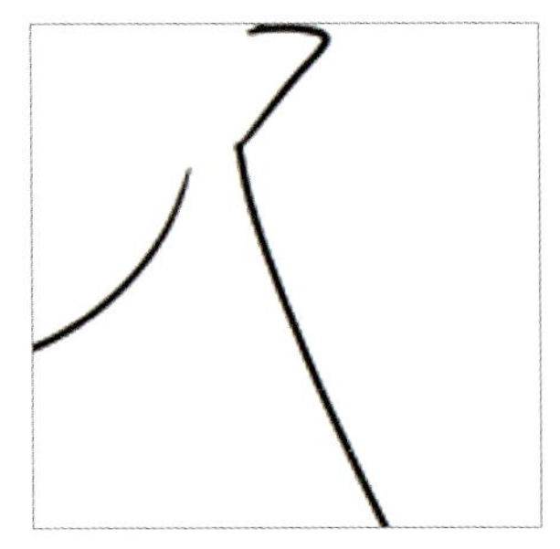

점을 움직여서 위치를 조절하면 더 매끄러워집니다.

벡터선을 연결하고 싶어

A. 벡터선 연결 도구로 선을 연결할 수 있다

지우개를 사용해 수정하다 보면 모르는 사이에 선에 빈틈이 생기기도 합니다. 벡터 레이어에 그린 선이라면 [벡터선 연결]을 활용해 간단히 이을 수 있습니다. 이 작업을 해두면 색을 쉽게 채울 수 있습니다.

STEP 1

수정할 선이 있는 레이어를 선택하고 도구 창에서 [선 수정]을 클릭합니다.

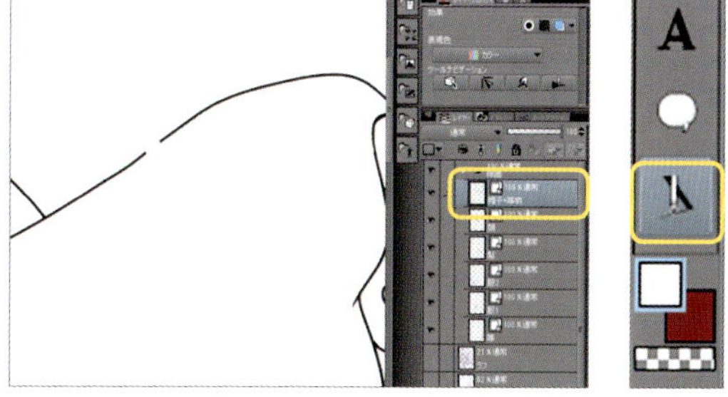

STEP 2

보조 도구 창에서 [벡터선 연결]을 클릭하고 브러시 크기를 선택합니다.

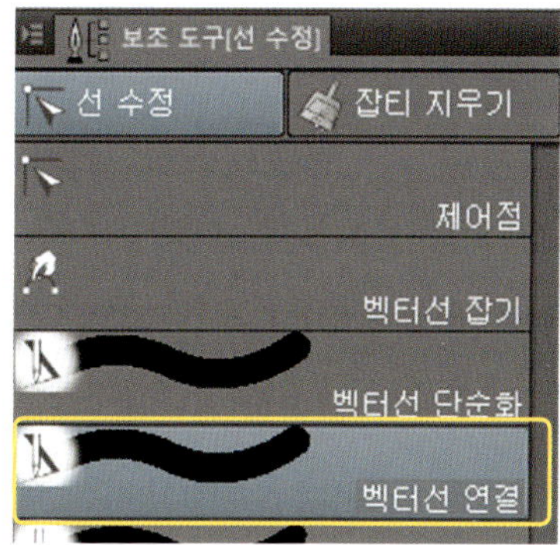
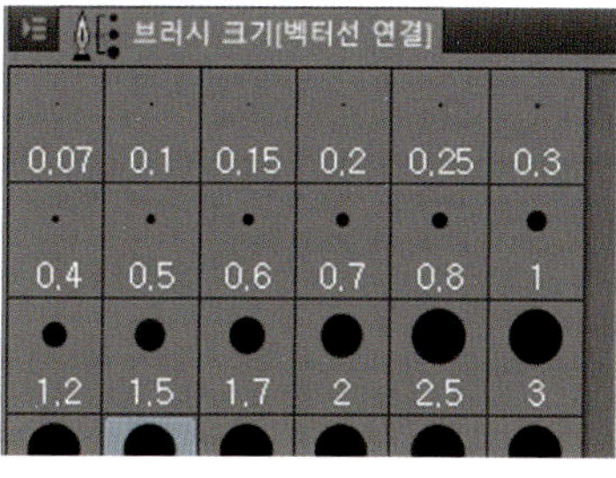

STEP 3

연결하고 싶은 선의 빈틈을 드래그합니다.

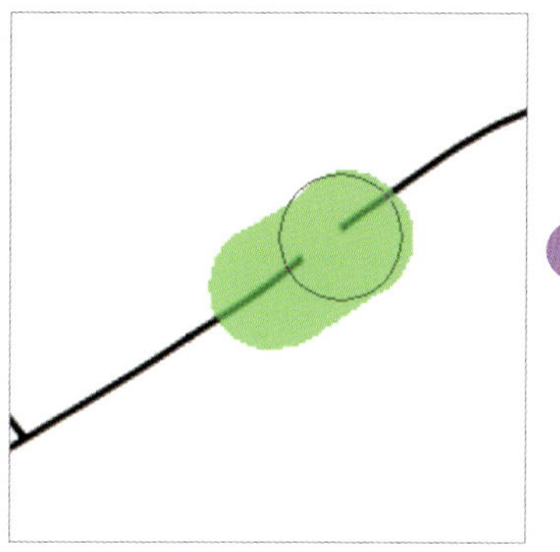
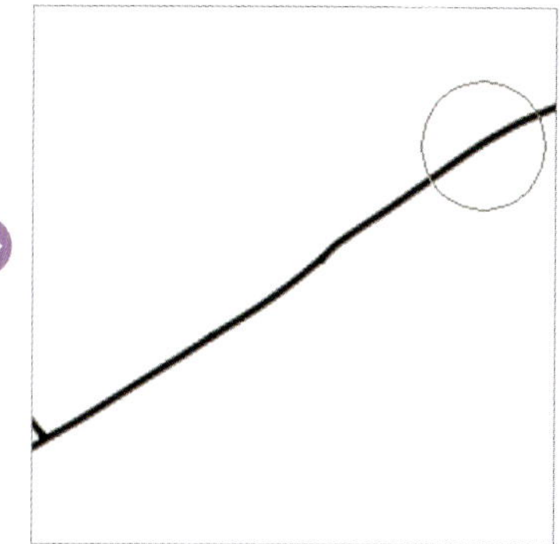

브러시 크기를 적절한 굵기로 조절합니다.　　　드래그한 부분이 이어졌습니다.

따로 그린 벡터선을 연결하는 방법은?

A. 벡터 흡착을 설정한다

벡터 레이어에서 그릴 때는 펜에 '벡터 흡착'이라는 기능을 설정할 수 있습니다. 겹친 선의 가장자리에 있는 제어점을 연결해 한 줄로 인식되게 하는 기능입니다. 펜의 종류별로 ON/OFF 설정이 가능해 작업 방식에 맞춰 적절히 설정할 수 있습니다.

STEP 1

벡터 흡착 기능을 설정할 펜을 선택하고, 도구 속성의 오른쪽 아래에 있는 공구 모양의 아이콘을 클릭해 보조 도구 상세 창을 불러옵니다.

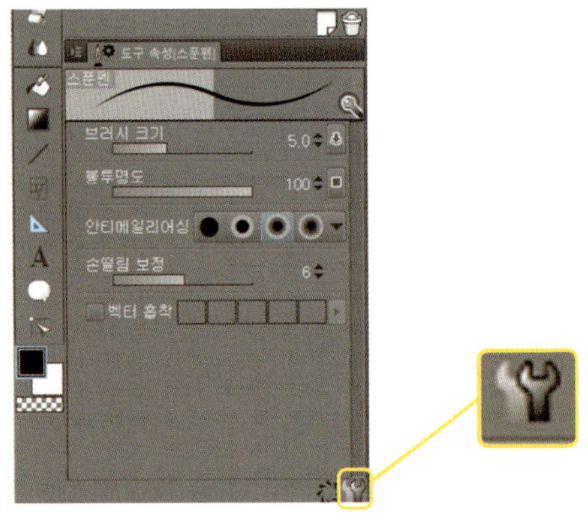

STEP 2

보조 도구 상세의 '보정'을 선택하고 '벡터 흡착'에 체크를 합니다.

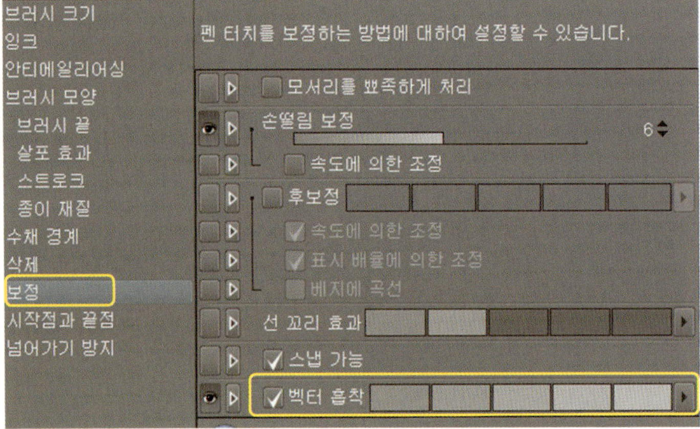

STEP 3

설정한 내용이 저장되었으므로 설정 창을 닫습니다. 설정한 펜으로 선을 그립니다.

벡터 흡착 ON

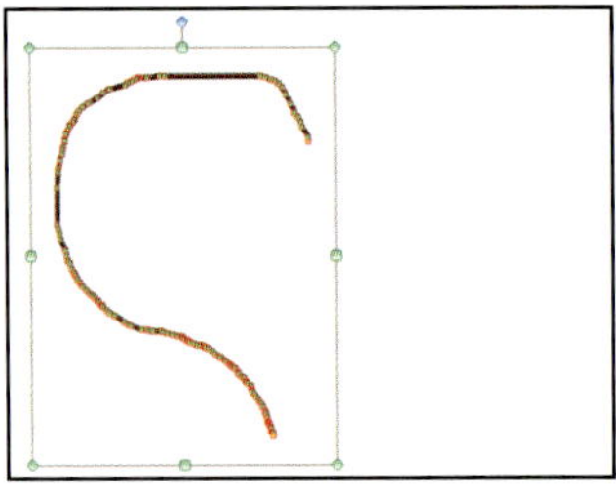

하트 마크의 절반만 그렸습니다. 선에 제어점이 설정되어 있습니다.

벡터 흡착 OFF

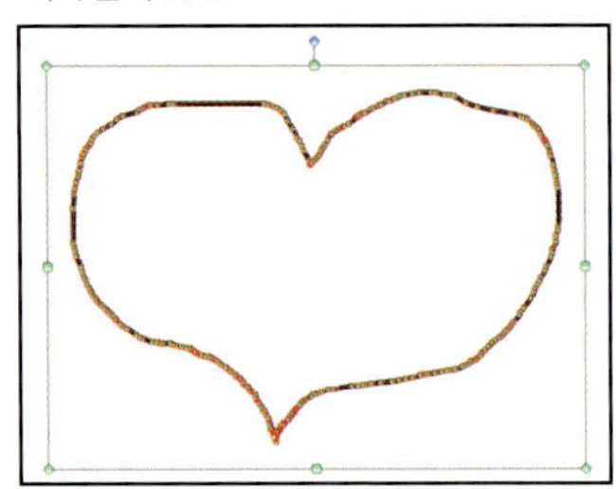

나중에 그린 절반이 흡착으로 연결되었습니다. 제어점도 연결되어 있습니다.

선택 범위가 뭐야?

A. 일정 범위만 조작이 적용되는 영역

지정한 부분에만 효과가 적용되는 영역을 선택 범위라고 하며, 선택 범위로 지정한 부분만 확대하거나 축소할 수 있습니다. 또한 선택 범위 안에 단숨에 색을 채울 수도 있습니다. 다양한 상황에서 사용하는 필수 기능이므로 우선은 개념을 확실하게 알아둡시다.

선택 범위의 예

점선으로 둘러싼 사각형 부분이 선택 범위 입니다. 선택 범위는 사각형 이외에도 다양 한 형태로 지정할 수 있습니다. 방법은 다 음 페이지에서 알아보겠습니다

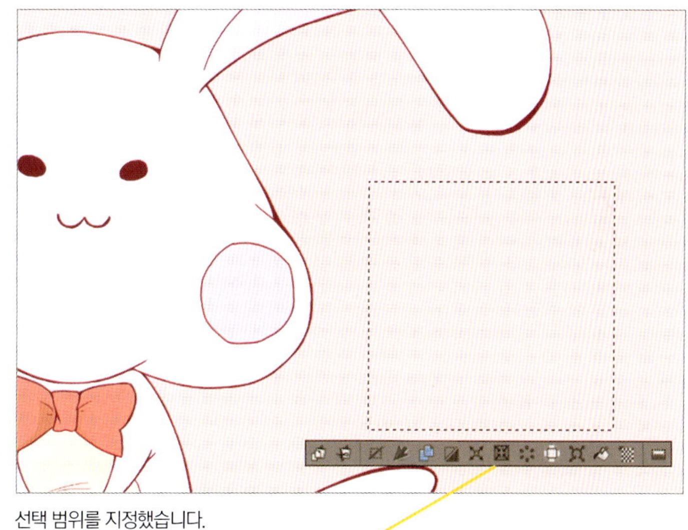

선택 범위를 지정했습니다.

1.7.2버전에서는 선택 범위 런처를 직접 편집할 수 있습 니다. Ctrl키+드래그 조작으로 선택 범위 런처 아이콘의 위치를 이동할 수 있습니다. 또한 선택 범위 런처를 오른 쪽 클릭하고 표시되는 메뉴에서 선택 범위 런처 아이콘 을 편집할 수 있습니다.

선택 범위의 아래에 표시되는 런처에서 적용할 효과를 선택합니다.

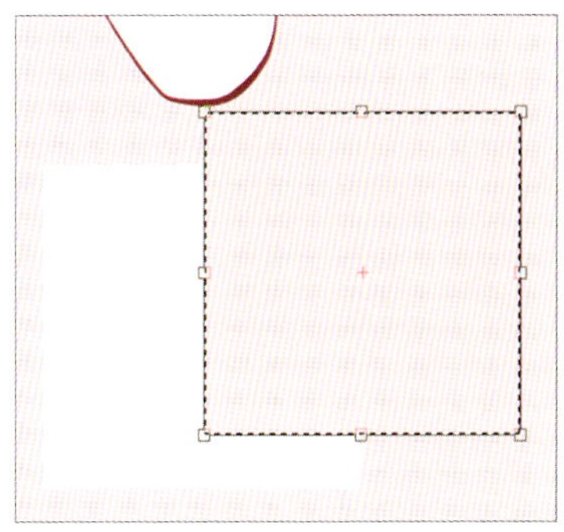

이동 기능을 사용하면 선택 범위 부분만 옮길 수 있습니다.

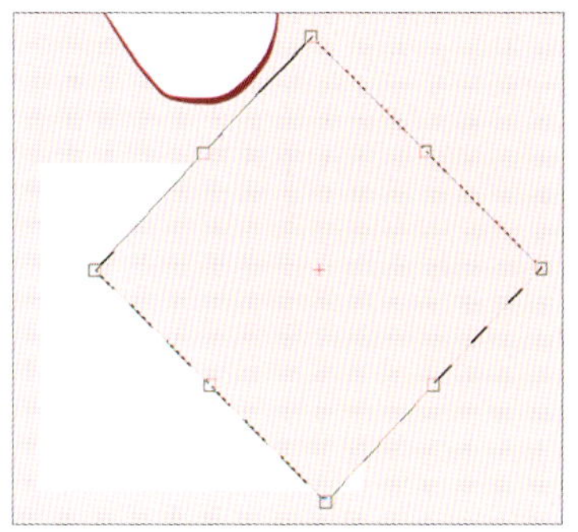

회전 기능을 사용하면 선택 범위 부분만 회전합 니다.

채우기 도구로 선택 범위에만 색을 채울 수 있습 니다.

선택 범위를 어떻게 만들지?

A. '자동 선택', '선택 범위' 도구와 '퀵 마스크'를 사용하자

선택 범위를 지정하는 대표적인 방법 3가지를 알아보겠습니다. 선택 범위를 지정하는 가장 손쉬운 방법은 [자동 선택] 도구입니다. 이름 그대로 동일한 색을 자동으로 인식해서 영역을 지정합니다. [선택 범위] 도구는 직사각형이나 타원형의 선택 범위도 만들 수 있습니다. 또한 퀵 마스크는 자유롭게 선택 범위를 지정할 수 있는 편리한 도구입니다.

[자동 선택] 도구

도구 창에서 [자동 선택]을 고르고 보조 도구 창에 있는 [편집 레이어만 참조 선택]을 선택합니다. 원하는 부분을 클릭하면 같은 색을 자동으로 인식해 선택 범위를 지정합니다. 인식의 감도도 설정할 수 있습니다.

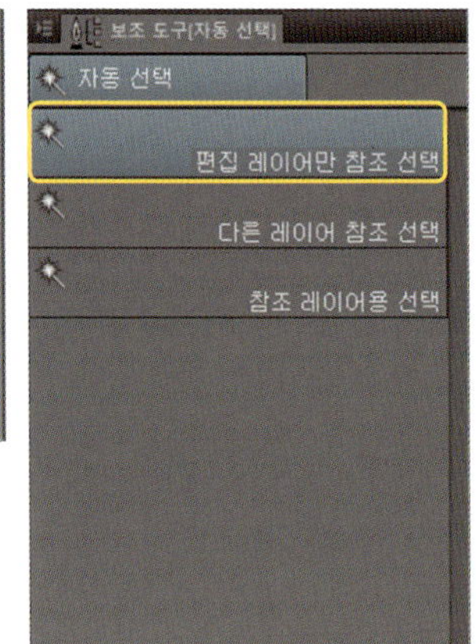

[편집 레이어만 참조 선택]은 선택한 레이어에 있는 색만 인식합니다. [다른 레이어 참조 선택]은 선택된 레이어뿐만 아니라 나머지 레이어의 색도 인식합니다.

당근 그림에 [자동 선택]을 사용해 보겠습니다. 커서를 당근으로 가져가서 클릭합니다.

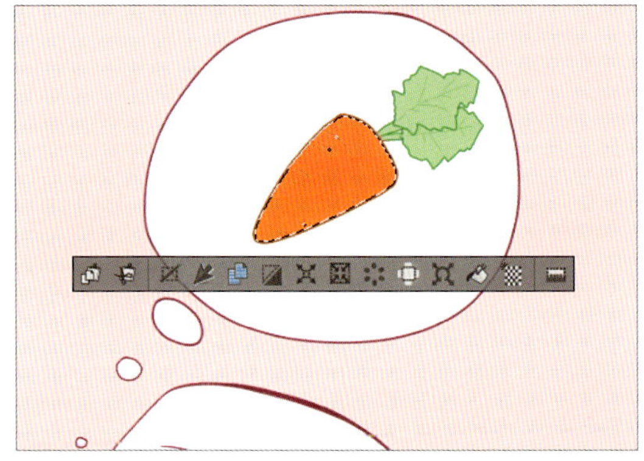

당근의 형태대로 선택 범위가 지정되었습니다. 색이 적고 단순한 형태의 그림을 선택 범위로 지정할 때 편리합니다.

[선택 범위] 도구

도구 창에서 [선택 범위]를 선택하고 보조 도구 창에서 원하는 형태를 선택합니다. 이 번에는 [직사각형 선택]을 사용해 보겠습니다. 도형을 그리는 요령으로 드래그하면 원하는 형태로 선택 범위를 지정할 수 있습니다.

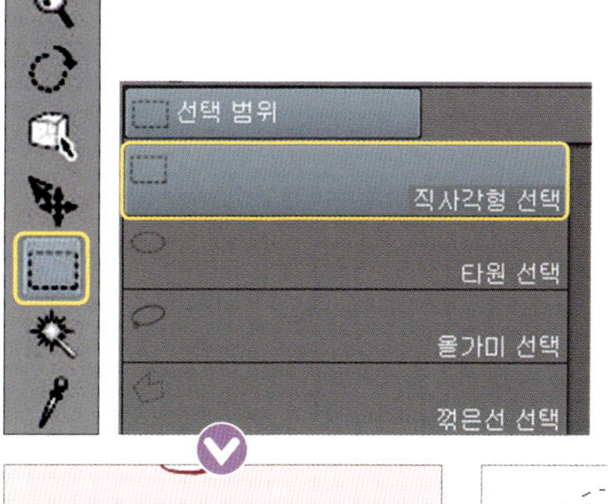

보조 도구 창에서 선택 영역으로 지정하고 싶은 부분의 형태에 가까운 도구를 선택합니다.

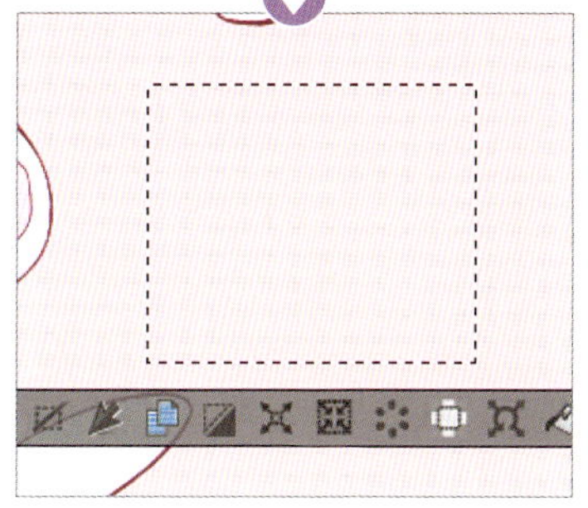

점선으로 둘러싸인 부분이 선택 영역입니다.

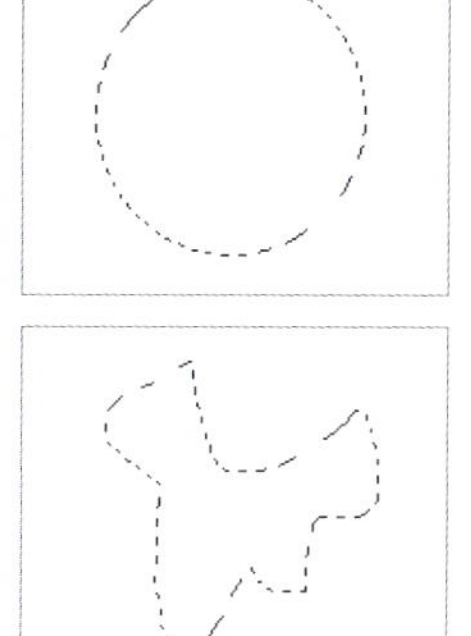

자신이 직접 그린 모양대로 선택 범위 지정이 가능한 [올가미 선택]도 있습니다.

퀵 마스크

메뉴바의 [선택 범위]→[퀵 마스크]를 클릭하면 퀵 마스크 레이어가 생성됩니다. 이 레이어에 브러시 등으로 그리면 연한 분홍색이 채워진 영역이 나타납니다. 이 상태에서 다시 [선택 범위]→[퀵 마스크]를 클릭하면 분홍색 범위가 선택 영역으로 변합니다. 복잡한 형태도 선택 범위로 지정할 수 있는 편리한 기능입니다

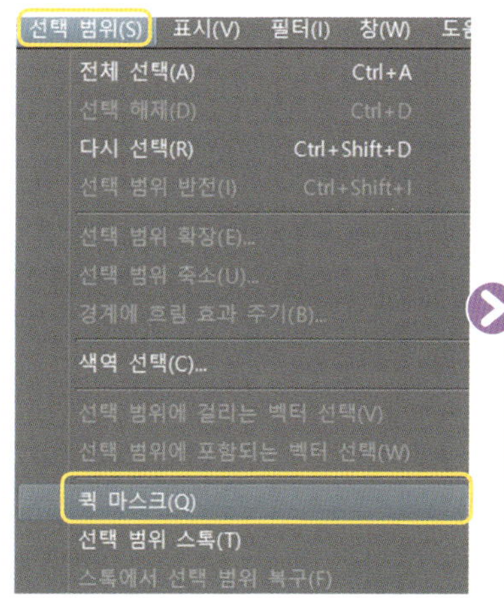

퀵 마스크 레이어는 메뉴에서 작성합니다.

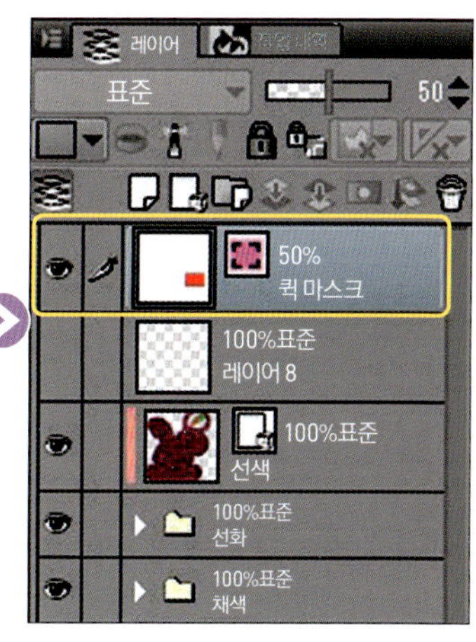

레이어 창에 퀵 마스크 레이어가 추가됩니다.

분홍색 범위가 퀵 마스크입니다. 브러시 등으로 그리면 범위가 늘어납니다. 반대로 지우개 도구로 지울 수 있습니다.

퀵 마스크를 만들 때와 동일한 순서로 퀵 마스크가 선택 범위로 변합니다. 선택 범위에 다시 퀵 마스크를 만들 수도 있습니다.

그림의 형태대로 선택 범위를 지정하려면?

A. 레이어에 선택 범위를 지정하자

앞서 살펴본 선택 범위를 지정하는 방법의 응용편입니다. 레이어에 그린 그림을 이용해 완전히 동일한 형태의 선택 범위를 만들 수 있습니다. 지정한 선택 범위를 다른 레이어에서 사용할 수도 있으며, 특정 레이어에만 효과를 적용할 때 일시적으로 마스크 기능으로 활용할 수도 있습니다.

STEP 1

선택 범위로 사용할 레이어를 선택하고 Ctrl키를 누른 채로 레이어의 섬네일을 클릭합니다.

선택 범위로 지정할 그림입니다.

레이어 이름 옆에 있는 창이 레이어 섬네일입니다.

STEP 2

선택 범위로 지정되었습니다. 이 상태에서 다른 레이어를 클릭합니다.

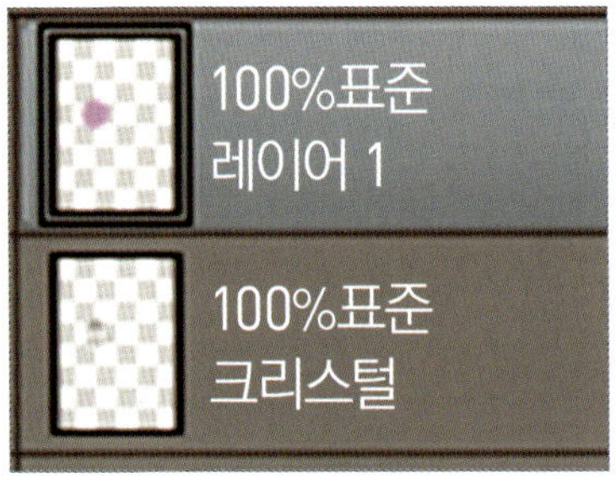

선택 범위를 작성한 레이어 위에 오도록 레이어의 위치를 조정합니다.

STEP 3

런처에서 채우기 도구를 선택합니다. 선택 범위를 작성한 레이어의 그림과 동일한 형태로 색을 채울 수 있습니다.

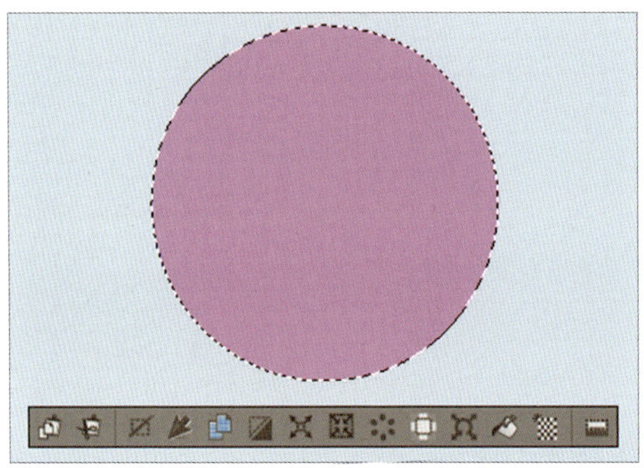

채우기뿐만 아니라 펜 도구로 선택 범위를 넘어가지 않게 그림을 그릴 수도 있습니다.

자주 쓰는 기능을 더 편하게 쓰고 싶어

A. 단축키를 편집하자

지금 사용하는 도구를 일시적으로 다른 도구로 전환하고 싶을 때가 있습니다. 키보드 입력으로 도구를 선택할 수 있도록 단축키를 설정하면 작업 효율을 높일 수 있습니다. 물론 단축키를 자신이 쓰기 쉽게 설정하는 것도 가능합니다.

STEP 1

메뉴바의 [파일]에서 [단축키 설정]을 클릭합니다. 선택 영역에서 '도구'를 선택합니다. 이번에는 자동 선택 도구의 '다른 레이어 참조 선택' 단축키를 설정해보겠습니다.

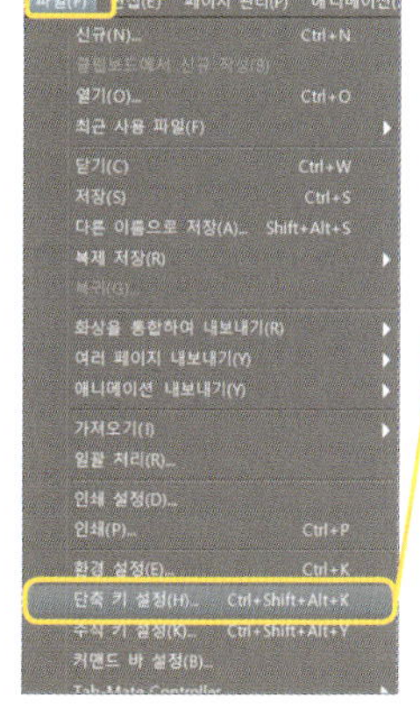

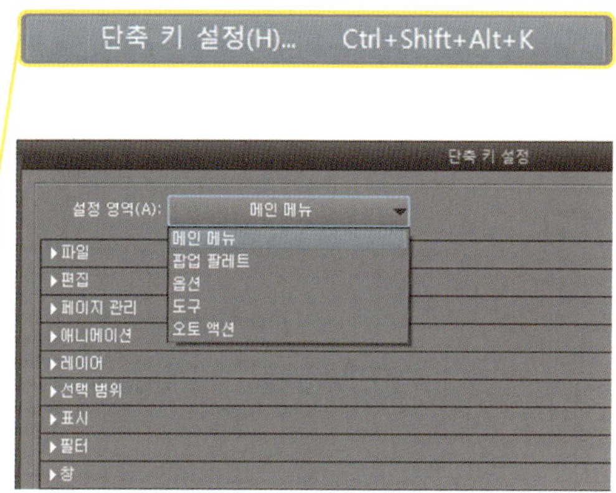

STEP 2

표시되는 항목에서 '자동 선택'을 선택하고 '다른 레이어 참조 선택'을 클릭합니다. '단축키 편집'을 선택하고 임의의 키를 입력합니다. 'OK'를 누르면 편집한 단축키가 반영됩니다.

1.7.2버전에는 [설정 영역]에 [팝업 팔레트]가 추가되었습니다. [설정 영역]에서 [옵션]을 선택했을 때의 설정에 [아이레벨을 수평으로 하기]·[아이레벨을 고정]이 추가되었습니다.

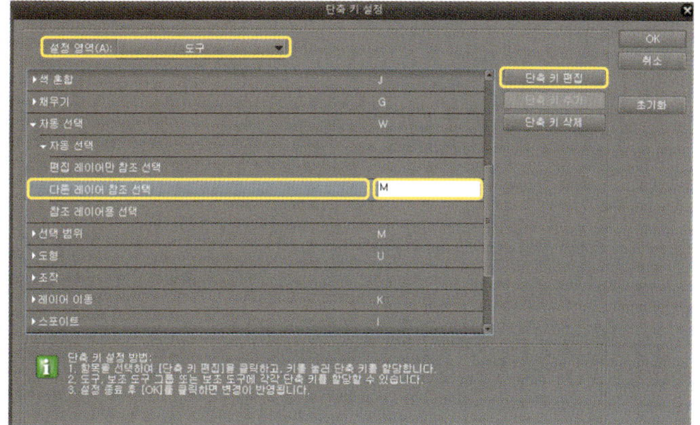

POINT   ● 단축키를 삭제하려면?

삭제하고 싶은 단축키 항목을 클릭하고, '단축키 삭제'를 선택합니다.

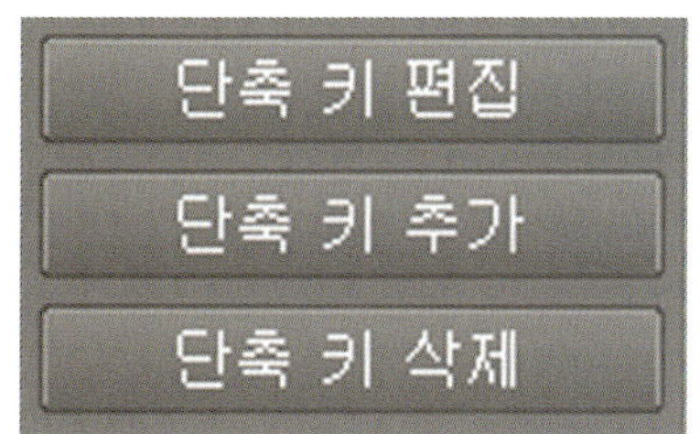

단축키가 할당되지 않은 상태가 되며 키보드 입력으로 도구를 사용할 수 없게 됩니다.

Q.60 일일이 도구를 변경하기가 귀찮아

A. 수식키를 활용하자

도구를 빠르게 전환하거나 커맨드를 실행하는 '단축키'뿐만 아니라 키를 누르고 있는 동안 일시적으로 다른 도구로 전환해주는 '수식키'가 있습니다. 단축키와 수식키를 활용하면 작업을 효율적으로 진행할 수 있습니다.

STEP 1

메뉴바의 [파일]에서 [수식키 설정]을 선택합니다. 이번에는 채우기 도구의 '다른 레이어 참조'를 사용할 때 'Ctrl+Alt'를 누르면 일시적으로 '자동 선택'으로 전환되도록 설정하겠습니다.

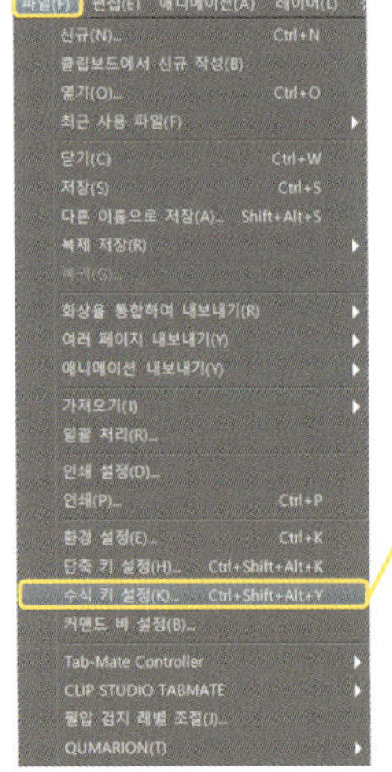

STEP 2

수식키 설정이 표시되면 보조 도구 항목에서 해당 도구를 선택합니다. 이번에는 '채우기 도구'를 클릭하고 '다른 레이어 참조'를 선택한 다음에 'OK'를 클릭합니다.

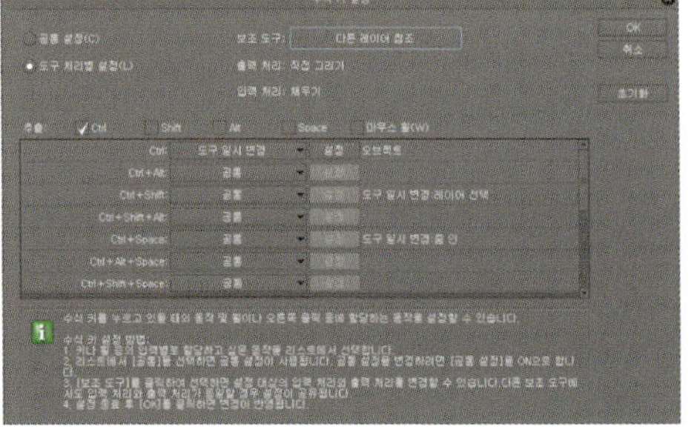

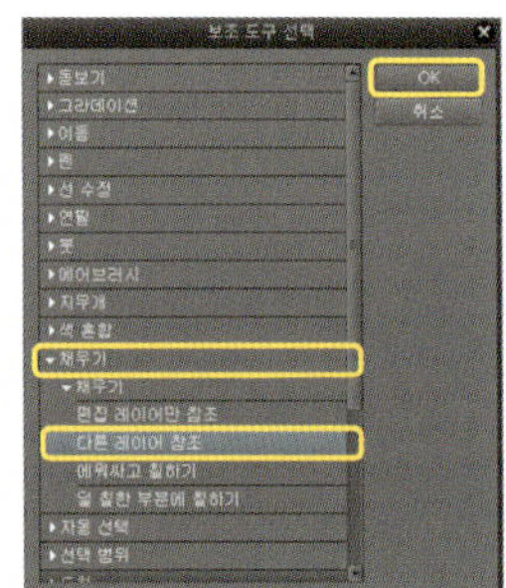

1.7.2버전에는 [추출] 항목에 [마우스]·[펜/제스처]가 추가되었습니다.

STEP 3

수식키 설정의 'Ctrl+Alt'의 '공통'을 클릭하고 '도구 일시 변경'을 선택합니다. 도구 일시 변경 설정 창이 표시되면 이번에는 일시적으로 변경할 도구인 '자동 선택'을 선택하고 'OK'를 클릭합니다. 수식키 설정으로 돌아가므로 'OK'를 누르면 설정이 수식키에 반영됩니다.

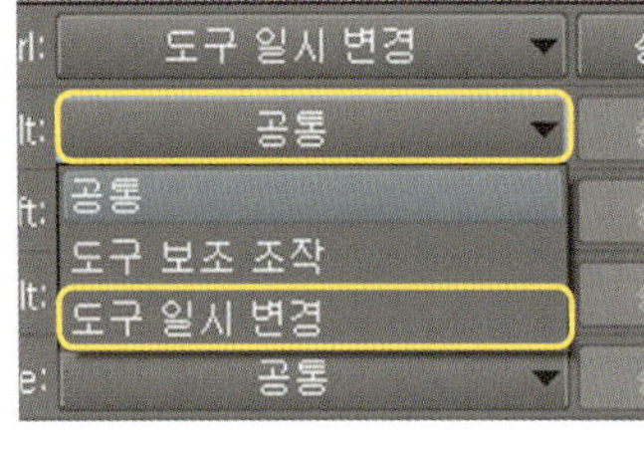

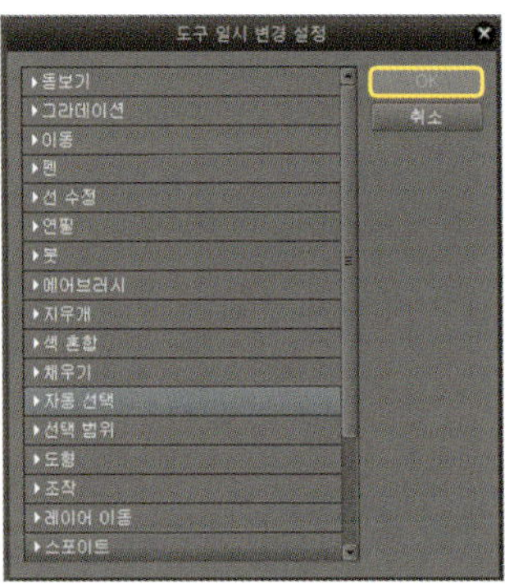

데생의 오류를 확인하는 방법

 그림의 좌우를 반전시키자

그림을 그릴 때 같은 방향만 보고 있으면 눈에 익숙해져 의외로 데생의 오류를 깨닫기 어렵습니다. 종이에 그릴 때는 뒤집어서 체크할 수 있지만, CLIP STUDIO PAINT에서는 좌우나 상하 반전 기능을 이용해 확인 가능합니다. 꼼꼼하게 확인하면 더 정확한 데생을 그릴 수 있습니다.

STEP 1

확인할 그림을 불러옵니다.

STEP 2

내비게이터 창의 **A**를 클릭하면 좌우, **B**를 클릭하면 상하로 반전됩니다. 어디까지나 그렇게 보일 뿐이지 실제 그림은 그대로입니다.

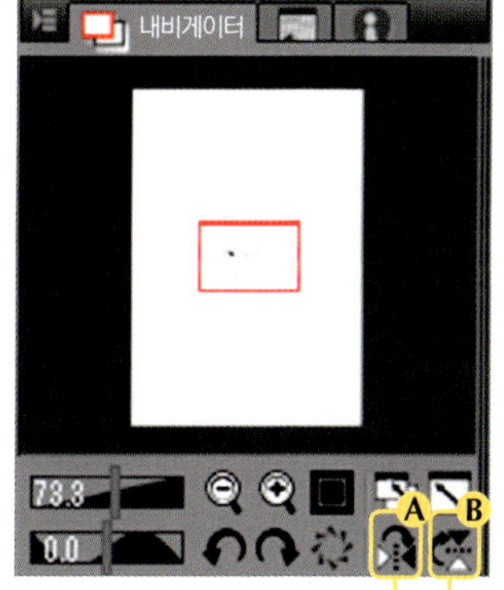

좌우 반전

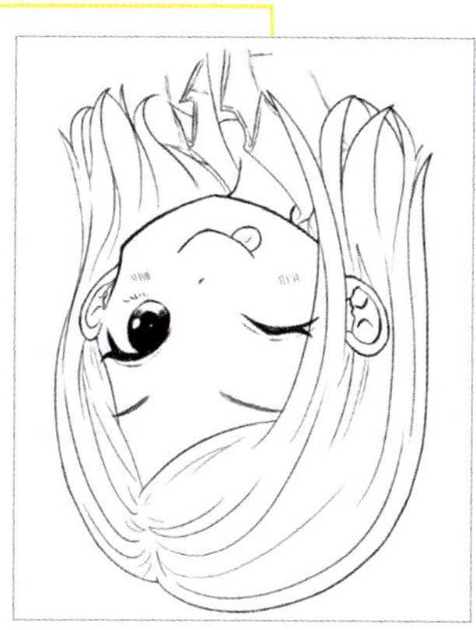

상하 반전

전체와 세부를 동시에 확인하고 싶어

A. 두 개의 창으로 작업할 수 있다

CLIP STUDIO PAINT에서 일러스트를 그릴 때는 주로 일부를 확대해 작업합니다. 그러나 일부만 보다 보면 그림 전체의 밸런스가 무너지기도 합니다. 이런 일을 방지하려면 전체를 볼 수 있는 창을 띄워두고 세부와 전체를 모두 확인하면서 작업해야 합니다.

STEP 1

작업할 그림을 불러옵니다. 메뉴바의 [창]→[캔버스]→[신규 창]을 선택하면 창이 하나 더 추가됩니다.

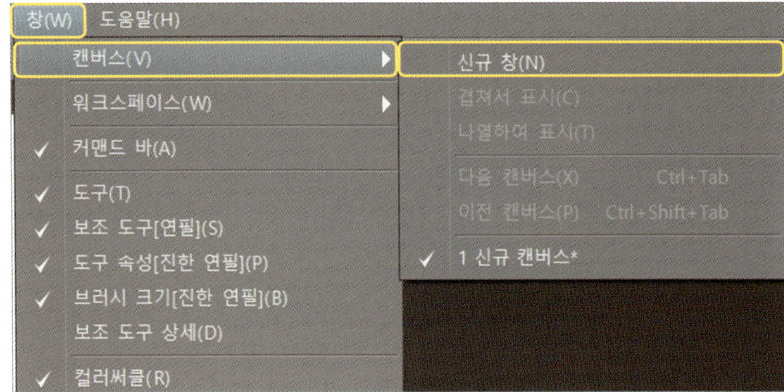

STEP 2

탭을 드래그하면 분리해서 원하는 위치에 둘 수 있습니다.

STEP 3

작업하기 쉽도록 창의 위치와 배율을 조절합니다.

참고 그림을 보면서 작업하고 싶어

A. 서브 뷰를 활용하자

CLIP STUDIO PAINT에는 '서브 뷰'라는 기능이 있습니다. 서브 뷰는 현재 그리고 있는 캔버스와는 다른 임의의 그림을 표시하는 영역이며, 주로 참고 이미지를 보면서 작업할 때 사용합니다. 서브 뷰에 표시되는 그림에서 [스포이트] 도구로 색을 추출할 수도 있어 무척 편리한 기능입니다.

STEP 1

메뉴바의 [창]에서 [서브 뷰]를 선택합니다.

서브 뷰(U)

STEP 2

서브 뷰가 열리면 원하는 그림을 드래그&
드롭이나 오른쪽 아래의 아이콘을 클릭해
서 불러옵니다.

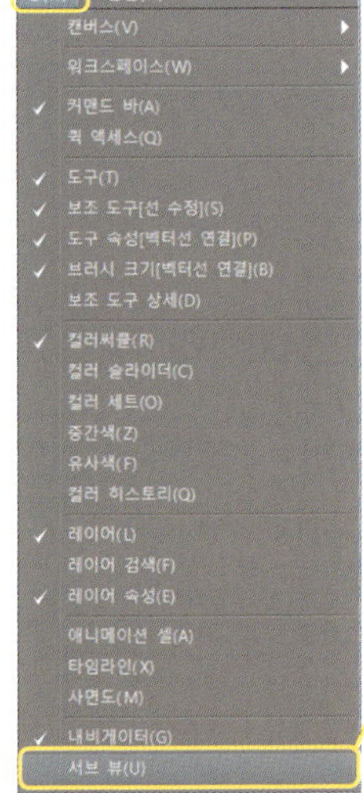

여기에 그림을 드래그&드롭합니다.

이 아이콘을 클릭하면 폴더에서
불러올 수 있습니다.

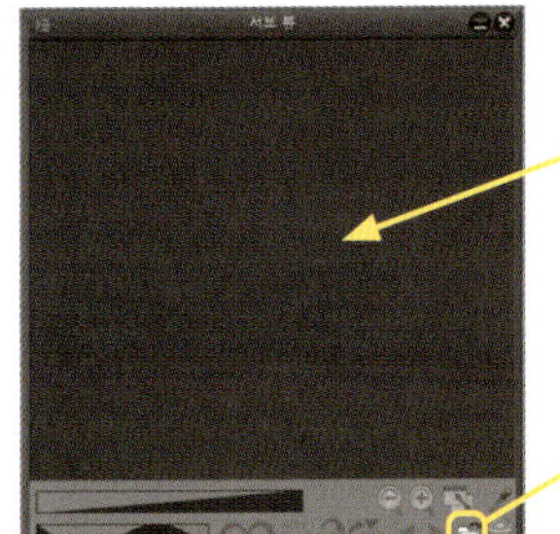

가져온 그림이 서
브 뷰에 표시되었
습니다. [스포이트]
도구로 색을 추출
할 수 있습니다.

64

변형

그림 크기 설정을 잘못했어

그림을 확대/축소한다

그림을 그린 뒤에 크기를 변경하고 싶을 때는 [변형] 기능을 활용해 화면을 보면서 조절하는 방법과 수치를 입력하는 방법이 있습니다. 상황에 따라 적절히 구분해서 사용하면 됩니다. 편리한 기능이지만, 래스터 레이어에 그린 그림을 확대하면 그림의 품질이 떨어지니 주의해야 합니다.

STEP 1

크기를 변경할 레이어를 선택하고 메뉴바에서 [편집]→[변형]→[확대/축소/회전]을 선택합니다.

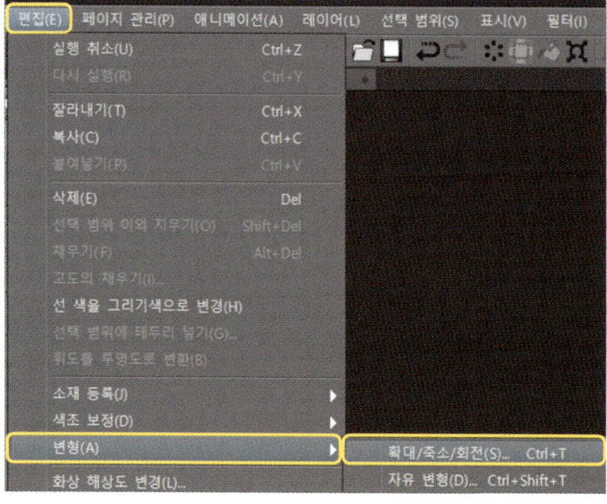

단축키인 Ctrl+T로도 동일한 기능을 쓸 수 있습니다.

STEP 2

바운딩 박스가 표시되면 핸들을 드래그해서 크기를 조절합니다. 혹은 직접 수치를 입력해 확대/축소할 수 있습니다.

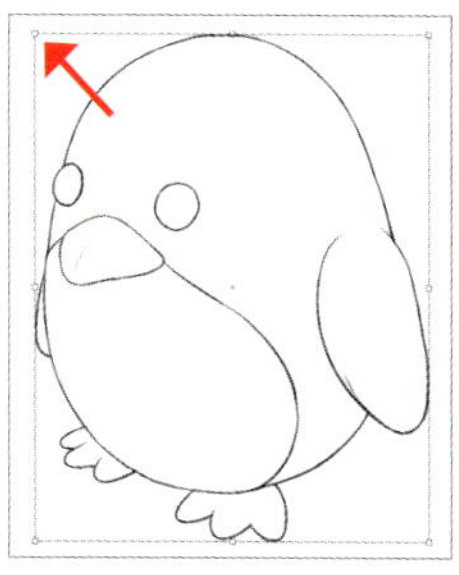

핸들을 그림의 바깥쪽으로 드래그하면 확대됩니다.

핸들을 그림의 안쪽으로 드래그하면 축소됩니다.

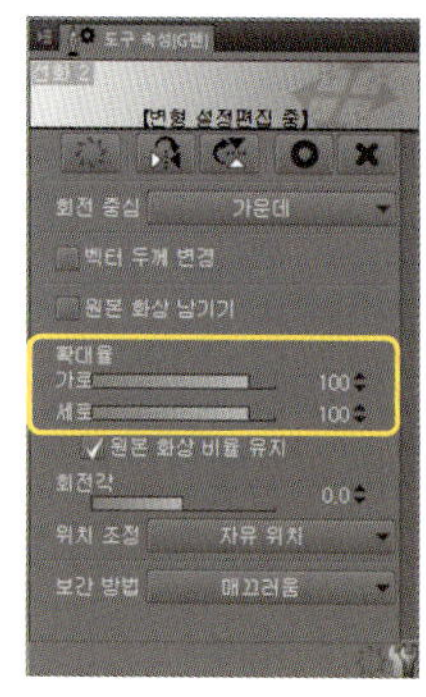

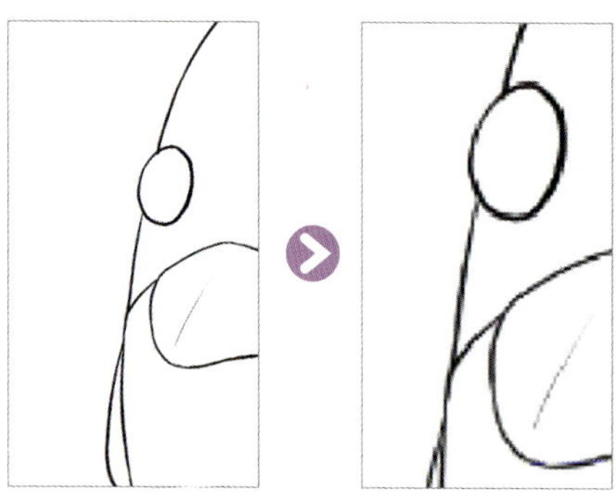

래스터 레이어의 경우, 확대하면 선이 흐릿해집니다.

Q. 65 손그림을 CLIP STUDIO PAINT로 가져오는 방법

A. 스캐너로 그림을 가져오자

선화까지는 종이에서 그리고 채색과 마무리 작업만 디지털에서 작업하는 사람도 있습니다. 스캐너로 아날로그 원고를 CLIP STUDIO PAINT의 데이터로 가져올 수 있습니다. 물론 바로 쓸 수는 없고 다양한 편집 작업을 거쳐야 합니다. 당연하겠지만 이 작업 방식은 스캐너가 필요합니다.

STEP 1

미리 신규 캔버스를 작성해 둡니다. 캔버스 크기는 스캔할 원고의 크기와 동일하게, 해상도는 600dpi 이상으로 설정합니다. 그런 다음 메뉴바의 [파일]→[가져오기]→[스캐너]를 선택합니다.

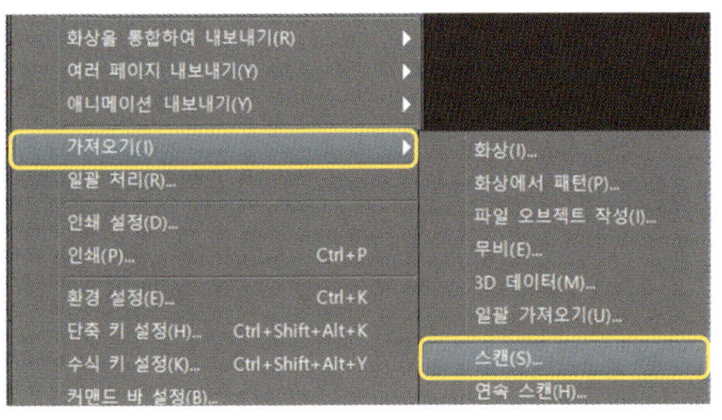

스캐너가 PC에 연결되어 있어야 합니다.

STEP 2

스캐너 설정 화면에서 스캔을 실행합니다. 스캐너의 기종에 따라서 조작 방법이 다를 수 있으니, 사용설명서를 확인해야 합니다.

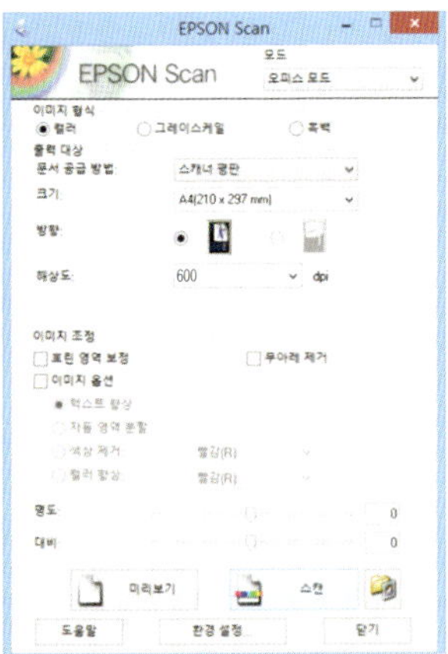

STEP 3

가져오기가 끝나면 캔버스에 그림이 표시됩니다.

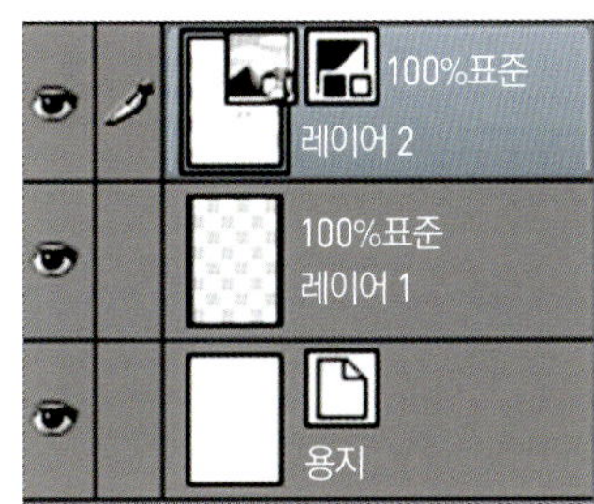

새로운 레이어가 추가되고 스캔한 그림이 표시됩니다.

스캐너로 가져온 그림에 잡티가 한가득

A. 잡티를 지우는 테크닉을 알아보자

스캐너로 선화를 가져오면 눈에 보이지 않는 작은 잡티와 흔적들이 있습니다. 예쁜 일러스트를 완성하기 위해서도 깨끗하게 편집해야 합니다. 또, 밝기와 대비를 조절해 선을 선명하게 하면 이후의 작업이 쉬워집니다.

STEP 1

레이어를 선택하고 메뉴바에서 [편집]→[색조 보정]→[밝기/대비]를 선택합니다.

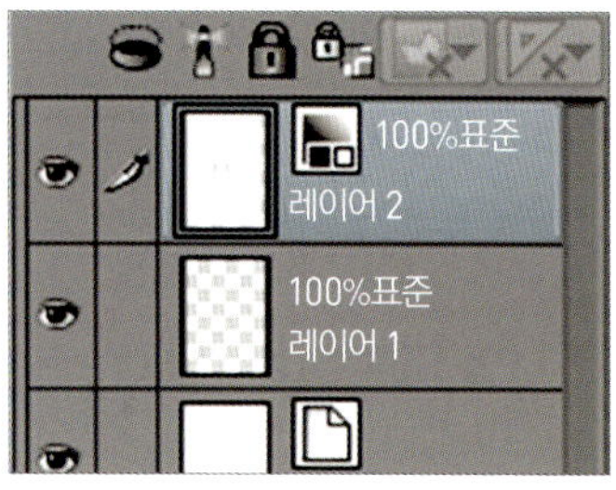
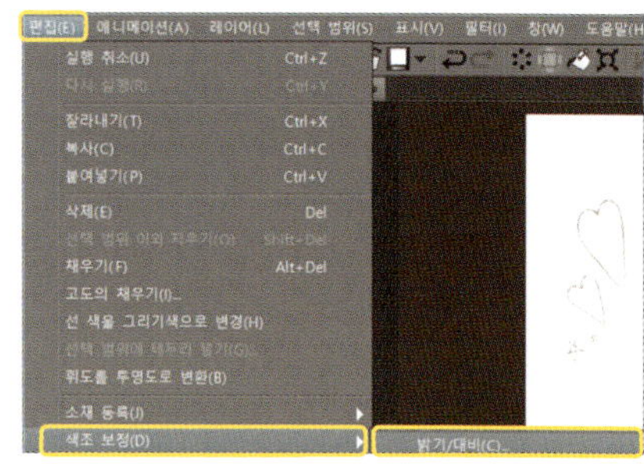

STEP 2

'밝기'와 '대비'의 수치를 조절합니다.

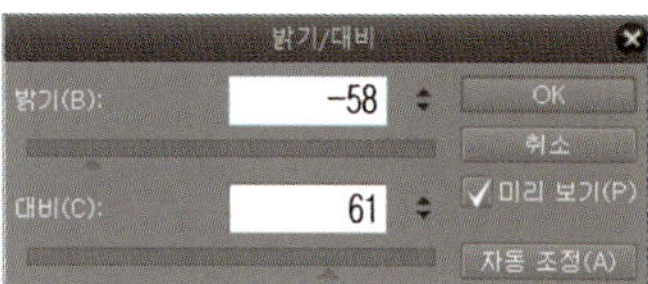

선이 더 선명해지도록 조절합니다.

STEP 3

도구 창에서 [선 수정]을 선택하고 [잡티 지우기]의 [잡티 지우기]를 선택합니다. 그런 다음 도구 속성에 있는 '모드'를 '흰 바탕 안의 점 지우기'로 설정합니다. 잡티를 지우고 싶은 부분을 둘러싸면 지워집니다.

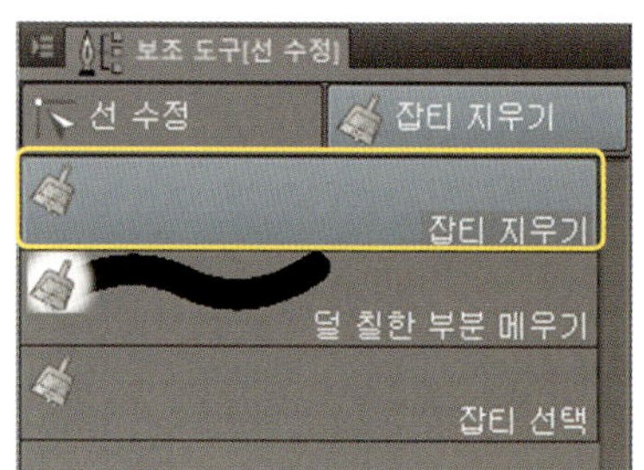
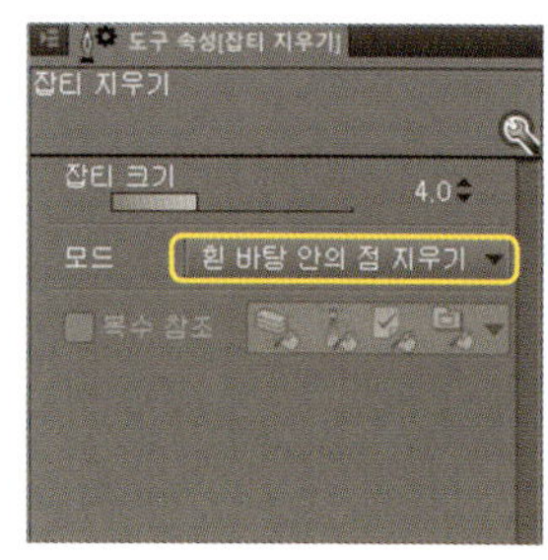

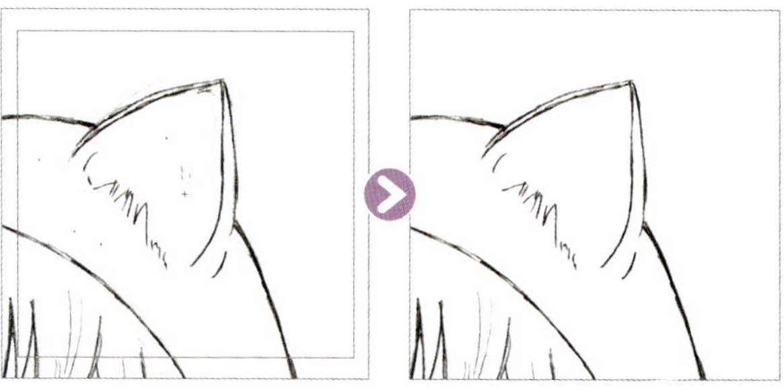

둘러싸면 잡티가 지워집니다. 잘 지워지지 않을 때는 설정을 변경합니다.

스캔 데이터를 선화로 만들려면?

A. 선화에 대해서 알아보자

스캔한 그림의 흰 부분은 '흰색을 칠한 상태'입니다. 이대로는 아래의 레이어가 보이지 않으므로 흰 부분을 투명색으로 변경합니다. 완전히 '선화'만 남은 상태로 만들면 색을 칠하거나 배경 작업이 한결 수월해집니다.

STEP 1

구별하기 쉽게 선화로 만들 레이어 아래에 확인용 레이어를 추가하고 색을 채웁니다 (확인용 레이어 작성 방법은 62페이지).

어떤 색이라도 상관없지만, 구별하기 쉬운 진한 색을 추천합니다.

STEP 2

메뉴바의 [편집]에서 [휘도를 투명도로 변환]을 선택하면 흰 부분이 투명이 됩니다.

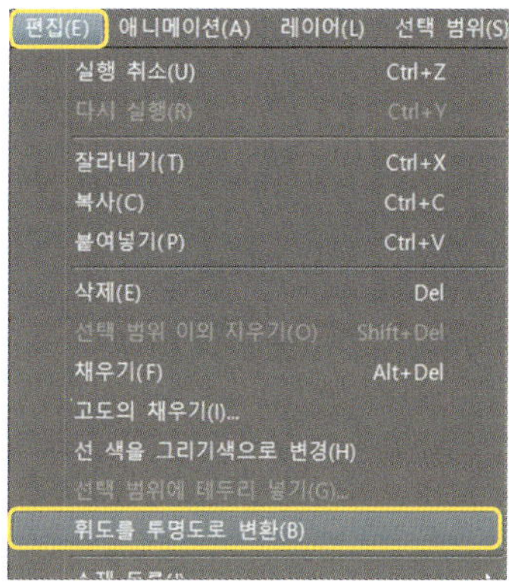

흰 부분이 투명이 되고, 확인용 레이어의 색이 그대로 드러납니다.

래스터 레이어의 선 굵기를 바꾸고 싶어

A. 필터로 두께를 바꾸자

벡터 레이어에서 선의 굵기를 변경하는 방법은 이미 75페이지에서 설명했습니다. 이번에는 래스터 레이어에서 그린 선폭을 조절하는 방법을 알아보겠습니다. 수정한 내용을 레이어 전체에 적용하는 방법과 지정한 선택 범위에만 적용하는 방법이 있습니다. 상황에 알맞게 구분해서 사용하면 효과적입니다.

(STEP 1)

선의 굵기를 수정할 리본 레이어를 선택합니다.

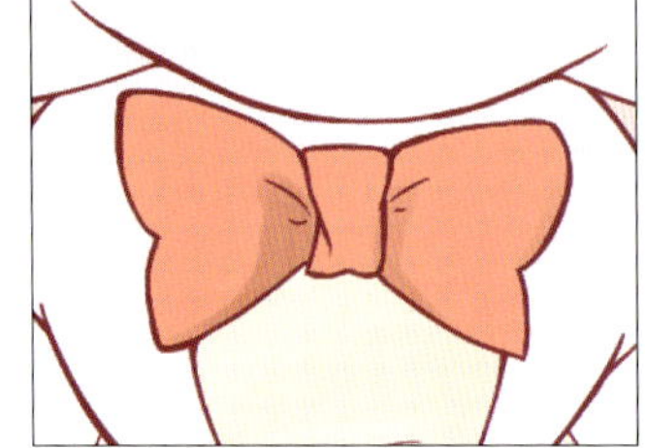

(STEP 2)

메뉴바의 [필터]→[선화 수정]→[선폭 수정]을 선택합니다.

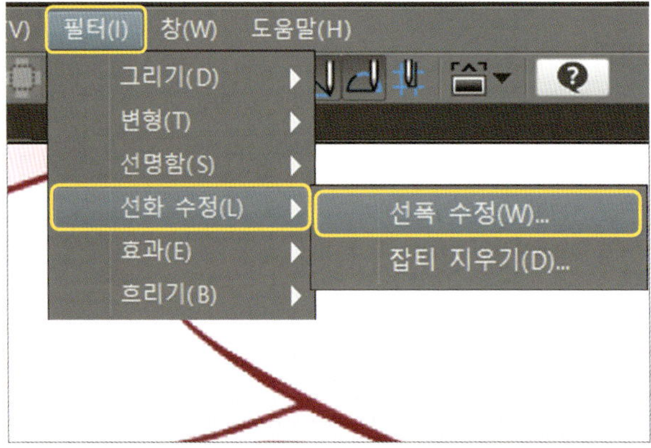

(STEP 3)

선폭 수정 창에서 '확대/축소값'의 슬라이더를 움직이면 선의 굵기를 조절할 수 있습니다.

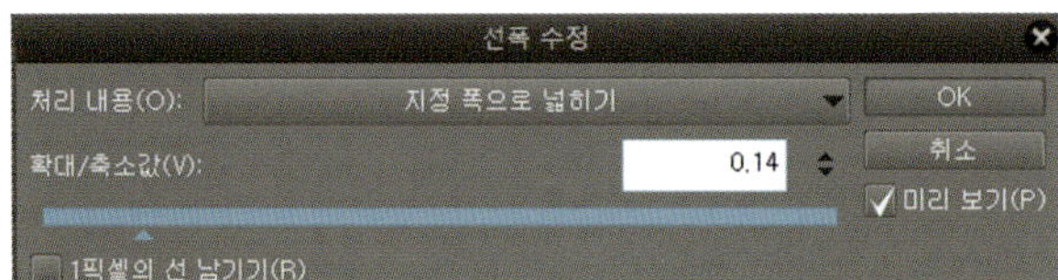

'처리 내용'을 '지정 폭으로 넓히기'로 설정하면 굵게, '지정 폭으로 좁히기'로 설정하면 가늘어집니다.

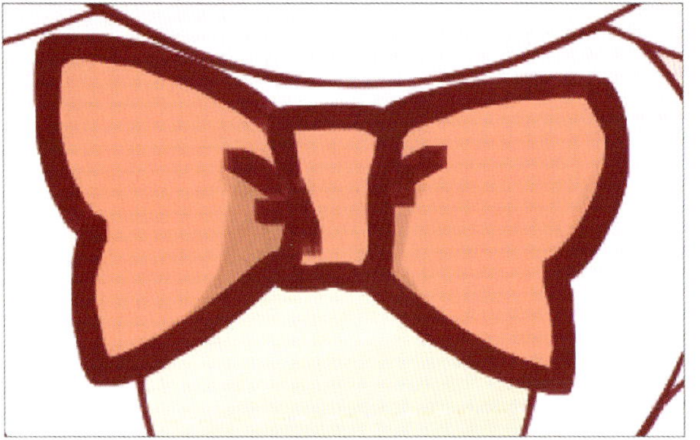

선의 강약을 조절하는 방법은?

A. 강약이 있는 설정으로 변경하자

초기 상태의 [G펜]은 필압의 강약을 표현하기 쉬운 브러시이지만, 좀 더 강약을 표현하고 싶다면 설정을 조절해서 자신만의 커스텀 브러시를 만들어 볼 것을 추천합니다. 이번에는 필압의 강약을 표현하기 쉬운 설정들을 소개합니다. 아래의 내용을 참고해 세밀한 수치를 조절하면 나에게 딱 맞는 펜을 만들 수 있습니다.

STEP 1

[G펜]의 설정을 변경해 보겠습니다. 초기 상태의 [G펜]을 남겨두고 싶다면 46페이지의 내용을 참고해 브러시를 복제한 다음에 변경합니다. 도구 속성의 **A**를 클릭하면 나타나는 '브러시 크기영향 기준의 설정' 창에서 수치를 조절합니다. 그런 다음에 **B**를 클릭하면 '보조 도구 상세' 창이 열립니다. '시작점과 끝점' 항목을 설정합니다.

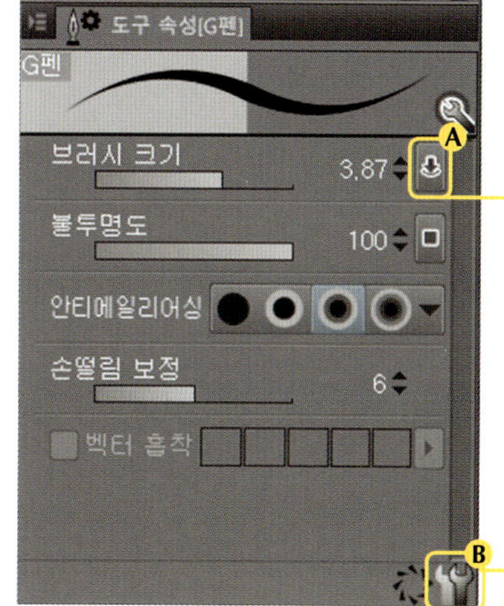

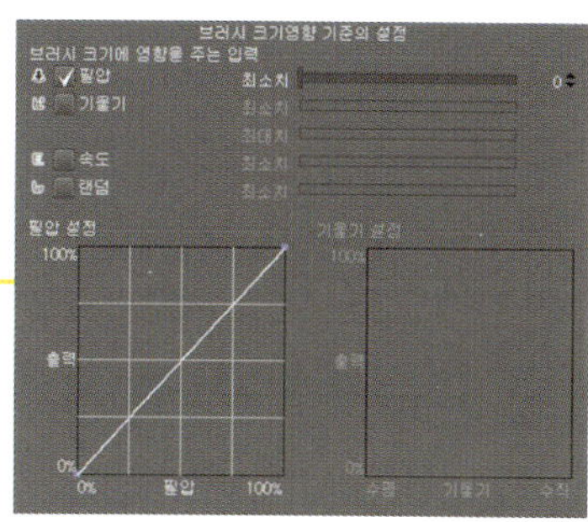

'필압'에 체크를 합니다. 추가로 '필압 설정'의 그래프가 아래쪽으로 완만한 곡선이 되도록 조절합니다. 필압의 감도가 높아집니다.

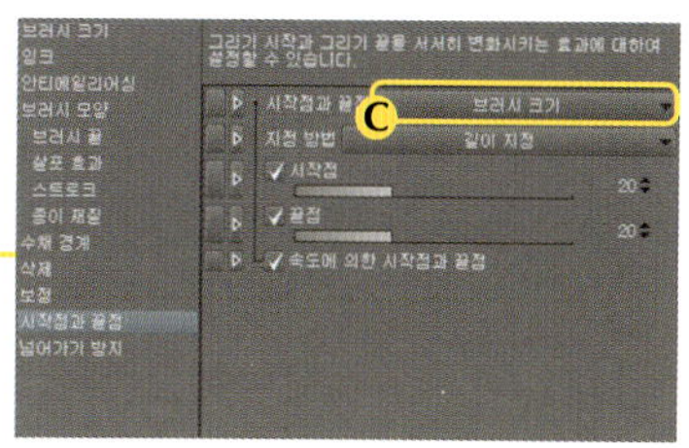

'시작점과 끝점' 항목을 선택하고 **C** 항목은 '브러시 사이즈'로 합니다. '시작점'과 '끝점'에도 체크해줍니다.

STEP 2

완료한 다음 실제로 선을 그어보면 설정을 변경하기 전보다 강약의 감도가 더 높아졌습니다.

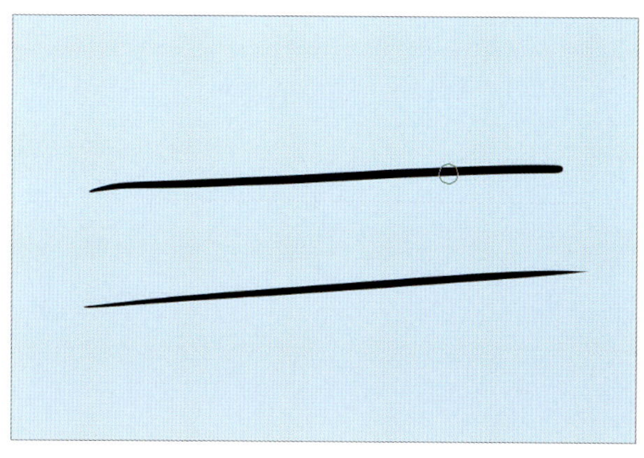

위의 선이 초기 설정의 [G펜]으로 그린 선, 아래가 설정을 변경한 펜으로 그린 선입니다. 아래의 선은 실제 펜으로 그린 것처럼 시작점과 끝점이 날카롭습니다.

디지털 느낌이 너무 강한 선을 어떻게 할까?

A. 선을 손으로 그린 것처럼 만들자

CLIP STUDIO PAINT에는 선을 보정해 깔끔한 선으로 만드는 기능이 있습니다. 그러나 너무 깔끔하면 그리는 맛이 없어서 싫다고 생각하시는 분도 계실 겁니다. 이번에는 '손으로 그리는 느낌'을 좀 더 강조한 펜의 설정 방법을 소개합니다.

STEP 1

[펜] 도구의 보조 도구 창에서 [G펜]을 복제하고, [아날로그펜]이라는 이름을 붙입니다(복제 방법은 46페이지). 도구 속성과 보조 도구 상세에서 각 항목을 변경합니다.

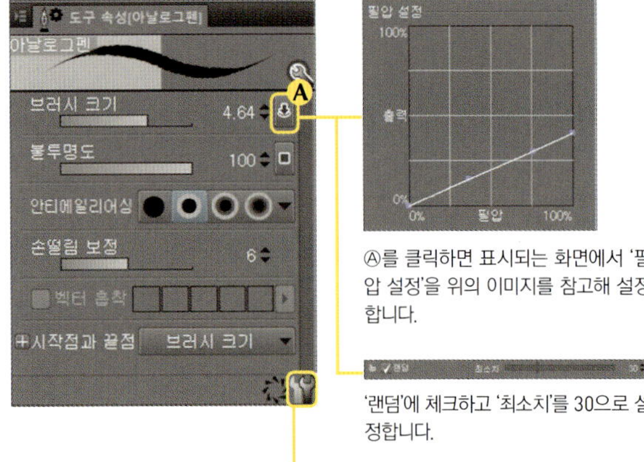

Ⓐ를 클릭하면 표시되는 화면에서 '필압 설정'을 위의 이미지를 참고해 설정합니다.

'랜덤'에 체크하고 '최소치'를 30으로 설정합니다.

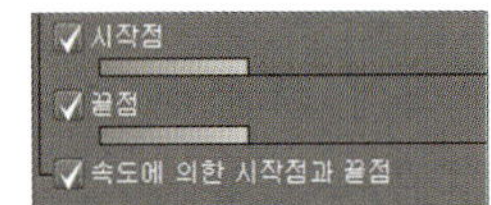

'시작점과 끝점' 항목에서 위의 그림처럼 3개의 항목에 체크를 해제합니다.

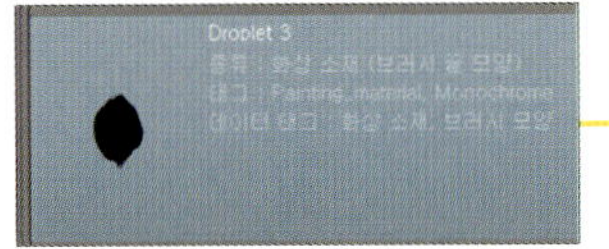

'브러시 모양' 항목에서 '소재'를 클릭하고 브러시 끝의 모양을 선택합니다.

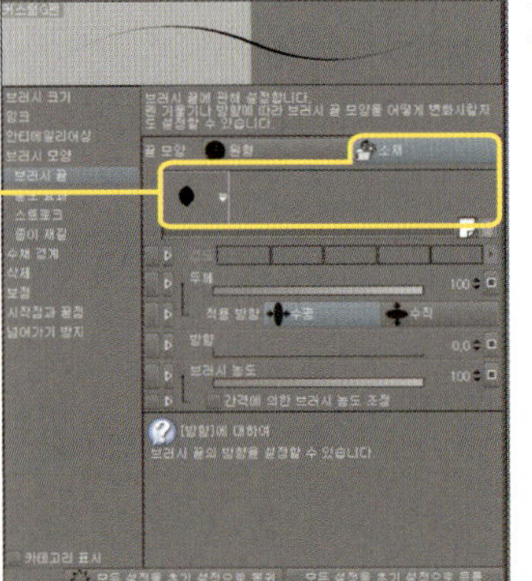

브러시 끝의 모양을 기본적으로 제공하는 소재인 'Droplet 3'으로 설정합니다.

'스트로크' 항목에서 '반복 방법'은 가장 왼쪽에 있는 것을 선택합니다.

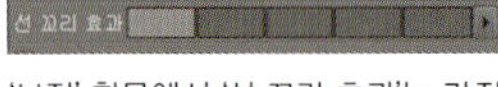

'보정' 항목에서 '선 꼬리 효과'는 가장 왼쪽을 선택합니다.

STEP 2

설정이 끝난 뒤 캔버스에 선을 그려서 확인합니다. 약간 거친 맛이 있는 손그림 같은 선이 되었습니다.

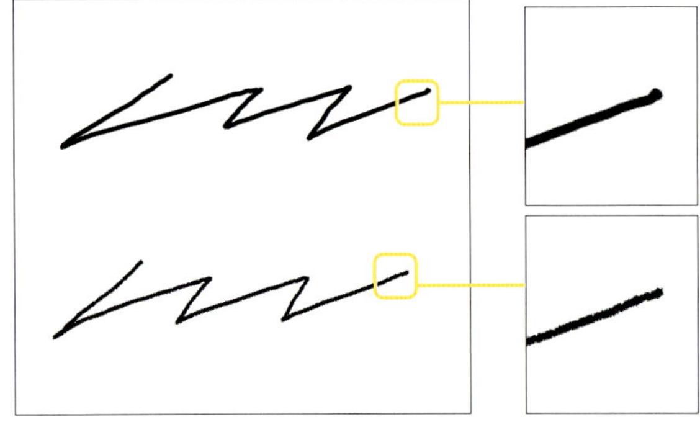

위는 [G펜], 아래는 지금 만든 펜으로 그은 선입니다. 좀 더 거친 느낌으로 변했습니다.

그림에 효과를 넣고 싶어

A. 필터를 사용하자

CLIP STUDIO PAINT에는 그림의 형태와 느낌을 수정하는 [필터] 기능이 탑재되어 있습니다. 특히 자주 사용되는 것이 [흐리기] 필터이며, 배경을 흐릿하게 만들어 원근감을 표현할 수 있습니다. 이번에는 필터의 기본적인 사용법을 알아보고, 어떤 효과가 있는지 다양하게 시험해 보겠습니다.

필터 사용하는 법

메뉴바에서 [필터]를 클릭하면 6종류의 필터가 표시됩니다. 사용하고 싶은 필터를 선택하고 표시되는 설정 창에서 필터 효과를 조절합니다.

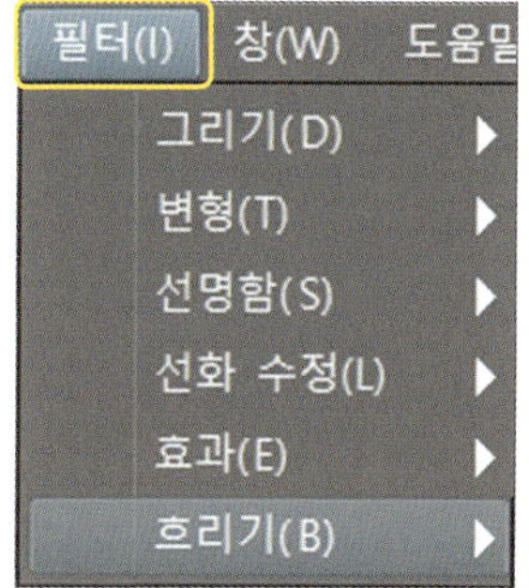

메뉴바의 [필터]를 클릭하면 왼쪽처럼 메뉴가 표시됩니다.

필터 메뉴를 선택하면 좀 더 세부적인 메뉴가 표시됩니다.

● 흐리기

이미지를 흐릿하게 만드는 효과입니다. [가우시안 흐리기]를 선택하면 강도를 설정할 수 있습니다.

● 모자이크

그림을 모자이크 형태로 만듭니다. 모자이크의 크기를 조절할 수 있습니다.

● 어안렌즈

어안렌즈로 본 듯한 형태로 변형합니다. 인물에 사용하면 박력이 느껴집니다.

✪ POINT ─────────────● 레이어별로 필터를 적용할 수 있다

필터는 레이어별로 적용할 수 있습니다. 필터가 적용된 레이어와 적용되지 않은 레이어를 조합하면 일러스트 표현의 폭이 넓어집니다.

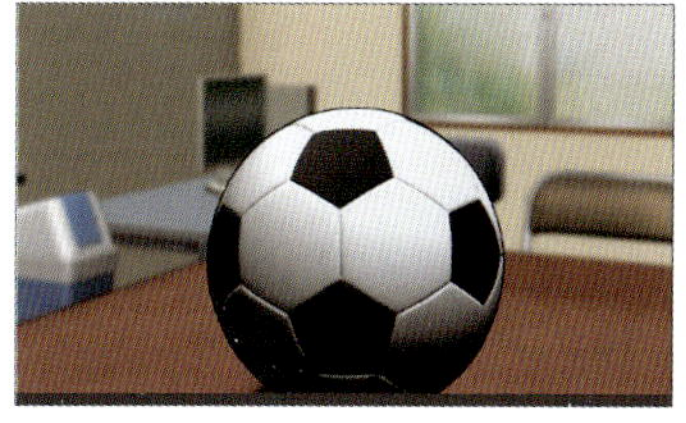

가까이에 있는 축구공은 표준 레이어인 상태로 두고, 배경을 흐리게 하면 축구공에 시선이 집중됩니다.

그림의 질감을 수정하려면?

A. 텍스처를 가공하자

캐릭터와 물체 표면의 질감을 변경하고 싶을 때 효과적인 것이 텍스처입니다. CLIP STUDIO PAINT는 다양한 텍스처를 제공하며, 추가로 다운로드할 수도 있습니다. 텍스처는 손쉽게 활용할 수 있지만, 일러스트에서 활용도가 높은 기법이므로 정확한 사용법을 알아두어야 합니다.

STEP 1

텍스처를 적용하고 싶은 일러스트를 가져와서, Ⓐ의 아이콘을 클릭해 [소재] 창을 불러옵니다.

이번에는 마녀가 타고 있는 빗자루에 텍스처를 적용해, 질감을 변경하는 방법을 설명하겠습니다.

STEP 2

[소재] 창의 'Texture'를 클릭하고 사용할 텍스처를 선택합니다.

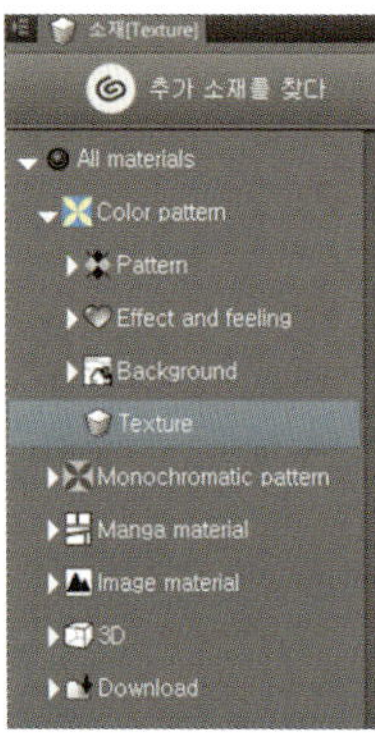

'Texture'는 'Color pattern' 폴더의 가장 아래에 있습니다.

이번에는 'Cork' 텍스처를 사용해 보겠습니다.

STEP 3

사용할 텍스처를 캔버스로 드래그합니다.

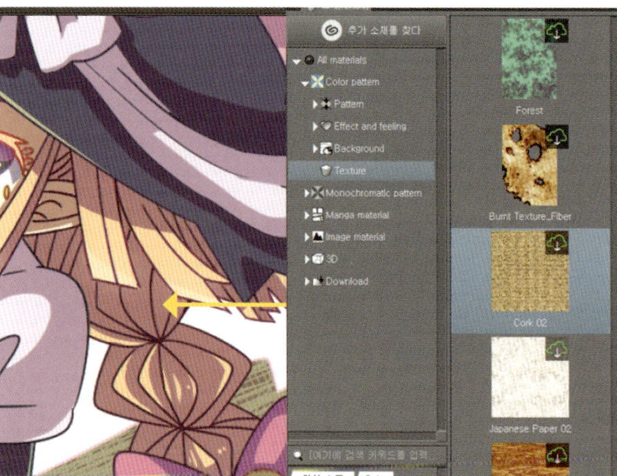

드래그할 위치는 캔버스 안이라면 어디든 가능합니다.

텍스처 레이어가 가장 위에 작성됩니다. 이
레이어를 텍스처를 적용하고 싶은 레이어
바로 위로 옮깁니다.

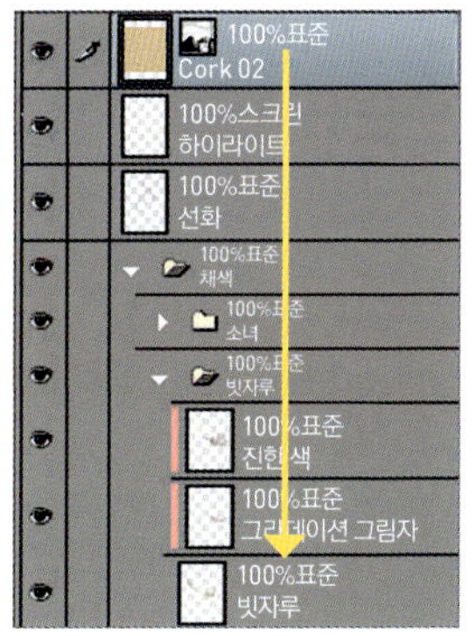

'빗자루' 레이어 위로 옮깁니다.

텍스처 레이어에 클리핑 마스크를 설정하
면 아래 레이어에 텍스처가 적용됩니다.

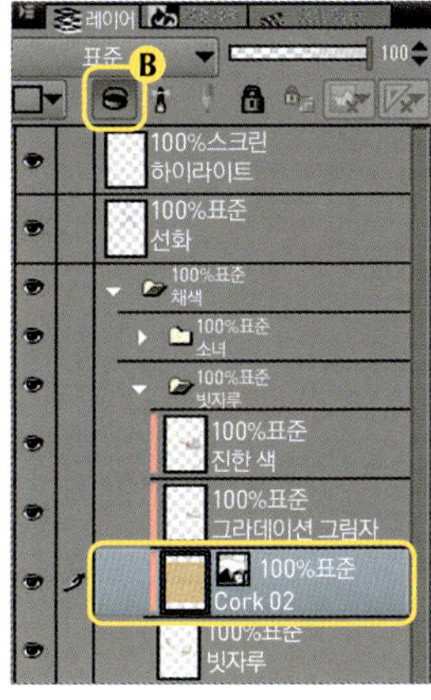

B의 아이콘을 클릭하면
클리핑 마스크가 적용됩니다.

원본 그림에서는 밋밋
했던 빗자루에 질감이
더해졌습니다.

POINT

합성 모드를 사용하자

텍스처를 적용한 다음에 텍스처
레이어의 합성 모드를 변경하면(자
세한 내용은 71페이지), 질감이 바뀝
니다. 원본 그림과 사용하는 텍스
처에 따라서 어떤 합성 모드가 효
과적인지 다양하게 시험해 보면
좋습니다.

이번에 사용한 합성 모드는 '오버레이'입니다.

위의 그림에 비해 Cork의 무늬가 흐릿해진 것
을 알 수 있습니다.

완성한 그림을 보정하는 방법은?

A. 레벨 보정과 톤 커브를 사용하자

완성한 그림이 생각보다 어둡거나 밝을 때가 자주 있습니다. 그럴 때마다 처음부터 다시 그리기는 사실상 불가능하므로, 보정 기능을 사용해 밝기를 조절합니다. 명도와 채도를 변경하려면 [레벨 보정]과 [톤 커브]를 사용하면 좋습니다. 대략적인 사용법을 살펴보겠습니다.

레벨 보정

(STEP 1)

메뉴에서 [편집]→[색조 보정]→[레벨 보정]을 선택합니다.

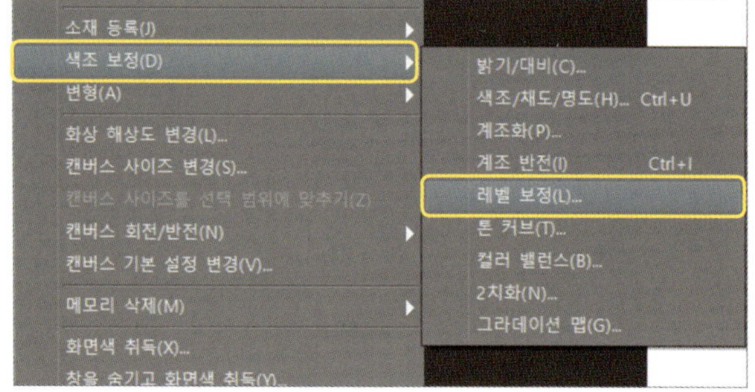

색조 보정은 래스터 레이어에서만 쓸 수 있습니다. 항목이 표시되지 않을 때는 레이어의 종류를 확인합니다.

(STEP 2)

[레벨 보정] 창이 열립니다. **A** 는 가장 어두운 부분, **B** 는 중간 밝기, **C** 는 가장 밝은 부분을 나타냅니다.

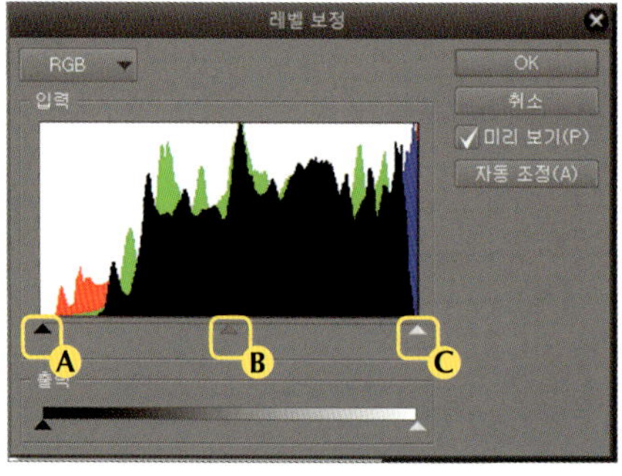

A 를 오른쪽으로 움직이면 화면이 어두워지고, **C** 를 왼쪽으로 움직이면 화면이 밝아집니다.

(STEP 3)

각각의 슬라이더를 움직여서 밝기를 조절합니다. '미리 보기'에 체크하면 설정을 변경한 결과가 표시됩니다.

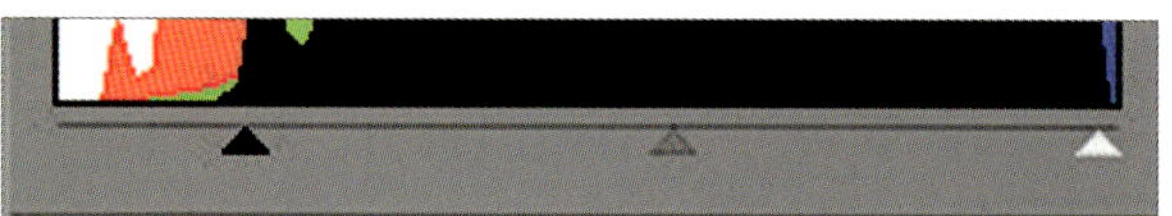

A 의 슬라이더를 오른쪽에 가까운 지점까지 옮겼습니다. 설정을 변경한 결과가 표시됩니다.

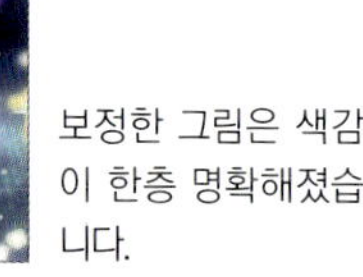

보정한 그림은 색감이 한층 명확해졌습니다.

STEP 1

메뉴바의 [편집]→[색조 보정]→[톤 커브]를 선택합니다.

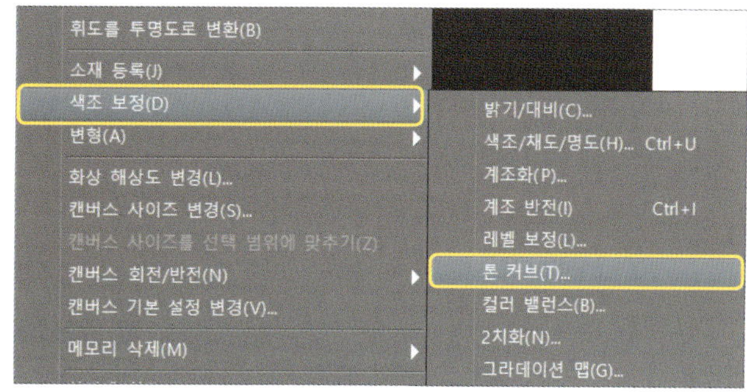

STEP 2

[톤 커브] 창이 열립니다. 그래프는 화면의 밝기를 나타냅니다.

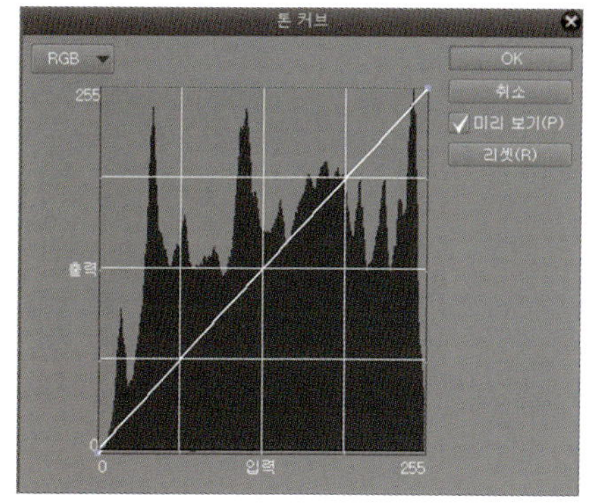

미리 보기에 체크를 하면 설정의 변경 결과가 표시됩니다.

STEP 3

그래프 중앙에 있는 흰색 라인을 움직이면 밝기를 조절할 수 있습니다. 라인의 형태를 변경하면 [레벨 보정]보다도 세밀하게 조절할 수 있는 것이 특징입니다.

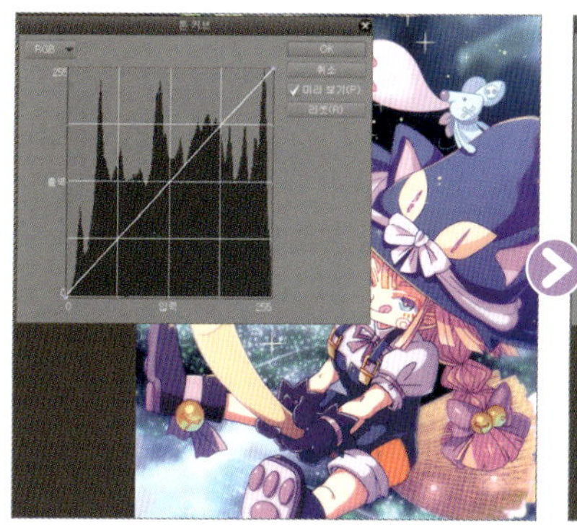

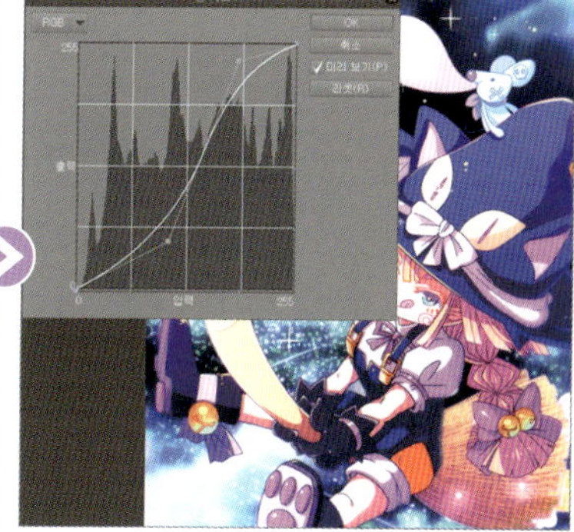

조절 전의 라인은 곧게 뻗은 직선입니다. 라인에 커서를 가져가서 드래그로 형태를 변경할 수 있습니다.

원하는 밝기가 되도록 라인의 형태를 조절해 보세요.

POINT — 색조 보정 레이어를 사용하자

레이어 위에 커서를 두고 오른쪽 클릭했을 때 나타나는 메뉴에서 [신규 색조 보정 레이어]를 선택하면 '색조 보정 레이어'를 만들 수 있습니다. 이 레이어를 추가하면 아래 레이어에 있는 그림의 색감을 보정한 상태로 표시됩니다. '색조 보정 레이어'는 마스크 기능이 포함되어 있어 원본 그림을 수정하지 않아도 되는 이점이 있습니다. 일반적으로 색조 보정과 구분해서 사용합니다.

완성한 그림이 배경에 묻혀서 보이지가 않아

A. 테두리를 넣어 돋보이게 하자

완성한 그림이 배경에 묻혀 구별이 힘들 때도 있습니다. 그럴 때는 강조하고 싶은 부분에 테두리를 넣으면 효과적입니다. 레이어 효과를 사용해 테두리를 넣는 방법과 [자동 선택] 도구로 범위를 지정한 다음에 테두리를 넣는 방법이 있습니다. 이번에는 캐릭터에 테두리를 넣기 적합한 [자동 선택] 도구 사용법을 설명하겠습니다.

STEP 1

[자동 선택] 도구로 테두리를 넣을 그림을 선택합니다.

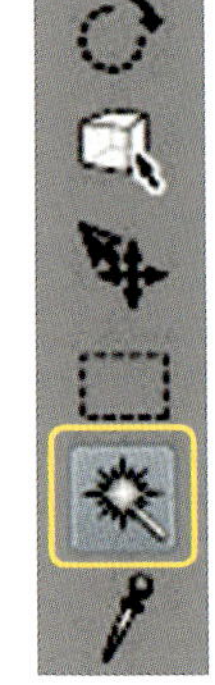

토끼와 말풍선을 선택했습니다.

STEP 2

메뉴바에서 [편집]→[선택 범위에 테두리 넣기]를 선택합니다.

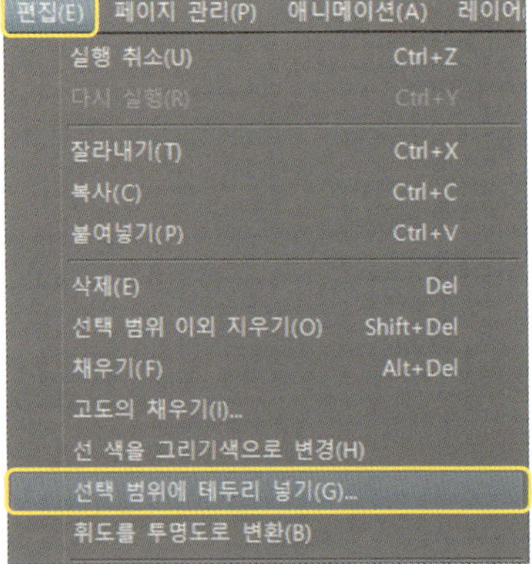

선택 범위를 지정하지 않으면 메뉴를 선택할 수 없으니 주의합니다.

STEP 3

[선택 범위에 테두리 넣기] 창이 열립니다. 선의 굵기를 입력하고 'OK'를 클릭하면 그림에 테두리가 생깁니다.

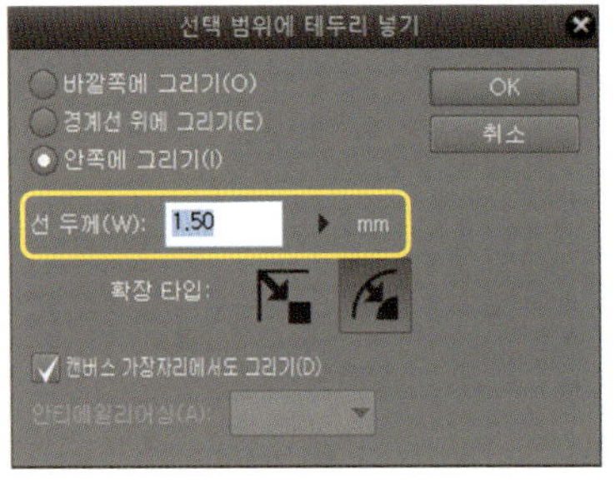

테두리가 들어가면 캐릭터가 도드라집니다. 테두리 색은 '그리기색'입니다.

컬러 세트를 자주 쓰는 색으로
바꾸고 싶어

A. 색을 등록하자

그림을 그리는 사람의 화풍에 따라서 자주 쓰는 색과 거의 쓰지 않는 색이 생기기 마련입니다. 빈번히 사용하는 색을 정리해 두면 색을 찾는 수고를 덜 수 있습니다. 이번에는 새로 컬러 세트를 만들어 자주 사용하는 색을 등록하는 방법을 알아보겠습니다. 추가한 색을 삭제하는 것도 가능하므로 마음에 드는 색이 있다면 일단 등록해 두면 편리합니다.

STEP 1

컬러 창에서 **A** 부분의 탭을 클릭하면 [컬러 세트] 창이 표시됩니다.

[컬러 세트] 창에 나열된 많은 색은 클릭으로 선택할 수 있습니다.

STEP 2

B 를 클릭하면 [컬러 세트 편집] 창이 열립니다. **C** 를 클릭해서 새로운 컬러 세트를 추가하고 'OK'를 클릭합니다.

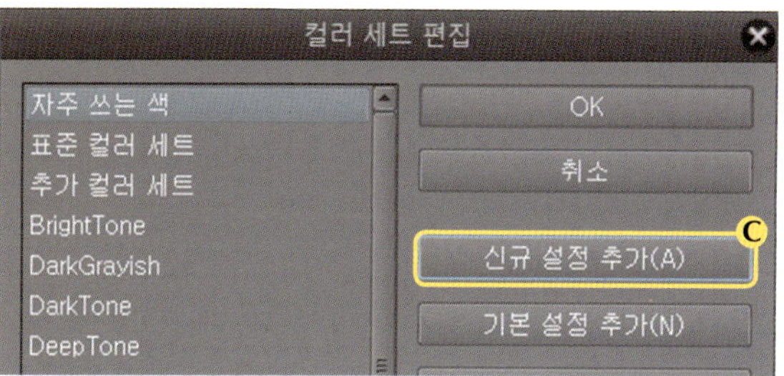

컬러 세트의 이름은 변경할 수 있습니다. 이번에는 '자주 쓰는 색'이라는 이름을 붙였습니다.

STEP 3

등록한 색을 그리기색으로 설정한 상태에서 [컬러 세트] 창의 **D** 를 클릭하면 색이 등록됩니다.

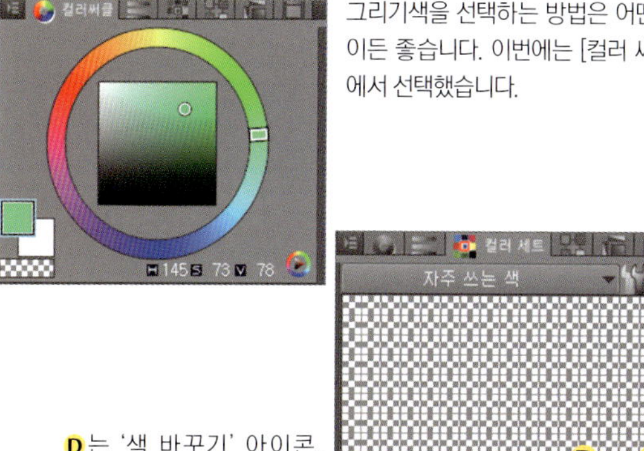

그리기색을 선택하는 방법은 어떤 것이든 좋습니다. 이번에는 [컬러 써클]에서 선택했습니다.

D 는 '색 바꾸기' 아이콘, **E** 는 '색 추가' 아이콘입니다.

무늬와 문양을 간단히 그리는 방법

A. 컬러 패턴을 사용하자

[Color pattern]을 사용하면 옷이나 배경 등에 다양한 무늬와 문양을 넣을 수 있습니다. 문양을 넣은 뒤에 확대나 축소 등으로 수정 가능하므로 용도에 맞게 활용할 수 있습니다. 기본적으로 제공하는 컬러 패턴 이외에도 인터넷에서 새로운 소재를 받을 수 있습니다.

STEP 1

소재 창은 초기 설정에서는 화면 오른쪽에 있습니다.

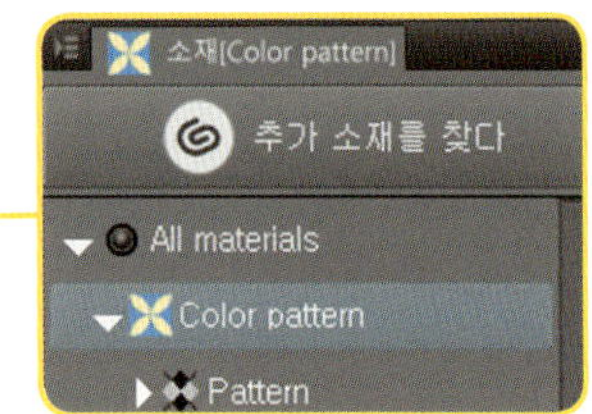

STEP 2

[All materials]에서 [Color pattern]을 선택하면 세부 카테고리가 표시됩니다.

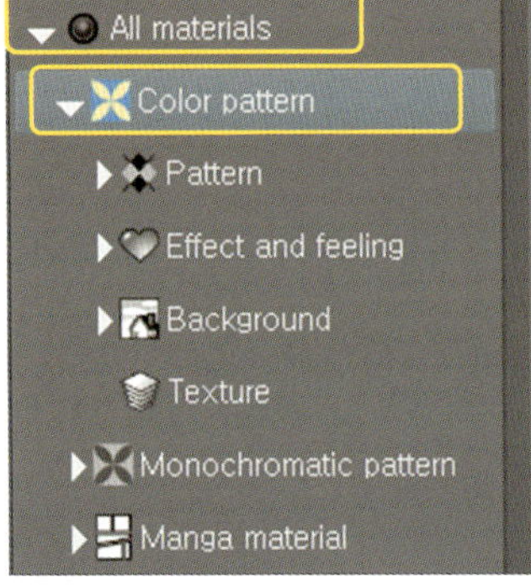
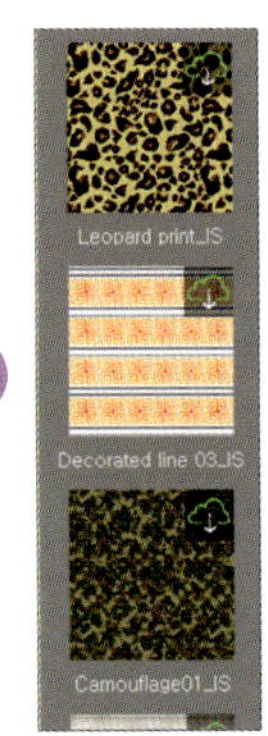

STEP 3

문양을 넣을 위치로 컬러 패턴을 드래그하면 반영됩니다.

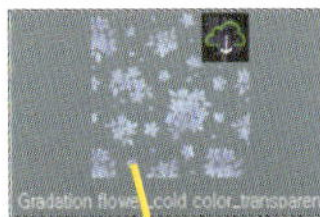

배경에 문양을 넣었습니다. 크기 등을 조절할 수 있습니다.

색감을 수정하고 싶어

A. 컬러 밸런스로 색감을 조절하자

그림의 색감을 변경하는 방법을 설명합니다. 색감을 변경하는 방법은 다양하지만, 이번에는 [컬러 밸런스]를 사용해 보겠습니다. 처음부터 다시 채색하지 않아도 그림의 분위기를 변경할 수 있으니 다양하게 시험해 봅시다. 레이어별로 변경이 가능하므로 배경과 소품 등의 색을 변경할 때도 편리합니다.

STEP 1

색감을 변경할 레이어를 선택합니다.

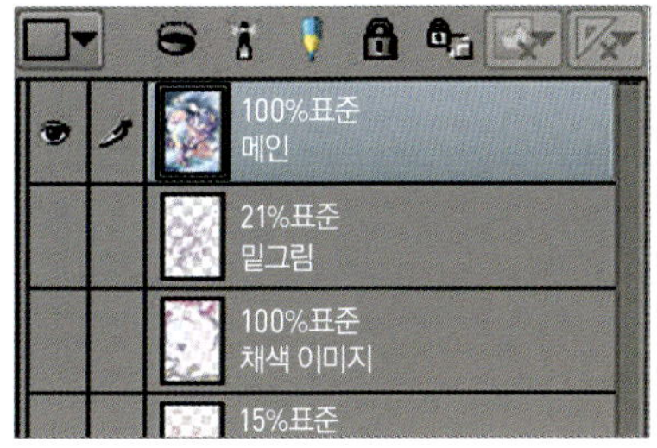

STEP 2

메뉴바에서 [편집]→[색조 보정]→[컬러 밸런스]를 선택하면 [컬러 밸런스] 창이 표시됩니다.

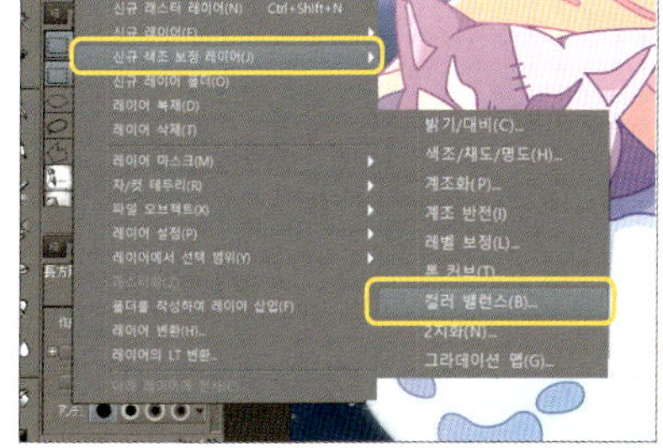
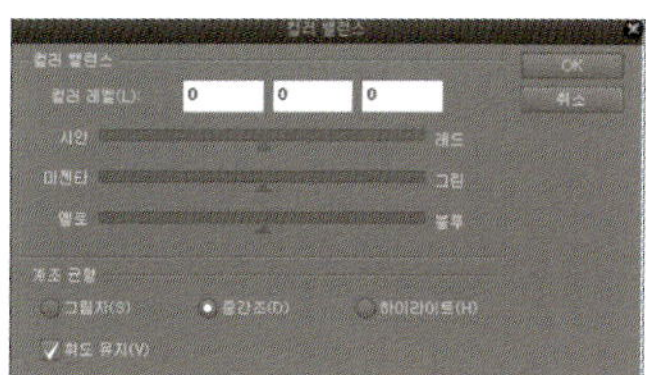

STEP 3

중앙 부분의 슬라이더를 움직이면 색감이 변합니다.

슬라이더의 위치에 따라 색감이 크게 달라집니다. 다양하게 시험해 보며 감각을 익혀보세요.

오리지널 그라데이션을 만들고 싶어

A. 그라데이션을 만드는 방법

그라데이션 도구를 사용하면 지정한 범위에 그라데이션을 넣을 수 있습니다. 이번에는 그라데이션 도구의 사용법과 색을 설정하는 방법을 알아보겠습니다. 어떤 색을 어떤 식으로 표시되게 할지 세세한 설정이 가능해, 자신만의 그라데이션 컬러를 만들어 등록할 수 있습니다.

___STEP 1___

그라데이션으로 칠할 부분을 선택 범위로 지정합니다.

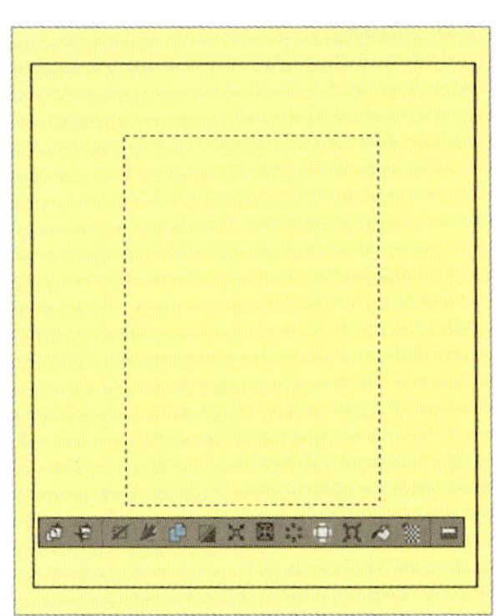

이번에는 보기 쉽게 사각형 선택 범위를 만들었습니다. 실제로는 선화의 형태에 적합하게 지정해야 합니다.

___STEP 2___

도구 창에서 [그라데이션]을 선택하고 보조 도구 창에서 [그리기색에서 투명색]을 선택합니다. 그리기색을 정하고 선택 범위에 드래그합니다.

그리기색에서 단계적으로 투명해지는 그라데이션입니다.

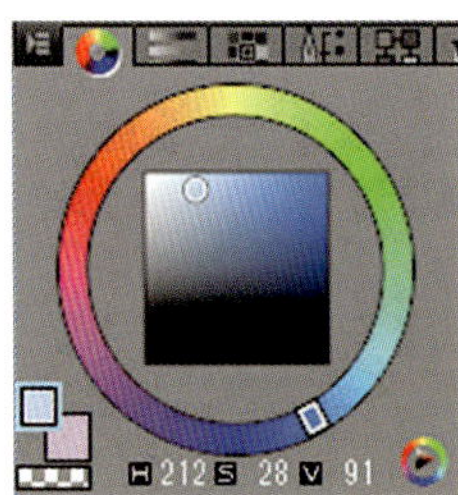

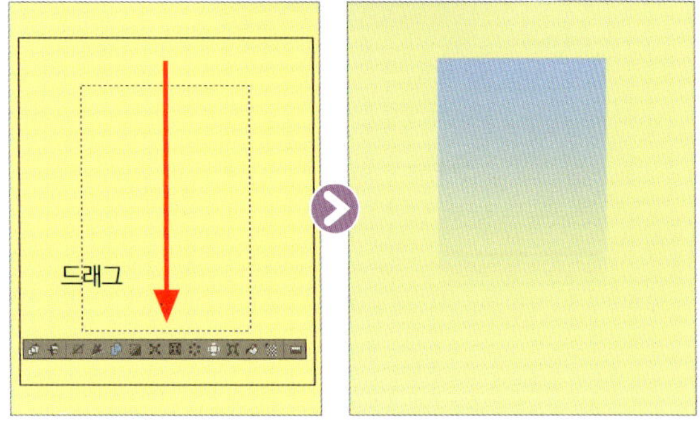

그라데이션 도구로 드래그하면 선택 범위 안에 그라데이션이 채워집니다. 드래그 방향이 그라데이션의 방향입니다.

그리기색에서 배경색으로 변하는 그라데이션을 칠하려면 보조
도구 창에서 [그리기색에서 배경색]을 선택합니다.

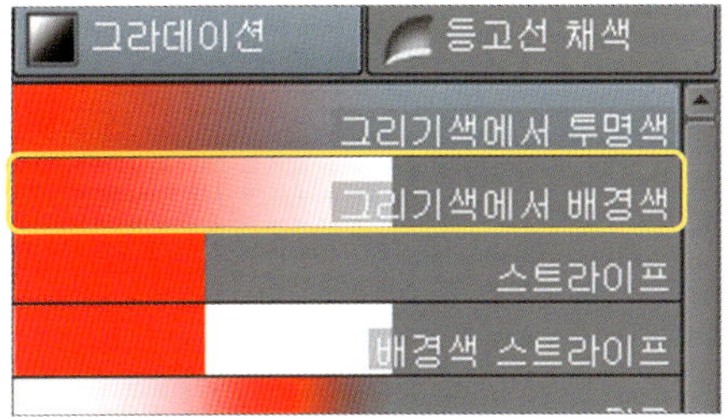

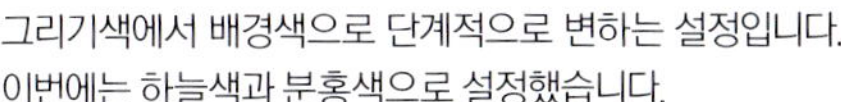

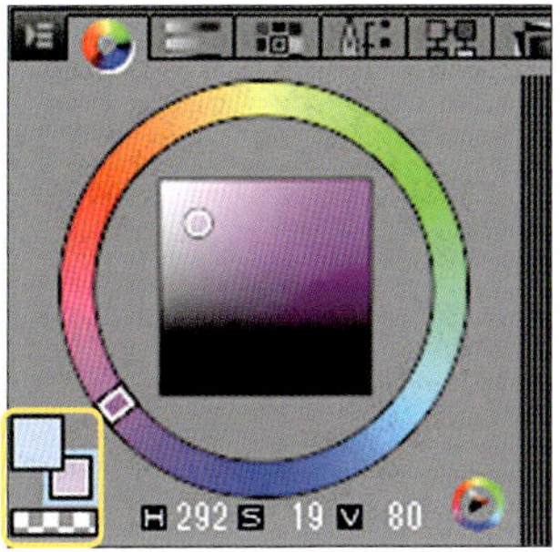

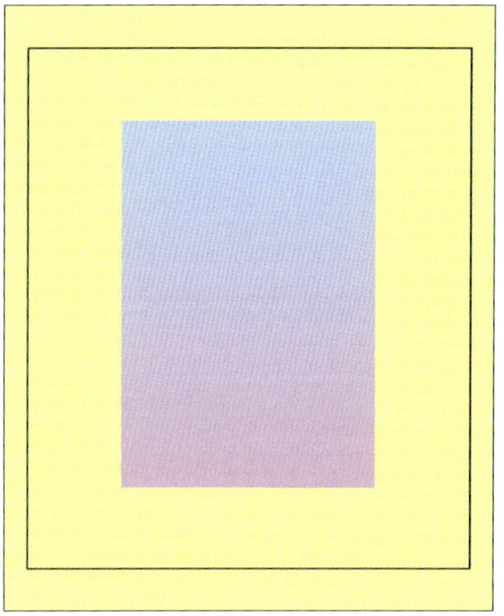

그리기색에서 배경색으로 단계적으로 변하는 설정입니다.
이번에는 하늘색과 분홍색으로 설정했습니다.

그라데이션을 칠하는 방법은 STEP 2와 같습니다.

B 의 삼각형은 그라데이션의 시작점, **C** 는 끝점을 표시합니다.
D 부분을 클릭하면 색을 추가할 수 있습니다.

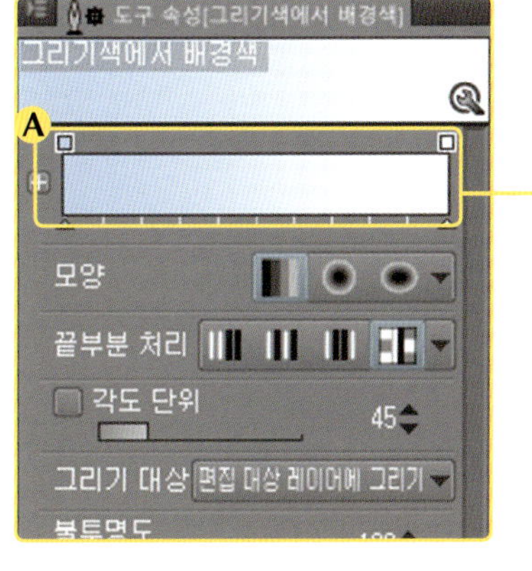

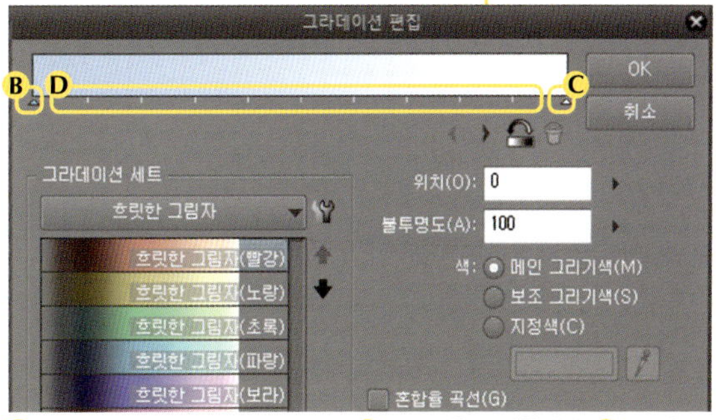

B 의 삼각형은 그라데이션의 시작점, **C** 는 끝점을 표시합니다. **D** 부분을 클
릭하면 색을 늘릴 수 있습니다.

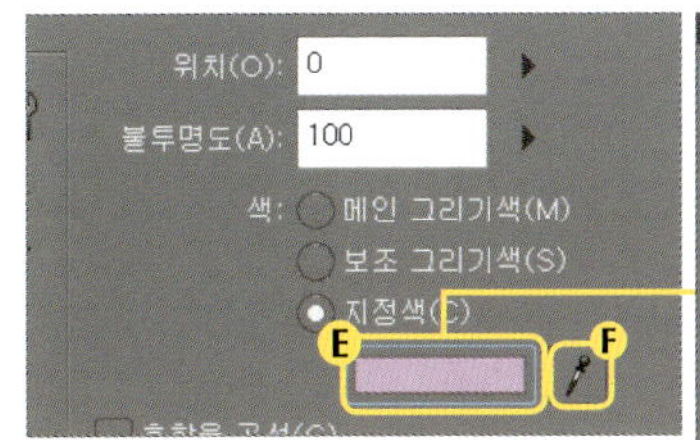

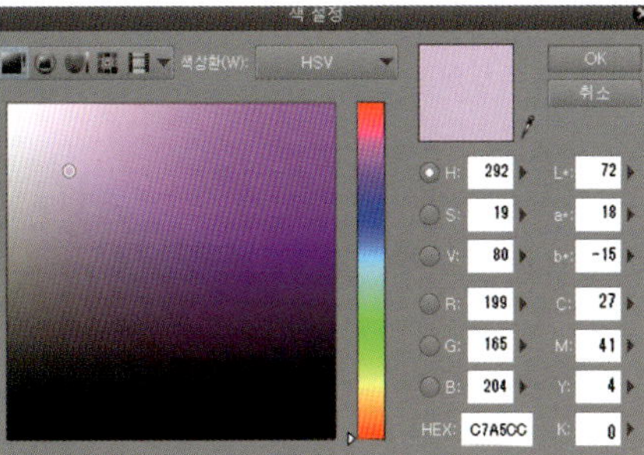

E 를 클릭하면 표시되는 [색 설정] 창에서
색을 선택합니다. **F** 를 클릭하면 스포이트
로 색을 추출할 수 있습니다.

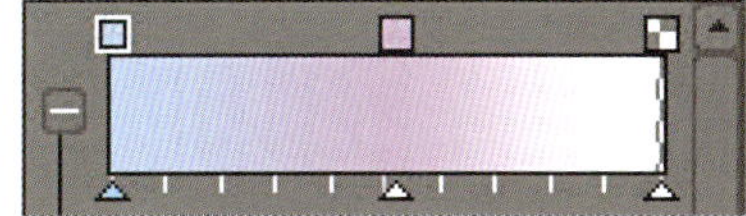

오리지널 그라데이션이 완성되었습니다. 여기서는
3가지 색을 사용했지만, 색을 더 추가해서 복잡한
그라데이션을 만들 수도 있습니다.

다른 부분에 같은 색을 칠하고 싶어

A. 스포이트 도구로 캔버스의 색을 추출

채색 작업을 하다 보면 이미 칠한 색과 같은 색을 사용해야 할 때가 종종 있습니다. 그럴 때 편리한 도구가 [스포이트]입니다. 이 도구를 쓰면 캔버스에서 클릭한 위치의 색이 [그리기색]이 됩니다. 캔버스뿐 아니라 서브 뷰 창에서도 색을 추출할 수 있습니다.

STEP 1

도구 창에서 [스포이트]를 선택하고 보조 도구 창의 [표시색 취득]을 선택합니다.

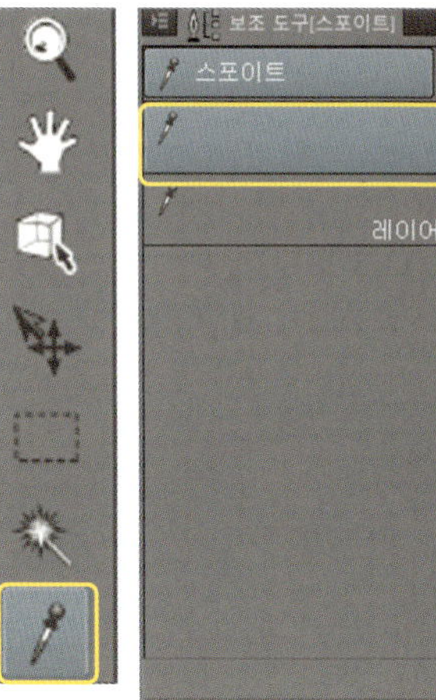

기본적으로 [표시색 취득]을 사용하며, 선택한 레이어에 상관없이 보이는 모든 색을 추출할 수 있습니다.

STEP 2

[스포이트] 도구를 추출하고 싶은 색이 있는 부분으로 가져가서 클릭합니다. 그러면 그리기색이 바뀝니다.

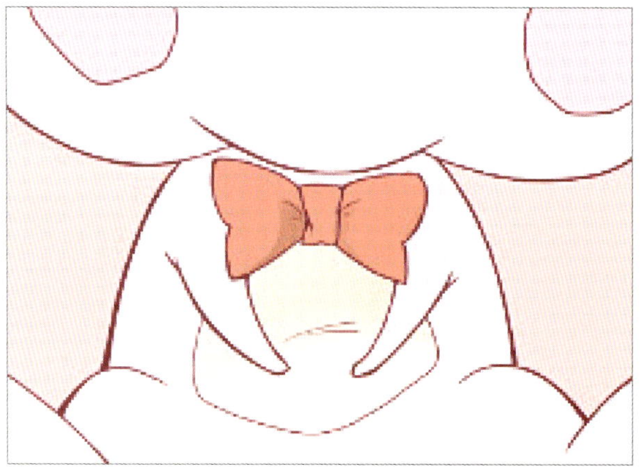

리본의 색을 추출하려면 리본을 클릭합니다.

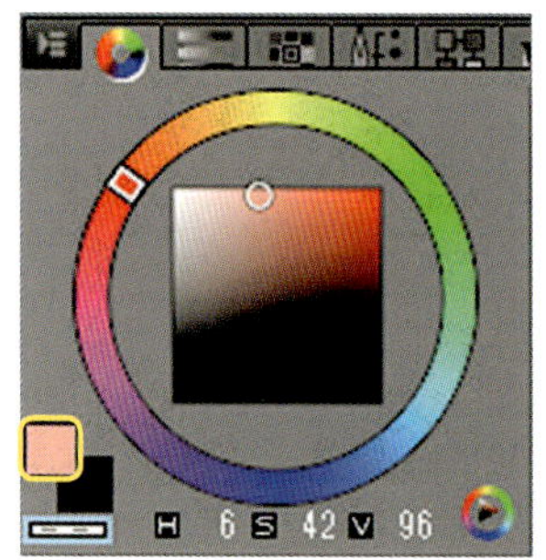

[컬러 써클] 창 왼쪽 아래에 있는 [그리기색]이 리본의 색으로 바뀌었습니다.

색을 칠하고 싶어

A. 채우기 도구를 사용하자

CLIP STUDIO PAINT에는 색을 칠하는 다양한 방법이 있습니다. 이번에는 가장 일반적인 [채우기] 도구를 사용한 채색 방법을 설명합니다. [채우기] 도구의 기본 기능은 선으로 구분된 영역을 지정한 색으로 채우는 것입니다. 색을 칠하고 싶은 부분을 클릭만으로 간단히 칠할 수 있습니다.

STEP 1

도구 창에서 [채우기] 도구를 선택하고 보조 도구 창의 [편집 레이어만 참조]를 선택합니다.

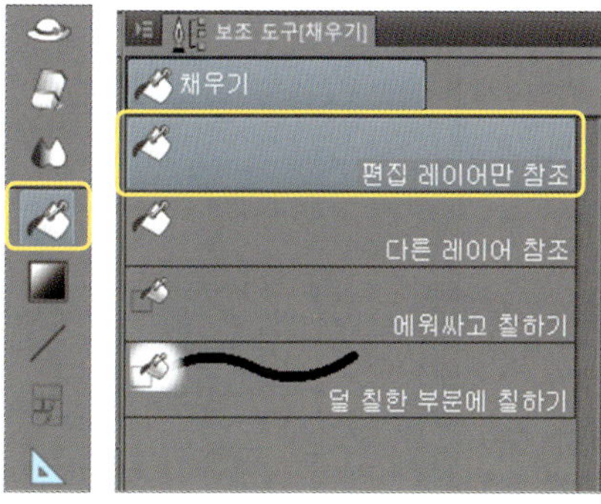

[편집 레이어만 참조]는 선화의 레이어를 칠할 때 유용합니다. 다른 레이어를 칠할 때는 [다른 레이어 참조]를 사용합니다.

STEP 2

도구 속성 창의 '인접 픽셀 선택'에 체크를 하고, 칠하고 싶은 색을 그리기색으로 설정합니다.

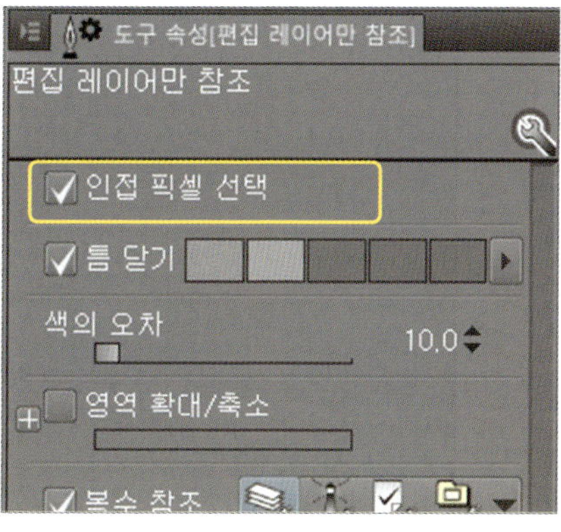

체크를 하지 않으면 색이 선 밖으로 넘어가게 됩니다.

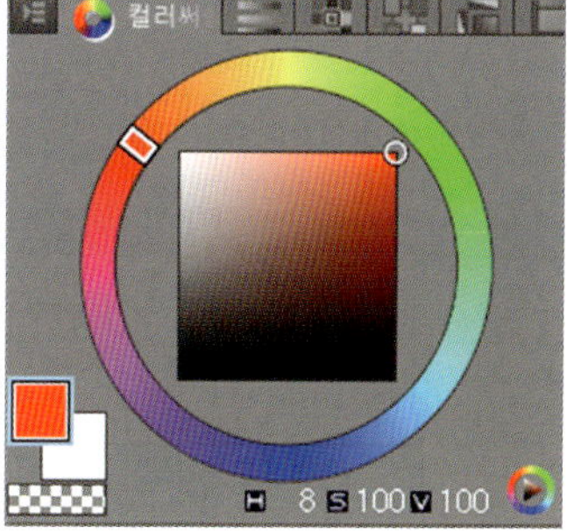

STEP 3

칠하고 싶은 부분을 클릭하면 닫힌 영역 내부만 색이 채워집니다.

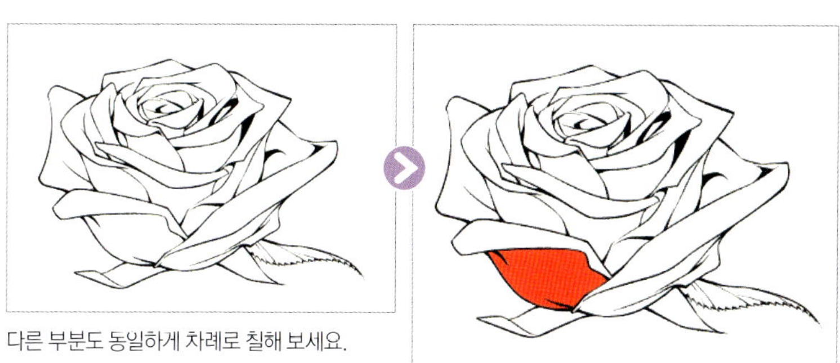

다른 부분도 동일하게 차례로 칠해 보세요.

엉뚱한 레이어에 색을 칠했어

A. 색을 잘라내고 레이어로 구분한다

선화 레이어와 채색 레이어를 분리해두면 이후의 작업이 수월해집니다. 그러나 실수로 선화 레이어에 색을 칠할 때도 있습니다. [실행 취소] 기능으로 되돌릴 수 있지만 애써 작업한 부분이 헛수고가 되기 때문에, 지금 설명하는 방법을 사용해 색을 다른 레이어로 옮깁니다.

STEP 1

도구 창에서 [자동 선택] 도구를 선택하고 색을 옮길 부분을 클릭해 선택 범위로 지정합니다.

얼굴에 칠한 피부색을 옮깁니다. 얼굴을 [자동 선택] 도구로 클릭합니다.

STEP 2

선택 범위가 지정되면 메뉴바에서 [편집]→[잘라내기]를 선택합니다. 단축키 'Ctrl+X'로도 동일한 작업이 가능합니다.

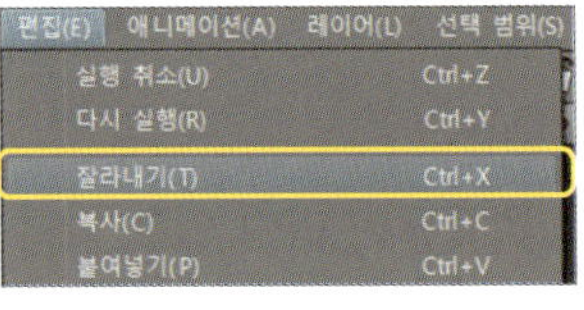

얼굴에 칠한 색이 사라졌습니다.

STEP 3

메뉴바에서 [편집]→[붙여넣기]를 선택하면 새로운 레이어가 생성되고 방금 잘라낸 색이 다시 나타납니다. 단축키 'Ctrl+V'로도 동일한 작업이 가능합니다.

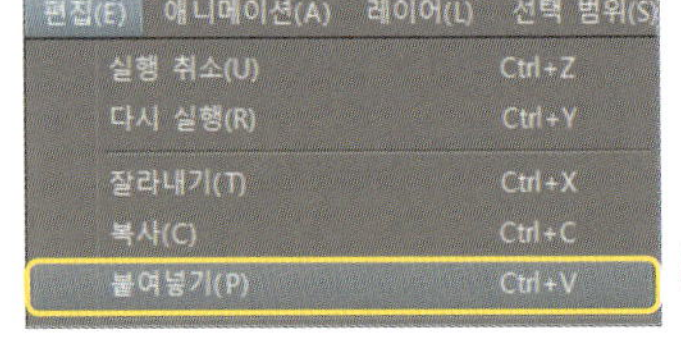

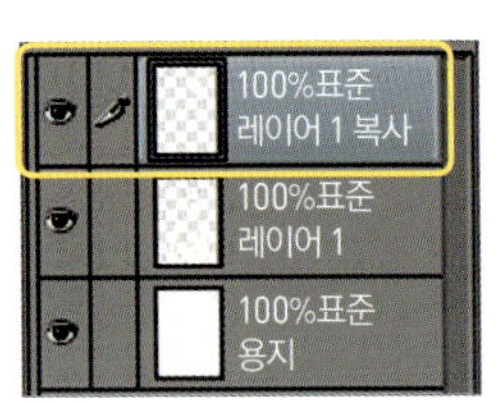

겉으로 봐서는 조금 전과 동일하지만, 새로운 레이어가 추가되었습니다.

빈틈이 있는 부분에도 색을 채우고 싶어

A. '틈 닫기' 기능을 사용하자

[채우기] 도구로 색을 칠할 때, 선이 완전히 이어지지 않아서 의도하지 않은 부분까지 색이 채워지기도 합니다. CLIP STUDIO PAINT에서는 미세한 빈틈을 자동으로 인식해서 선 밖으로 넘어가지 않게 색을 채우는 기능이 있습니다. 인식 감도도 설정할 수 있어 편리하게 활용할 수 있습니다.

STEP 1

먼저 '틈 닫기' 기능을 사용하지 않고 색을 채워보겠습니다. 틈이 없는 영역은 문제가 없지만, 선이 완전히 이어져 있지 않은 부분은 채색 영역을 벗어나 버렸습니다.

옷을 칠하려고 했으나 배경까지 칠해져 버렸습니다.

STEP 2

[채우기] 도구의 도구 속성에서 '틈 닫기'에 체크를 합니다. 보조 도구 상세 창에서는 좀 더 세부적인 설정이 가능합니다.

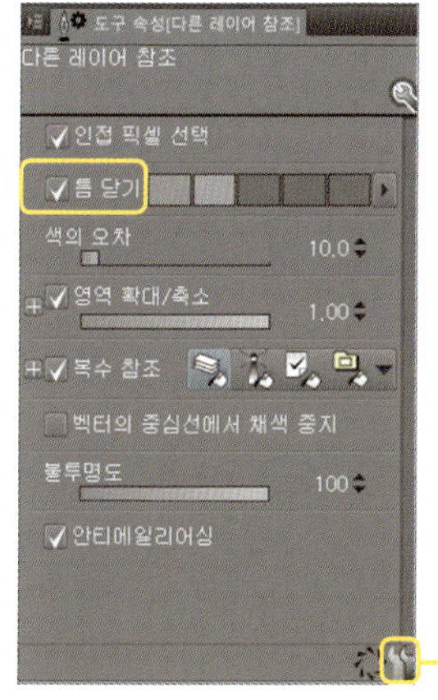
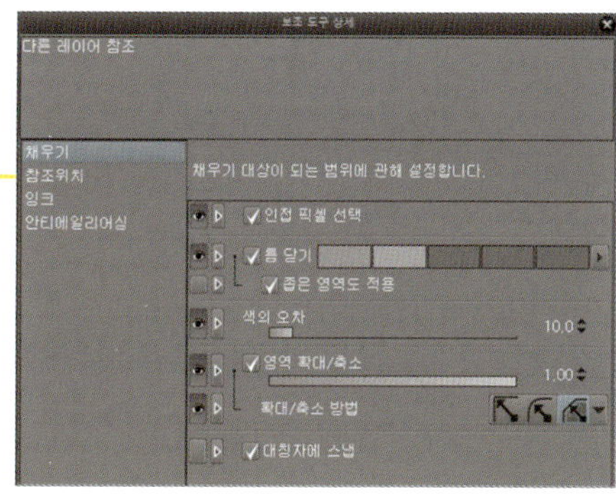

STEP 3

'틈 닫기'에 체크를 하면 다소 빈틈이 있어도 '닫힌 상태'로 인식합니다.

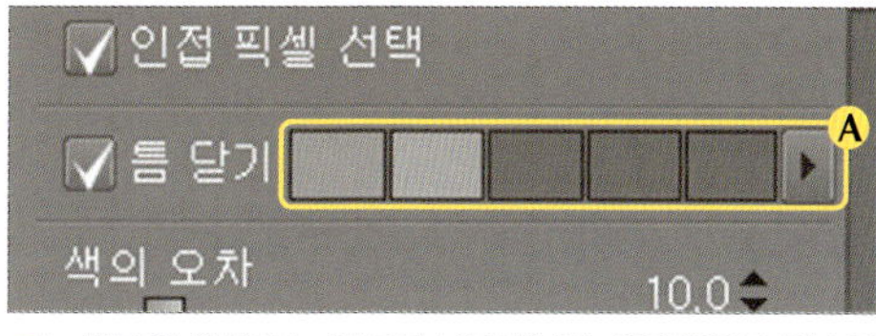

Ⓐ는 빈틈을 인식하는 정도를 나타냅니다. 오른쪽으로 갈수록 큰 틈도 인식합니다.

선화는 그대로인데도 이번에는 색이 선 밖으로 넘어가지 않고 제대로 들어갔습니다.

채색 실수를 방지하려면?

A. 레이어의 투명 픽셀 잠금을 사용한다

채색을 할 때 곤란한 점은 색이 선 밖으로 넘어가는 것입니다. 이를 방지하는 방법은 여러 가지 있지만, 이번에는 '투명 픽셀 잠금'을 사용하는 방법을 알아보겠습니다. 투명 픽셀을 잠그면 색을 칠하지 않은 부분에는 아무것도 그릴 수 없습니다. 캐릭터의 피부에만 색을 칠하고 싶을 때 편리합니다.

STEP 1

아무런 설정을 하지 않은 상태에서는 웬만큼 꼼꼼히 칠하지 않으면 영역을 벗어나게 됩니다.

색을 칠할 때 대충 펜을 움직이면, 이렇게 되고 맙니다.

STEP 2

레이어 창에서 **A**를 클릭하면 레이어에 **B**와 같은 마크가 표시됩니다. 투명 픽셀이 잠긴 상태입니다.

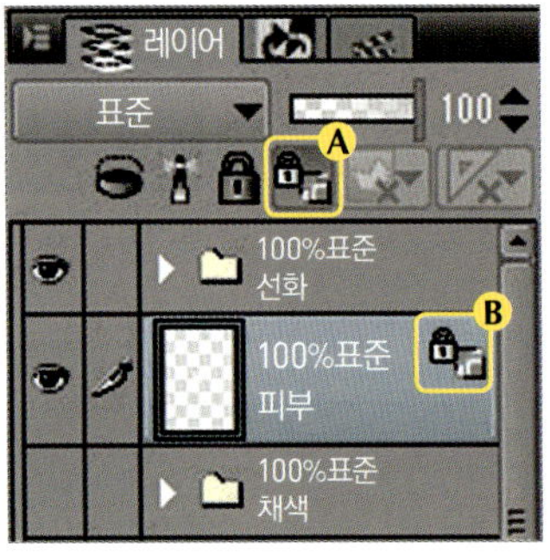

대충 펜을 움직여도 투명 부분에는 색이 들어가지 않습니다.

POINT　　　　　　　　　클리핑 마스크와는 어떻게 다른가?

선 밖으로 넘어가지 않게 칠하는 방법에는 클리핑 마스크(자세한 내용은 68페이지)도 있습니다. 클리핑 마스크는 레이어가 많을 때, 투명 픽셀 잠금은 레이어가 하나뿐일 때 유용합니다.

클리핑 마스크

실제로는 색이 머리카락 선을 넘어간 상태지만, 넘어간 부분이 보이지 않습니다.

투명 픽셀 잠금

투명한 픽셀에는 색을 칠할 수 없어서 선 밖으로 넘어가지 않습니다.

선 밖으로 넘어가지 않게 칠하고 싶어

A. 넘어가지 않게 칠하는 기능을 사용하자

에어브러시 등을 사용해 채색하면 세밀한 부분까지 칠하기 어렵지만, '넘어가기 방지' 기능을 사용하면 깔끔하게 칠할 수 있습니다. '넘어가기 방지' 기능을 ON으로 설정한 뒤 펜이나 브러시를 사용하면 선이 겹치는 부분에는 그리거나 색을 칠할 수 없습니다. 브러시 크기를 크게 해서 칠하면 좋습니다.

STEP 1

먼저 색을 칠할 레이어를 선택합니다.

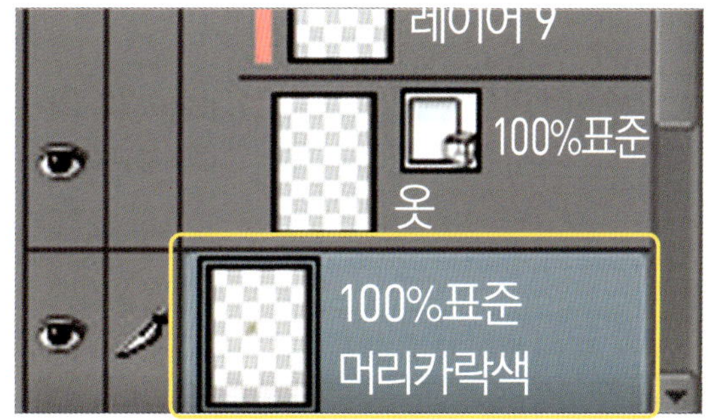

STEP 2

도구 창에서 [에어브러시]를 선택합니다. 보조 도구 상세 창에서 '넘어가기 방지'를 선택하고 '참조 레이어의 선을 넘어가지 않음'에 체크합니다.

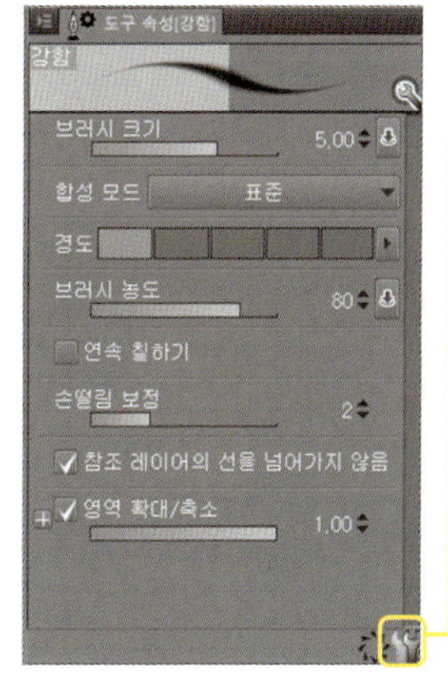
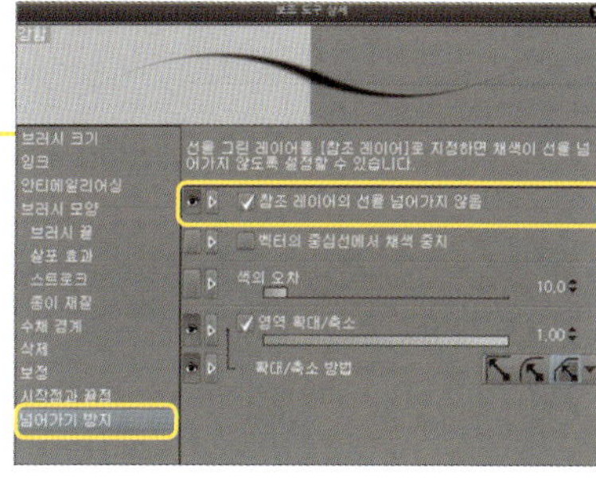

STEP 3

머리카락을 에어브러시로 채색하면 머리카락 선 밖으로는 색이 들어가지 않습니다.

브러시의 크기가 커도 선 밖으로 넘어가지 않게 색을 칠할 수 있습니다.

여러 개의 닫힌 영역을
동시에 채색하려면?

A. '에워싸고 칠하기' 기능을 사용하자

[채우기] 도구는 선이 닫혀 있는 영역을 칠할 수 있는데, 여러 곳에 색을 채우려면 일일이 클릭을 해야 합니다. 그럴 때 편리한 것이 [에워싸고 칠하기]입니다. 드래그로 둘러싼 영역에 있는 닫힌 영역에 전부 색을 채울 수 있습니다. [채우기] 도구의 다른 기능과 함께 사용하면 채색 작업이 수월해집니다.

STEP 1

먼저 일반적인 채우기로 색을 채웠습니다. 넓은 범위에 칠할 때는 좋지만, 칠해야 할 부분이 많으면 번거롭습니다.

모든 꽃잎의 선이 전부 닫힌 상태라서 클릭한 부분에만 색이 들어갑니다. 전부 칠하려면 일일이 클릭을 해야 해서 번거롭습니다.

STEP 2

[채우기] 도구의 보조 도구 창에서 [에워싸고 칠하기]를 선택합니다. 색을 칠할 레이어를 선택합니다.

선화 레이어 아래에 채색 레이어를 추가했습니다.

STEP 3

색을 칠할 부분을 둘러싸듯이 드래그하면, 범위 안에 있는 모든 닫힌 영역에 색이 채워집니다.

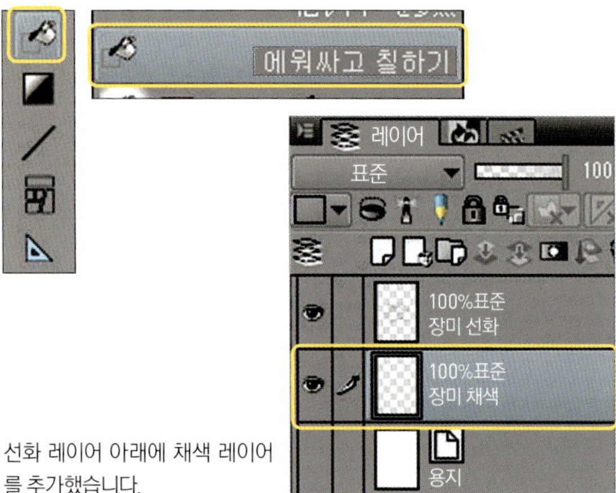

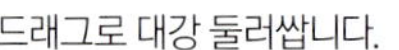

드래그로 대강 둘러쌉니다.

한꺼번에 색이 채워집니다. 다른 채우기 도구와 함께 사용하면 효과적인 채색이 가능합니다.

덜 칠해진 부분이 생겼어

A. '덜 칠한 부분에 칠하기' 기능을 사용하자

[채우기] 도구로 칠할 때 미세하게 덜 칠한 부분이 생기기도 합니다. 브러시 도구로 칠할 수도 있지만, [덜 칠한 부분에 칠하기] 기능을 이용하면 훨씬 간단히 색을 채울 수 있습니다. 대충 드래그하는 것만으로도, 선화에는 영향을 주지 않고 채색할 수 있어 편리합니다.

STEP 1

먼저 [채우기] 도구로 칠한 일러스트를 살펴보겠습니다. 얼핏 보면 깔끔하게 칠한 것 같지만, 확대해보면 아주 작게 덜 칠해진 부분이 있습니다.

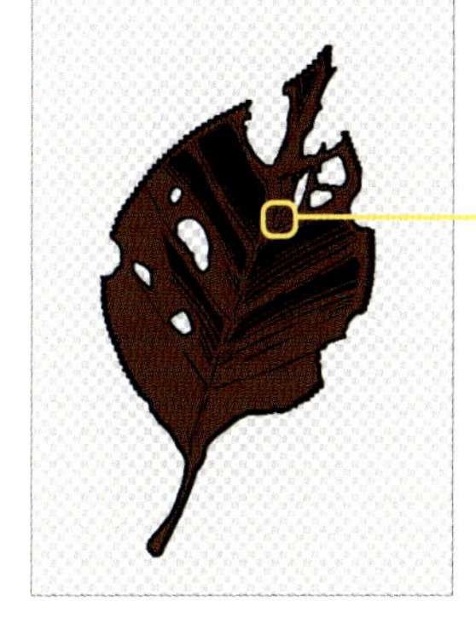

선이 교차하는 부분 등에 미세하게 덜 칠해진 부분이 있습니다.

STEP 2

도구 창에서 [채우기]를 선택하고 보조 도구 창의 [덜 칠한 부분에 칠하기]를 선택합니다. 도구 속성에서 [복수 참조]의 체크를 해제합니다.

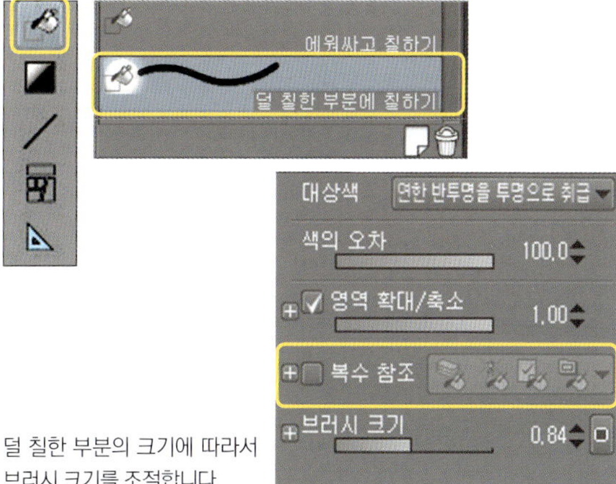

덜 칠한 부분의 크기에 따라서 브러시 크기를 조절합니다.

STEP 3

덜 칠한 부분을 드래그하면 색이 채워집니다.

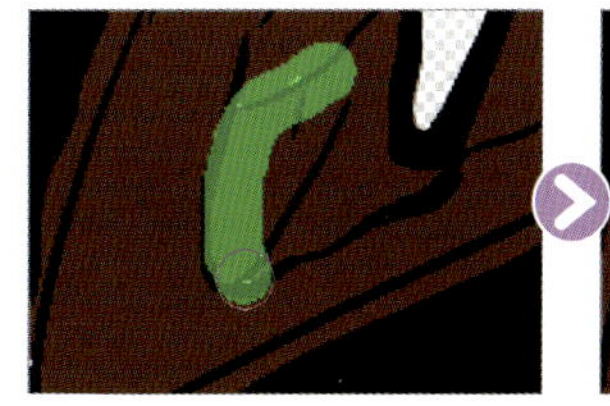

녹색으로 표시되는 부분을 드래그합니다.

덜 칠한 부분이 없어졌습니다. 다른 부분도 동일한 방법으로 처리할 수 있습니다.

얼굴과 옷을 구별해서 색을 채우고 싶어

A. 밑바탕을 채워서 구분한다

채색 작업은 하나의 레이어에 전부 칠하기보다 '눈 채색', '머리 채색' 등 부분별로 레이어를 구분해서 칠하는 방법을 추천합니다. 부분별로 나누면 하이라이트 등의 마무리 작업을 하기 쉽습니다. 지나치게 세세하게 구분하면 데이터가 무거워지므로 작업의 종류에 따라 적절하게 구분해야 합니다.

(STEP 1)

레이어 창에서 신규 폴더를 생성합니다.

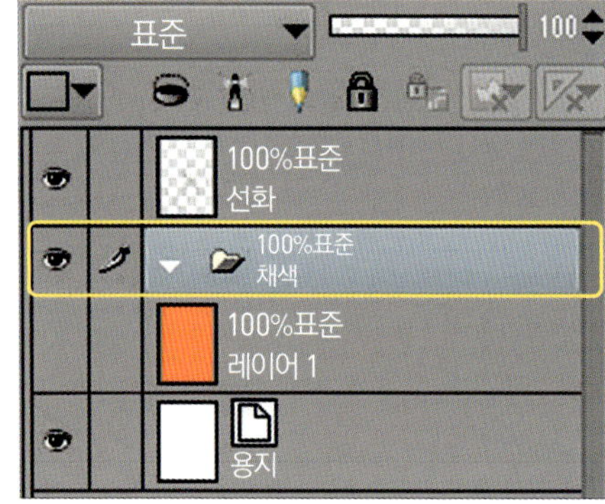

구분하기 쉽게 이름을 붙입니다.

(STEP 2)

폴더 안에 신규 레이어를 추가합니다.

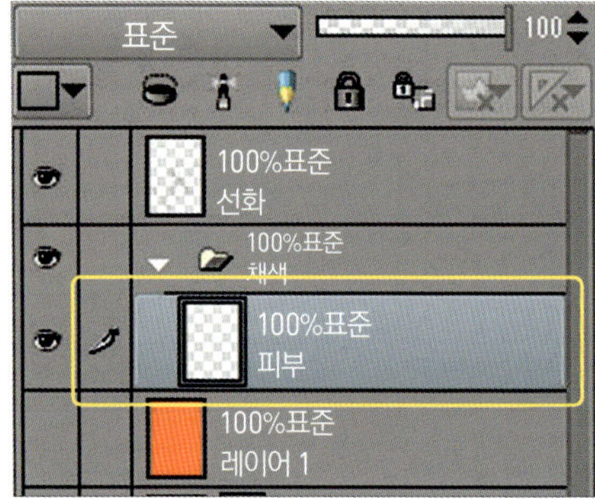

각 부분의 명칭을 레이어 이름으로 사용합니다.

(STEP 3)

STEP 2를 반복해서 필요한 만큼 레이어를 추가합니다.

레이어는 투명하므로 겉보기에 변화는 없습니다.

레이어를 선택하고 이름을 확인한 다음에
채색을 합니다.

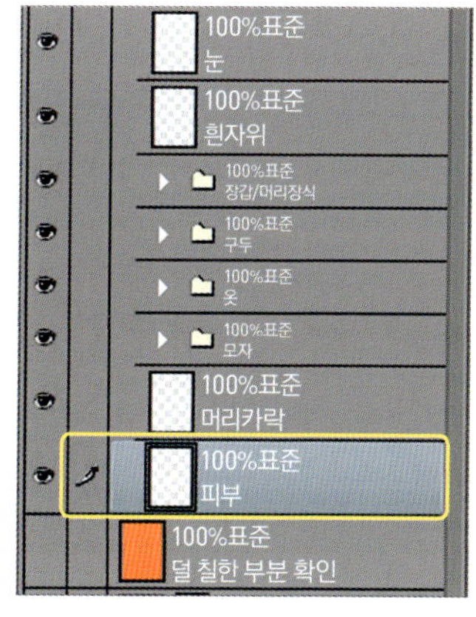

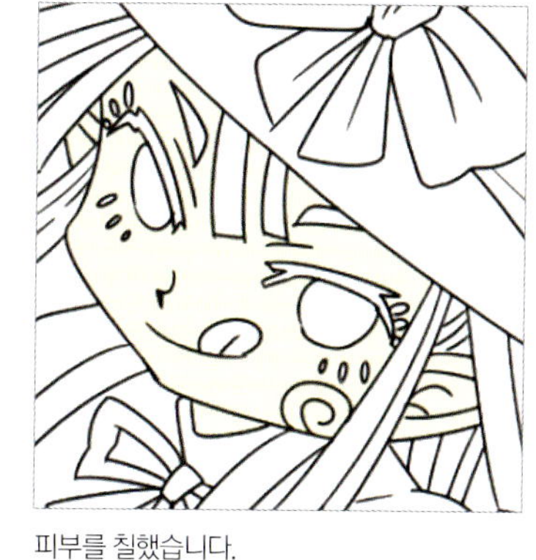

피부를 칠했습니다.

STEP 4를 반복해서 채색 작업을 진행합
니다.

레이어는 상당히 늘어났지만, 추가할
때마다 정확한 이름을 붙여두면 안심
할 수 있습니다.

모든 부분에 색을 다 채우면 완성에 가까워집니다.

POINT
폴더로 구별하기 쉽게 관리

레이어가 많아지면 관리도 어려워
집니다. 어느 정도 폴더로 정리하면
관리하기 쉽습니다.

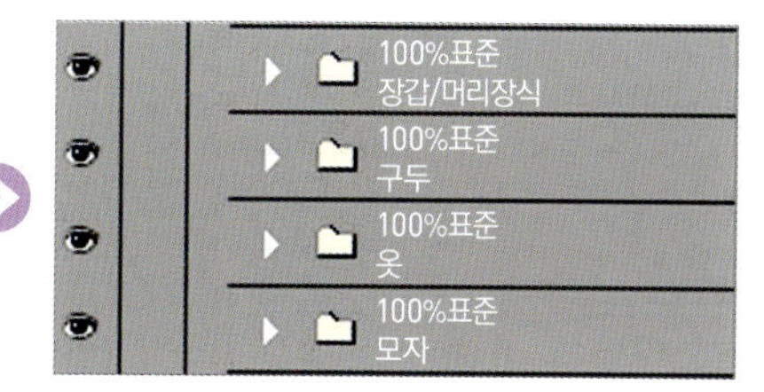

위의 레이어는 옷에 관련된 부분입니다.

'옷'이라는 폴더를 만들어서 분류합니다.

레이어 전체에 색을 채우는 방법

A. 채우기 레이어를 생성하자

레이어 전체를 한 가지 색으로 채우는 [채우기] 레이어는 레이어 마스크나 클리핑 마스크를 사용한 채색과 궁합이 좋습니다. 지금 말하는 채우기 레이어는 [채우기] 도구로 칠하는 것이 아니라 별도의 기능으로 활용하는 특수한 레이어입니다. 이후에도 계속해서 색을 바꿀 수 있어서 편리합니다.

STEP 1

메뉴바에서 [레이어]→[신규 레이어]→[채우기]를 선택합니다.

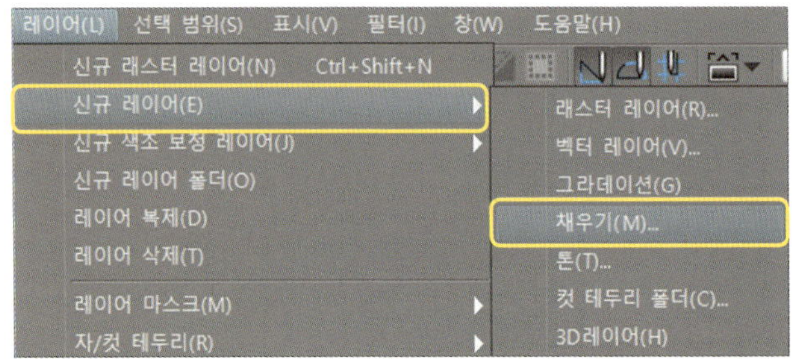

채우기 레이어라는 전용 레이어가 생성됩니다.

STEP 2

색 설정 창이 표시되면 색을 선택하고 'OK'를 클릭하면 채우기 레이어가 생성됩니다.

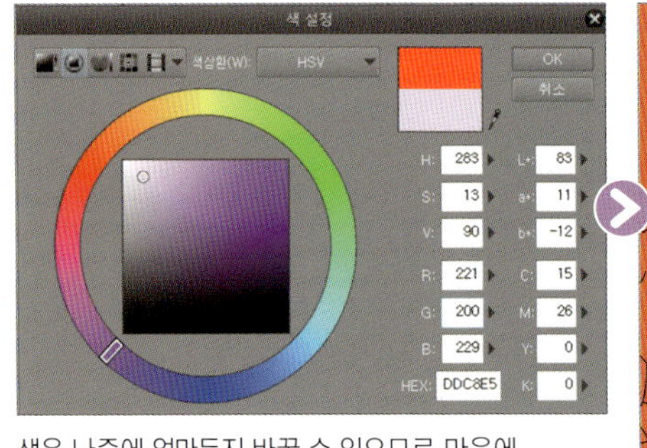

색은 나중에 얼마든지 바꿀 수 있으므로 마음에 드는 색을 선택합니다.

채우기 레이어가 추가되었습니다. 이 상태에서는 다른 색이 보이지 않습니다.

STEP 3

레이어의 위치를 변경하거나 클리핑 마스크를 적용해 채우기 레이어의 색을 효과적으로 활용합니다.

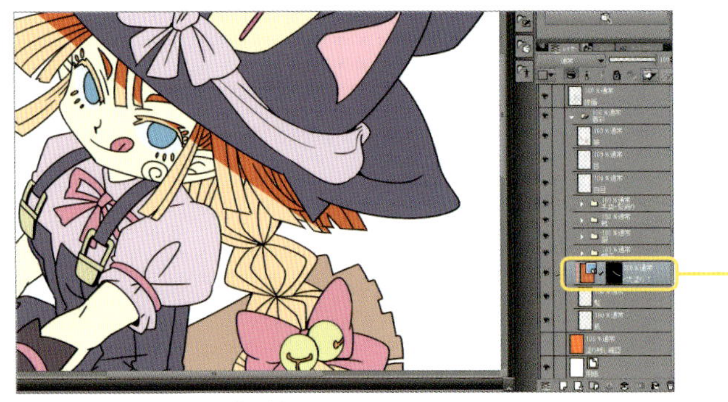

머리카락 레이어에 클리핑을 적용하고 레이어 마스크로 일부분만 표시되게 했습니다.

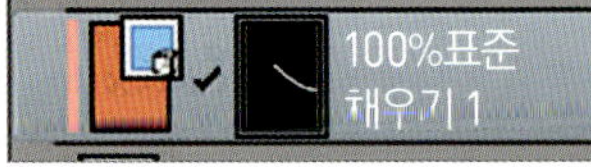

수채화처럼 표현하고 싶어

A. 수채 경계를 설정하자

누구나 미술 수업시간에 수채화를 그려본 경험이 있을 겁니다. 수채화의 매력이라면 물감이 번져서 생기는 깊은 색감입니다. CLIP STUDIO PAINT에서는 수채화처럼 번지는 경계선도 표현할 수 있습니다. 지금 설정 방법으로 꼭 수채화도 그려보시기 바랍니다.

STEP 1

도구 창의 [붓]을 선택하고 보조 도구의 [수채] 그룹에서 [투명 수채]를 선택합니다.

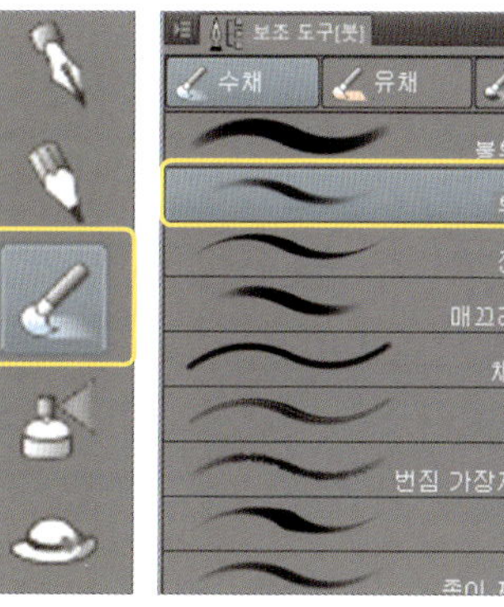

여러 종류가 있지만 [투명 수채]가 적합합니다.

STEP 2

보조 도구 상세 창을 열고 '수채 경계' 항목에서 '수채 경계'에 체크합니다.

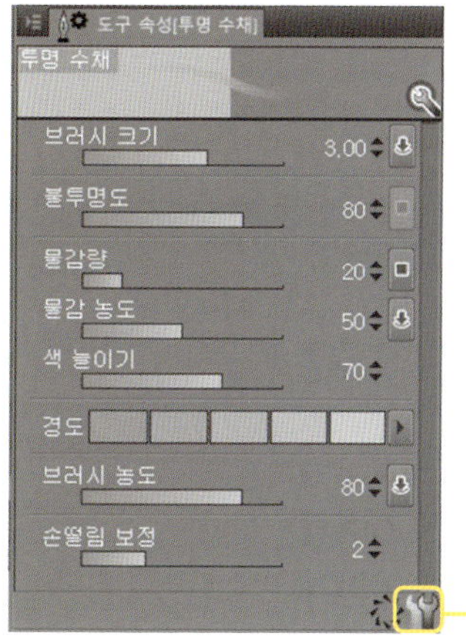
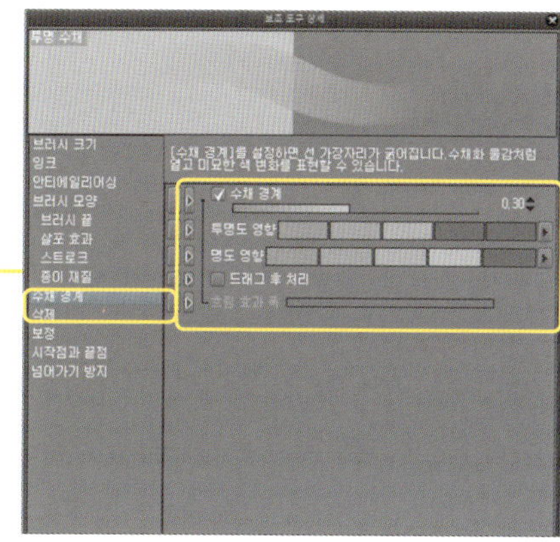

화면을 참고해 설정을 변경합니다.

STEP 3

설정 변경을 끝낸 다음에 그림을 그렸습니다. 수채화 물감의 느낌이 좀 더 강해졌습니다.

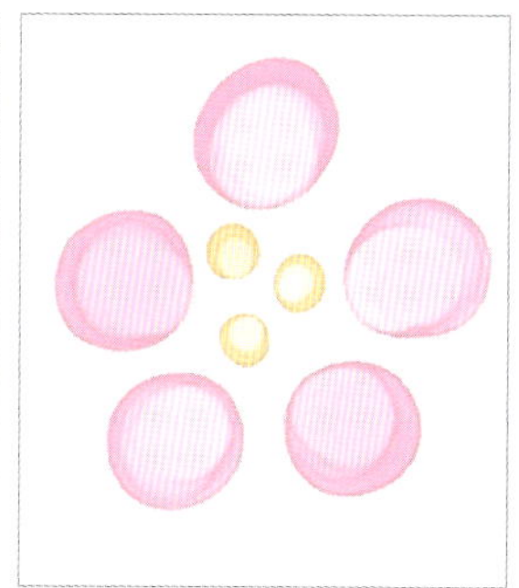

원쪽은 초기 상태의 '투명 수채', 오른쪽은 설정을 변경한 붓으로 그린 그림입니다. 오른쪽이 색의 경계에 번짐효과가 더 강합니다.

자에는 어떤 것들이 있지?

A. 직선자뿐 아니라 특수자도 있다

CLIP STUDIO PAINT에는 용도에 알맞게 쓸 수 있는 다양한 자가 있습니다. 길이의 기준이 될 뿐만 아니라 자에 선이 달라 붙게 설정하면 자와 일치하는 선을 그을 수 있습니다. 이번에는 기본적인 직선자 생성 방법과 함께 다양한 자를 소개합니다.

직선자 생성하는 방법

도구 창에서 [자]를 선택하고 보조 도구 창의 [직선자]를
선택합니다. 캔버스에 자를 생성할 위치에서 드래그합니다.

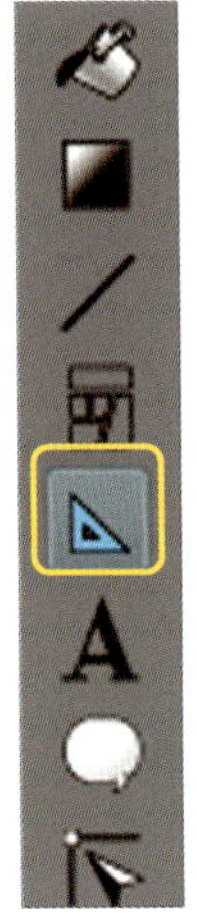

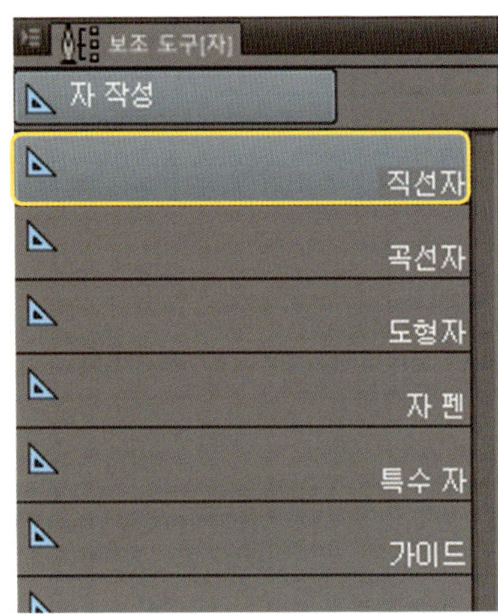

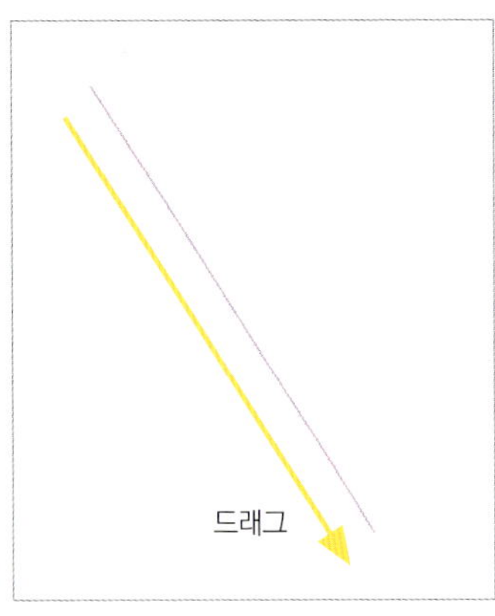

원하는 위치에 시작점과 끝점을 드래그하면
자가 생성됩니다.

직선자

[직선] 도구처럼 곧은 자를 생성합니다. [펜] 도구 등으로 덧그리면
직선을 그을 수 있습니다.

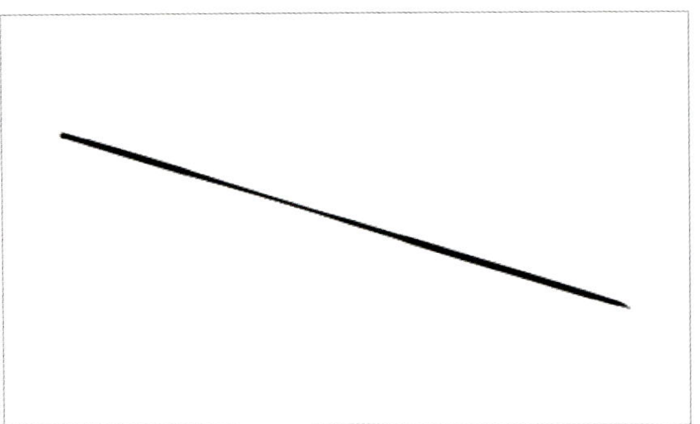

곡선자

곡선의 소품 등, 손으로 펜선 작업을 하기 어려운 것을 그릴 때 편리
한 자입니다. [직선] 도구와 마찬가지로 [펜] 도구 등으로 덧그리면
선을 그을 수 있습니다.

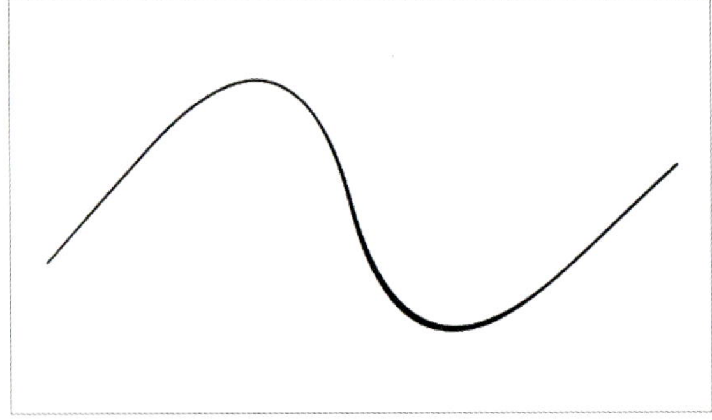

도형자

직사각형, 타원, 다각형 중에 원하는 형태의 도형을 그릴 수 있습니다. [펜] 도구 등으로 덧그리면 도형을 그릴 수 있습니다.

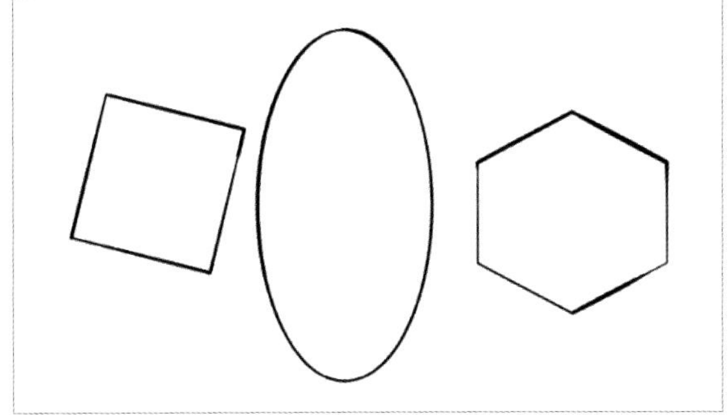

자 펜

펜처럼 선을 그은 부분이 자가 됩니다.

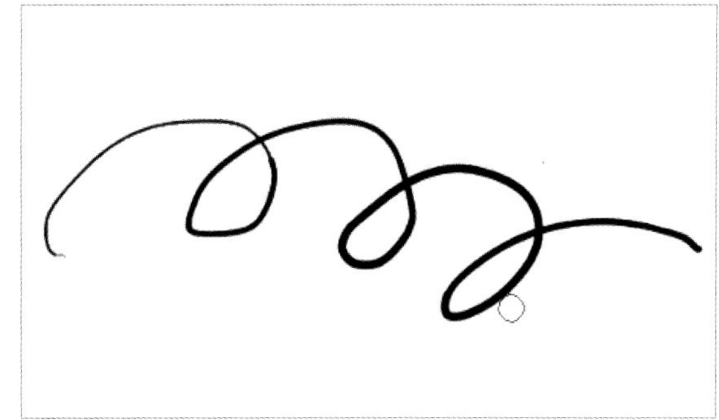

평행선

그은 각도대로 자가 생성되며, 생성된 자와 평행인 선을 그을 수 있습니다.

평행 곡선

평행선과 마찬가지로 자를 생성하면, 생성된 자와 평행인 곡선을 그을 수 있습니다.

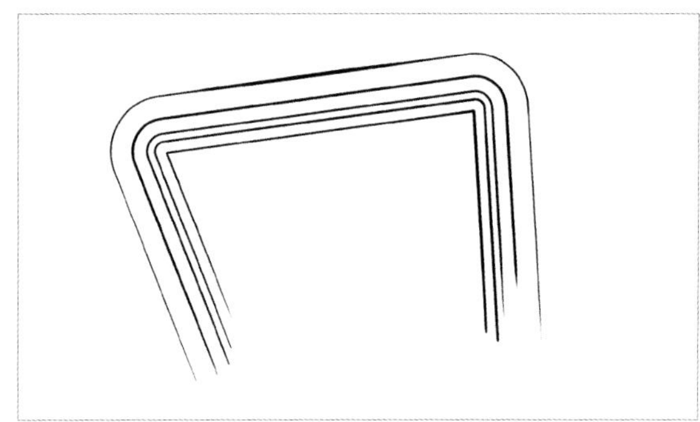

다중 곡선

평행으로 교차하는 곡선을 그을 수 있습니다. 겹쳐진 복잡한 소품을 그릴 때 편리합니다.

방사선

[도형] 도구의 집중선과 달리 그리고 싶은 간격으로 선을 그을 수 있습니다.

방사 곡선

한 점에서 시작되는 방사형의 곡선을 그릴 수 있습니다. 각이 진 방사선도 그을 수 있습니다.

가이드

가로와 세로의 직선만 그을 수 있는 가이드를 생성할 수 있습니다.

퍼스자

1점 투시, 2점 투시, 3점 투시를 설치할 수 있습니다(상세한 설명은 128페이지).

대칭자

자를 화면에 생성하면 좌우대칭인 선을 그을 수 있습니다(상세한 설명은 127페이시).

자

자를 이용해 선을 긋는 방법

A. 자의 스냅 기능을 활용하자

가장 기본적인 활용법인 자를 따라 선을 긋는 방법을 알아보겠습니다. 자에 일치하는 선을 긋는 기능을 '스냅'이라고 하며, 자유롭게 ON&OFF 설정이 가능합니다. 스냅을 ON으로 설정하면 자 가까이에 대강 선을 그어도 자를 따라서 깔끔한 선이 됩니다.

STEP 1

'스냅'을 ON으로 설정하지 않으면 자를 따라서 선을 그을 수 없습니다.

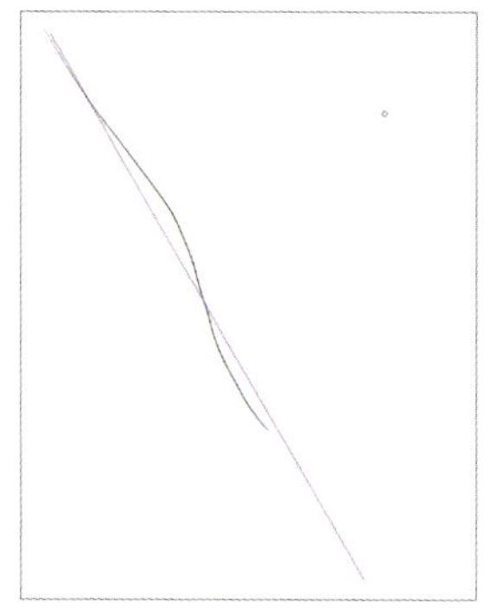

모처럼 자를 생성했는데 손으로 직접 그은 선처럼 되어버렸습니다.

STEP 2

[펜] 도구의 도구 속성에서 보조 도구 상세 창을 열고, '보정' 항목의 '스냅 가능'에 체크를 합니다.

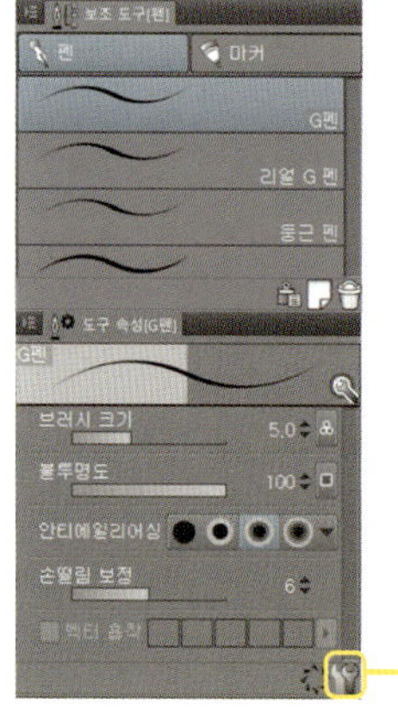
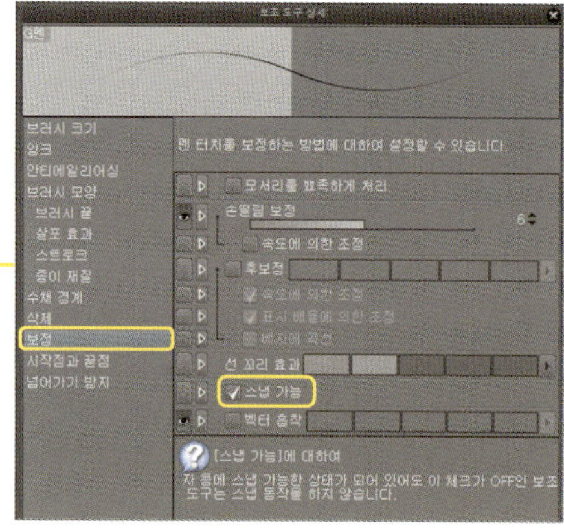

STEP 3

이제 자를 따라서 선을 그을 수 있습니다.

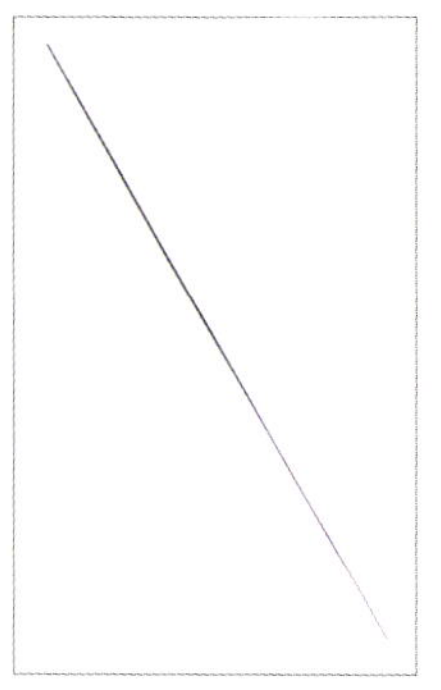

곧은 선이지만, 펜의 강약을 표현할 수 있습니다.

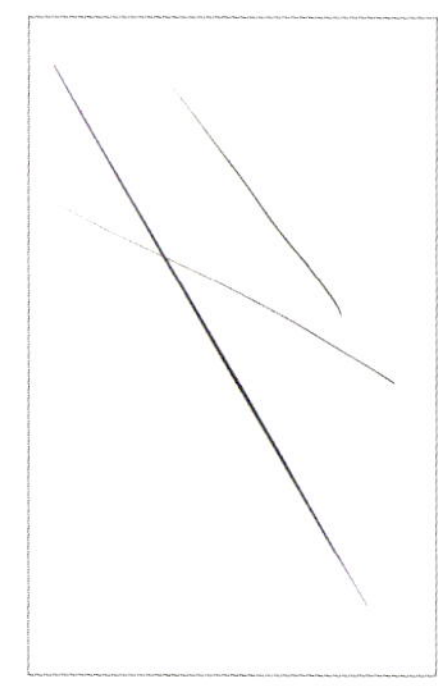

자에서 너무 떨어진 곳에 선을 그으면 스냅 기능이 적용되지 않습니다.

좌우대칭인 도형을 그리고 싶어

 대칭자를 사용하자

[자] 도구 중에서도 독특하면서도 사용빈도가 높은 [대칭자]에 대해서 알아보겠습니다. 대칭자를 배치하고 그림을 그리면 반대쪽에 대칭인 형태를 그릴 수 있습니다. 하트나 별처럼 좌우대칭인 도형을 그릴 때 편리합니다. 그리고 선 수를 늘리면 방사형으로도 그릴 수 있습니다.

STEP 1

도구 창의 자를 선택하고, 보조 도구 창에서 대칭 자를 선택합니다. 도구 속성 창에서 세세한 설정을 합니다.

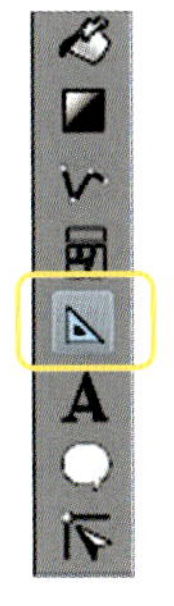
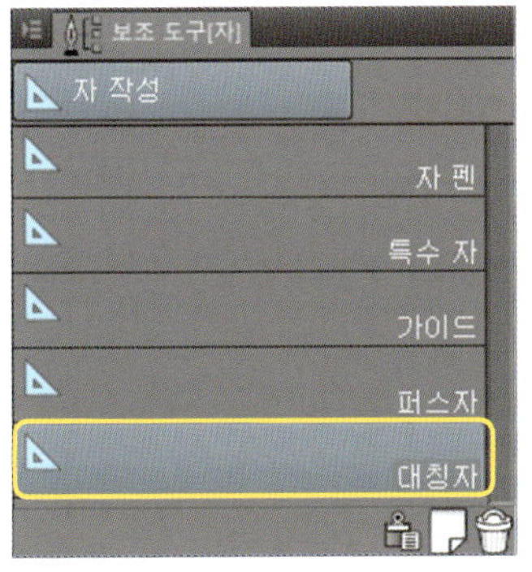
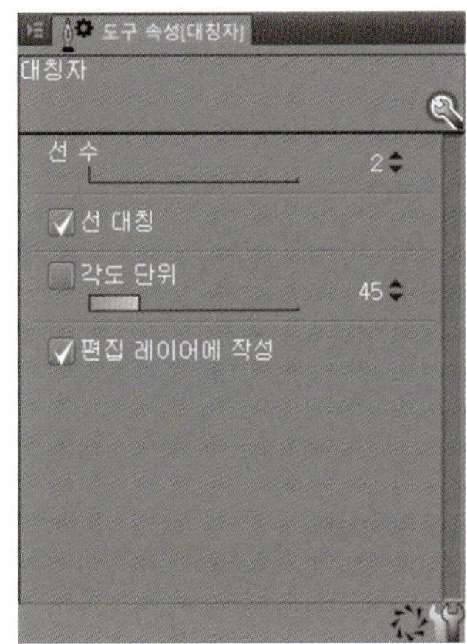

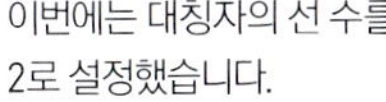
이번에는 대칭자의 선 수를 2로 설정했습니다.

STEP 2

자를 생성하고, 선으로 분단된 좌우 어느 쪽이든 그림과 도형을 그리면 반대쪽에도 그려집니다.

그림을 그릴 부분에 자를 생성합니다. 보라색 선이 자입니다.

설정한 대로 반대쪽에도 동일한 형태의 도형이 생겼습니다.

입체적으로 그리거나 원근감을 표현하고 싶어

A. 퍼스자를 활용하자

무척 편리한 도구인 [퍼스자]를 사용하는 방법과 그 기능을 알아보겠습니다. 입체나 원근감이 있는 구도를 그리는 것은 어렵지만, 캔버스에 [퍼스자]를 설치해두면 상상으로만 그리는 것보다도 잘 그릴 수 있습니다. 그림 실력의 향상으로도 이어지므로 적극적으로 활용할 것을 추천합니다.

STEP 1

메뉴바에서 [레이어]→[자/컷 테두리]→[퍼스자 작성]을 선택합니다.

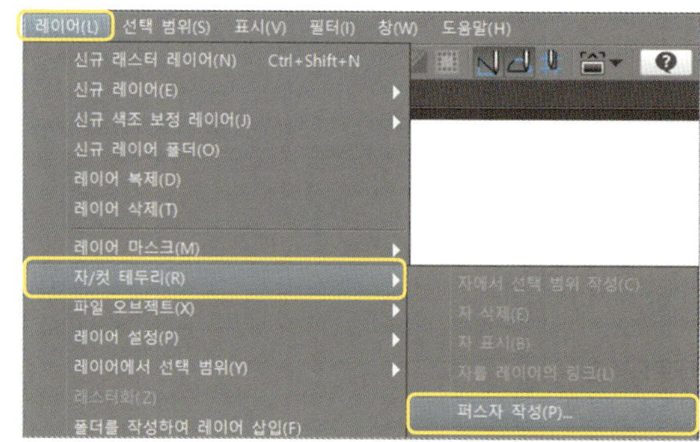

STEP 2

퍼스자 설정 창에서 타입을 선택하고 'OK'를 클릭합니다.

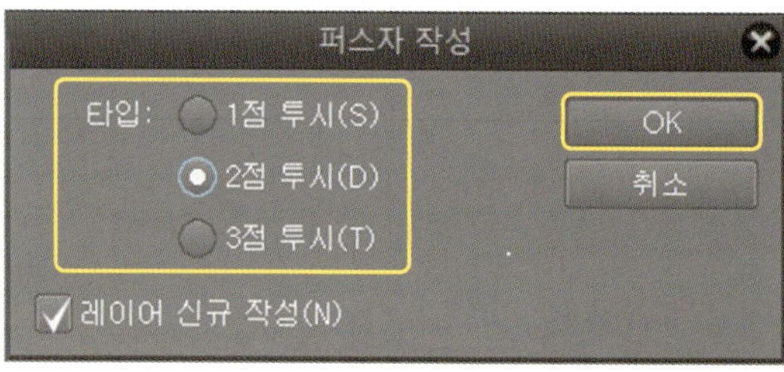

이번에는 '2점 투시'인 퍼스자를 만들었습니다.

STEP 3

2점 투시의 퍼스자가 나타납니다. 핸들을 드래그하면 형태를 수정할 수 있습니다.

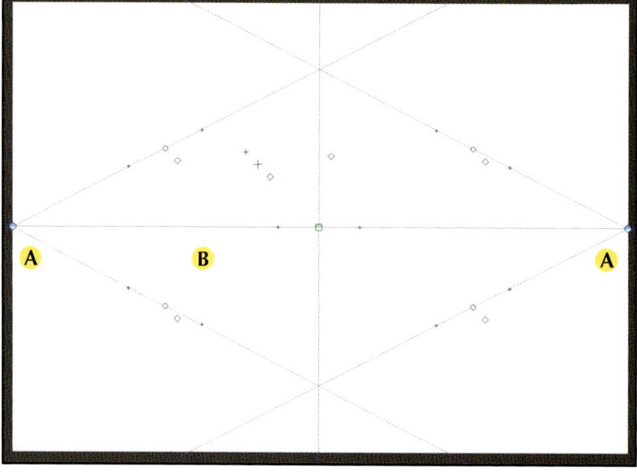

A의 점은 소실점이라고 하며 사물의 폭이나 깊이, 높이가 집중되는 점을 말합니다.
B의 선은 눈높이라고 하며 시선이나 카메라의 높이를 나타냅니다.

퍼스자를 따라서 펜을 움직이면 자동으로 스냅이 적용됩니다. 이제 도형을 그려보겠습니다.

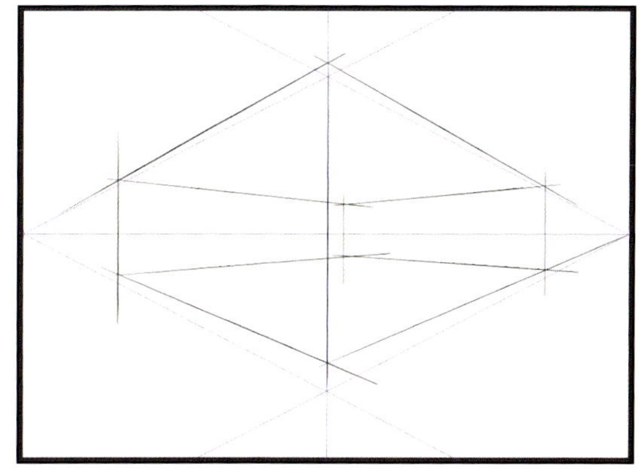

벡터 레이어에 원근감이 있는 입체를 그렸습니다. 나중에 지워서 수정해야 하므로 대강 선을 그었습니다.

지우개의 '교점까지' 기능(상세한 내용은 81페이지)을 사용해 영역에서 벗어난 선을 지우면 완성입니다.

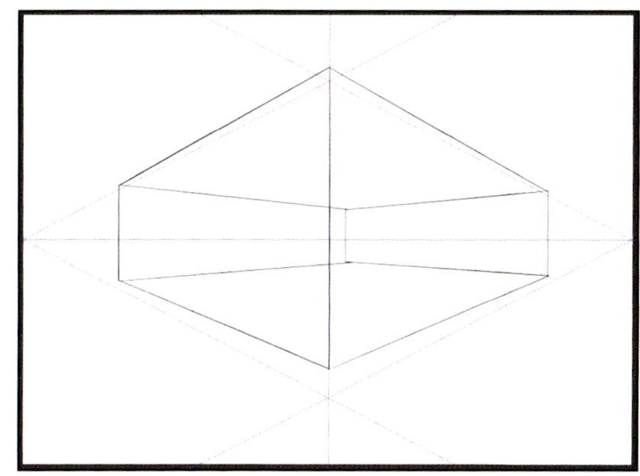

원근감이 있는 도형을 그렸습니다.

🎯 POINT ———————————————————————● 구도에 맞게 구분해서 사용하자

이번에는 2점 투시의 퍼스자를 소개했지만, 이외에도 1점 투시, 3점 투시로 설정할 수 있습니다. 일러스트의 구도에 따라 구분해서 사용해야 합니다.

1점 투시는 대상을 정면에서 보는 구도에 사용합니다.

3점 투시는 대상을 비스듬하게 위나 아래에서 보는 구도에 사용합니다.

소재에서 컬러 패턴을 얻는 방법

A. 소재 창에서 선택한다

컬러 패턴(상세한 설명은 108페이지)은 기본적으로 제공되는 것 이외에도 인터넷에서 검색해 다운받을 수 있습니다. 이번에는 검색과 입수 방법을 알아보겠습니다. 컬러 패턴을 많이 준비해 두면 배경과 옷 등에 다양한 문양을 넣을 수 있습니다. 마음에 드는 것을 찾아보세요.

STEP 1

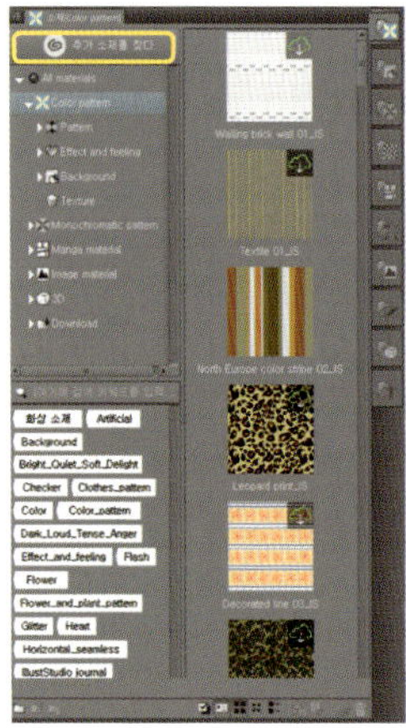

A를 클릭해 소재 창을 열어 소재의 종류를 선택한 다음, '추가 소재를 찾다'를 클릭합니다.

소재를 검색 키워드로도 찾을 수 있습니다.

STEP 2

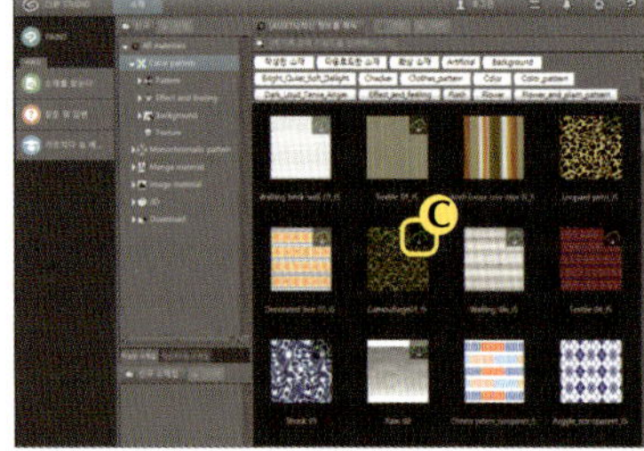

CLIP STUDIO 화면에서 B의 '소재'를 클릭하면 소재 창이 표시됩니다. C를 클릭해서 다운로드합니다.

STEP 3

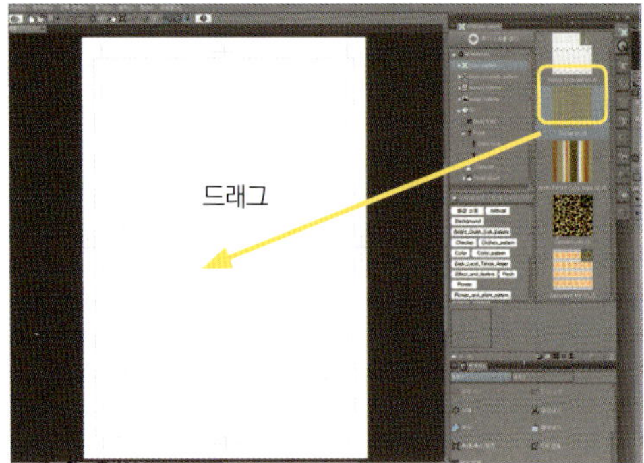

STEP 2를 반복해서 소재를 미리 모아두면 편리합니다.

다운로드한 소재를 캔버스로 드래그하면 붙여 넣을 수 있습니다.

Q. 95

소재를 검색하고 싶어

A. 시작 화면에서 검색하자

컬러 패턴 이외에도 선화 등 다양한 소재를 다운받을 수 있습니다. 개발사에서 제공하는 것은 물론이고 다른 사용자가 만들어서 공개한 것도 있습니다. 펜의 설정 등도 다운받을 수 있습니다. 사용자가 직접 다양하게 설정할 수 있는 것이 CLIP STUDIO PAINT의 재미지만, 이런 소재를 다운받아 사용해 보는 것도 좋습니다.

(STEP 1)

CLIP STUDIO의 시작화면에서 '소재를 찾는다'를 클릭합니다.

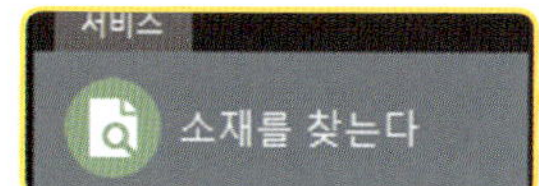

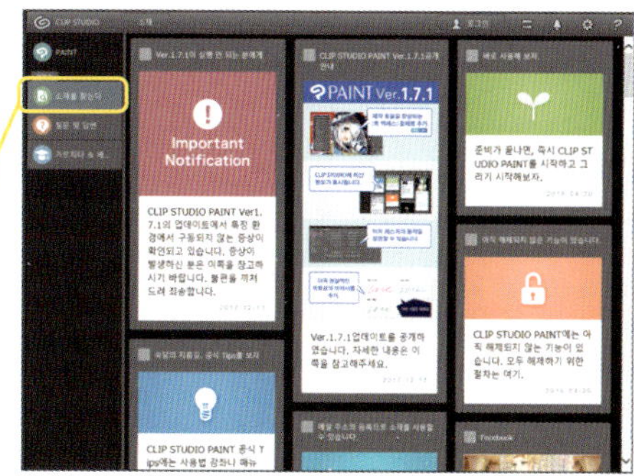

(STEP 2)

'CLIP STUDIO ASSETS'라는 페이지가 열립니다. 소재를 검색하고 '다운로드'를 클릭합니다.

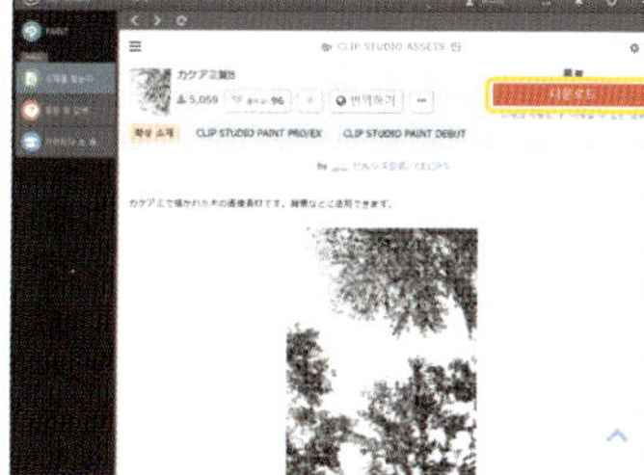

(STEP 3)

메뉴바에서 [창]→[소재]→[소재 다운로드]를 선택하면 다운로드한 소재의 일람이 표시됩니다.

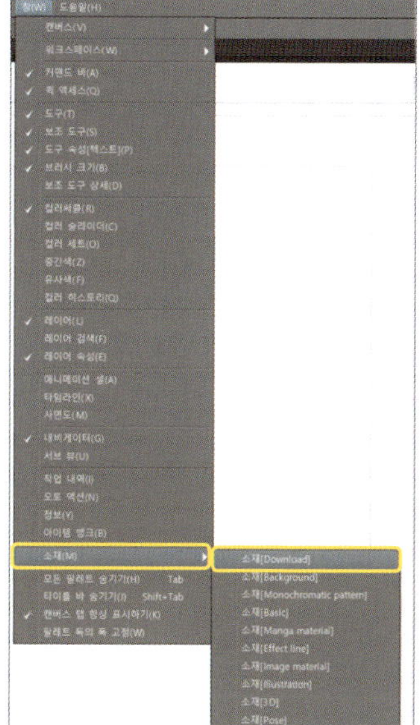

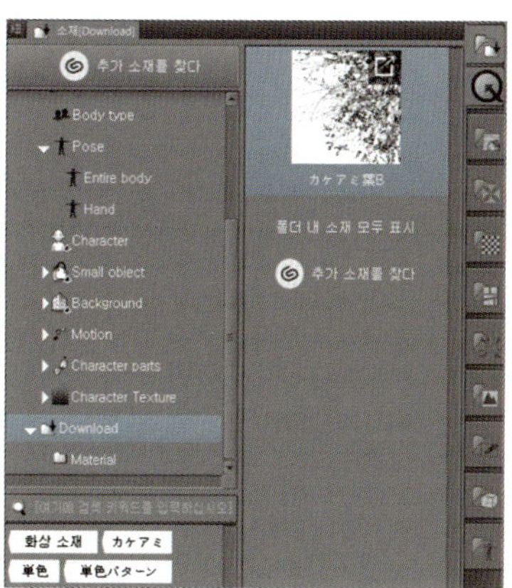

소품을 쉽게 그리고 싶어

A. 3D 소재를 이용한다

일러스트나 만화를 그릴 때에 소품 등을 제대로 그리면 완성도가 높아집니다. CLIP STUDIO PAINT에는 다양한 소품이 있으며 이것을 캔버스에 가져와서 트레이싱할 수 있습니다. 3D 소재는 자유롭게 각도 등을 설정할 수 있으니 꼭 활용해 봅시다.

STEP 1

[소재] 창을 열고 [3D]→[Small object]를 선택합니다. 캔버스에 소품을 드래그하면 표시됩니다.

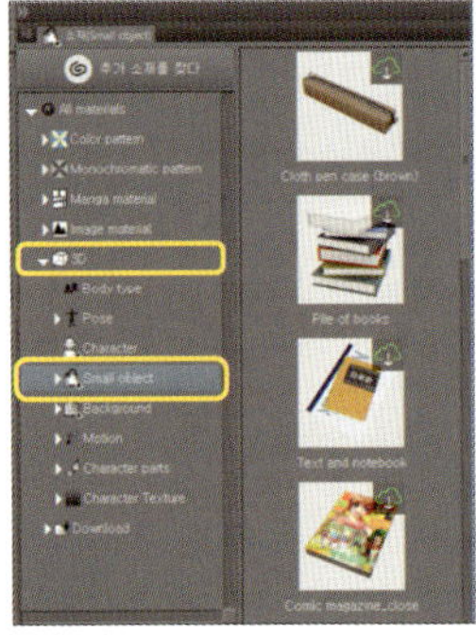

구름 아이콘이 붙어 있는 소재는 다운로드를 해야 합니다.

다운로드하지 않은 소재를 사용하려고 하면 이런 창이 표시됩니다. '네'를 클릭합니다.

STEP 2

다운로드를 완료하면 구름 마크가 사라집니다.

STEP 3

3D 소재를 트레이싱합니다. 연하게 표시되도록 설정하면 트레이싱하기 쉽습니다.

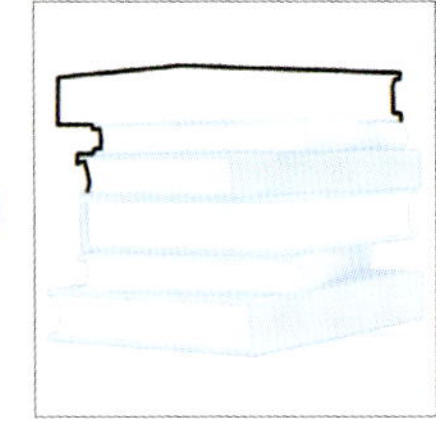

인체를 못 그리겠어

A. 3D 데생 인형을 이용한다

CLIP STUDIO PAINT에서는 3D 데생 인형을 제공합니다. 3D로 만들어진 인형을 가져와 트레이싱으로 데생을 연습할 수 있습니다. 실제 사람을 모델로 그릴 기회는 흔하지 않지만, 3D 인형이라면 간단하게 어떤 포즈든 재현할 수 있습니다. 그림 실력을 높이는 데 활용할 수 있는 좋은 기능입니다.

STEP 1

[소재] 창에서 [3D]→[Body type]을 선택합니다.

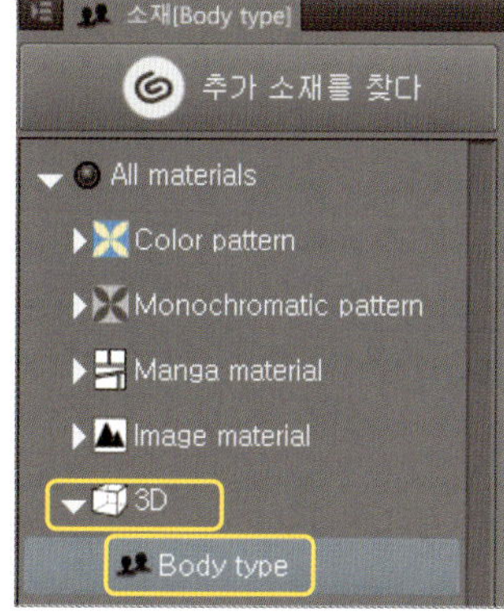

STEP 2

화면 오른쪽 창에서 3D 인형을 캔버스에 드래그합니다.

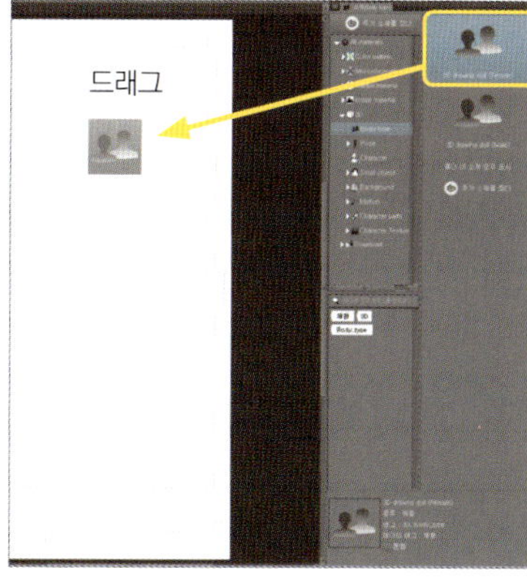

그리고 싶은 성별의 인형을 캔버스로 드래그합니다.

STEP 3

3D 인형이 표시됩니다. 초기 상태는 'T' 포즈입니다.

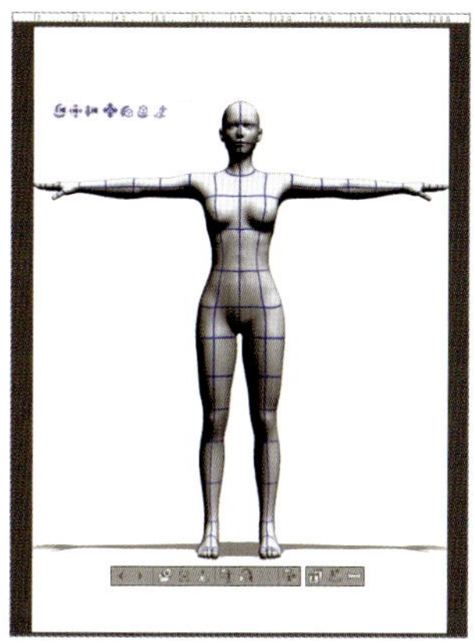

3D 인형의 설정 방법은 다음 페이지에서 살펴보겠습니다.

다양한 포즈를 그리고 싶어

A. 3D 데생 인형의 포즈를 설정하자

CLIP STUDIO PAINT로 불러온 데생 인형을 움직여서 임의의 포즈로 만드는 방법을 설명하겠습니다. 데생 인형을 원하는 포즈로 설정할 수 있으면 일러스트 표현의 폭이 넓어지고 완성도도 높아집니다. 확실하게 익히면 현실에서 불가능한 포즈를 재현하거나 평소 보기 어려운 다양한 각도를 확인할 수 있습니다.

STEP 1

데생 인형은 인간의 인체 구조와 거의 동일합니다. [조작] 도구의 [오브젝트]를 사용해서 관절을 움직일 수 있습니다.
1.7.2버전에는 오브젝트 런처에 [관절 고정]과 [관절 고정을 모두 해제]가 추가되었습니다. 선택 중인 3D 소재의 관절을 고정하거나 모두 해제할 수 있습니다.

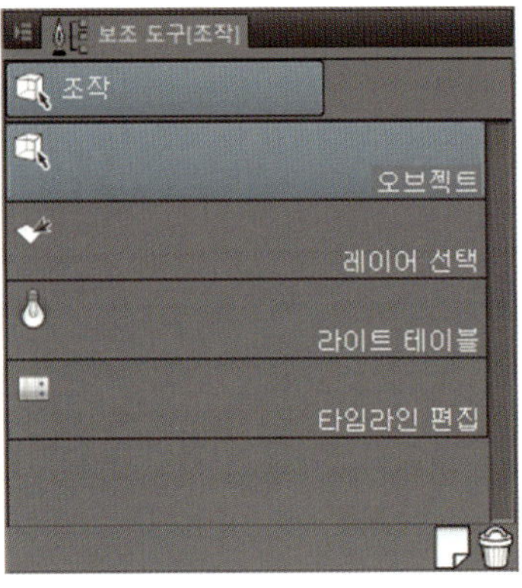

데생 인형을 가져오면 자동으로 [오브젝트] 도구로 전환됩니다.

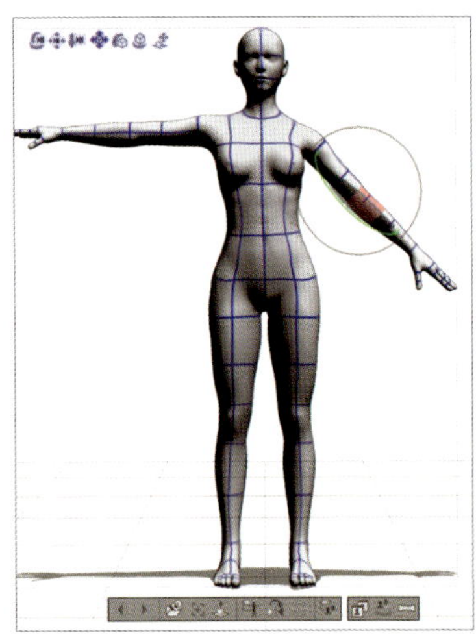

STEP 2

데생 인형의 관절을 더블클릭하면 '목', '허리', '손목', '발목', '시선'을 조작할 수 있는 파란색 원이 표시됩니다.

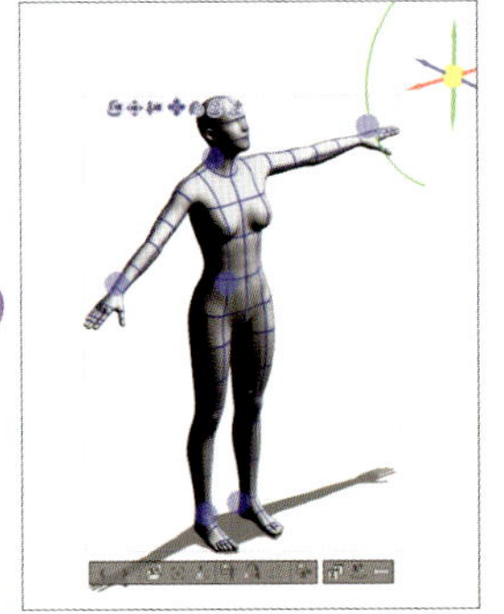

관절을 움직이면 다른 부분도 함께 움직여서, 익숙해지려면 시간이 필요합니다.

◎ POINT　　　　　　　　　● 제공되는 포즈를 이용하자

자주 사용되는 포즈는 CLIP STUDIO PAINT에서 기본적으로 제공합니다. [소재] 메뉴의 [POSE] 항목에서 [Entire body]를 선택하고 원하는 포즈에 가까운 소재를 캔버스로 드래그합니다.

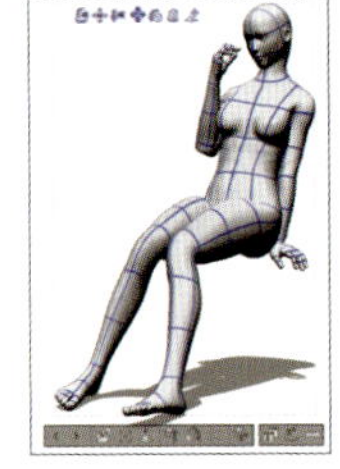

선택한 포즈를 데생 인형으로 드래그하면 자동으로 적용됩니다.

다양한 체형의 인물을 연습하려면?

A. 3D 데생 인형의 체형을 변경하자

데생 인형의 체격과 신장을 변경해 보겠습니다. 앞으로도 일러스트를 계속 그리려면 다양한 체형과 등신의 캐릭터를 그릴 수 있어야 합니다. 하지만 익숙하지 않은 체형의 캐릭터를 그리려면 자료가 필요합니다. 데생 인형을 원하는 체형으로 변형할 수 있다면 손쉽게 다양한 자료를 확보할 수 있습니다.

체형 변경은 오브젝트 런처에서

[오브젝트] 도구를 선택하면 데생 인형의 아래쪽에 '오브젝트 런처'가 표시됩니다.

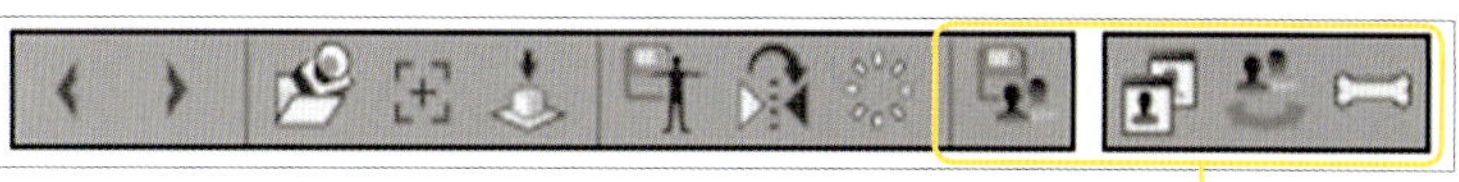

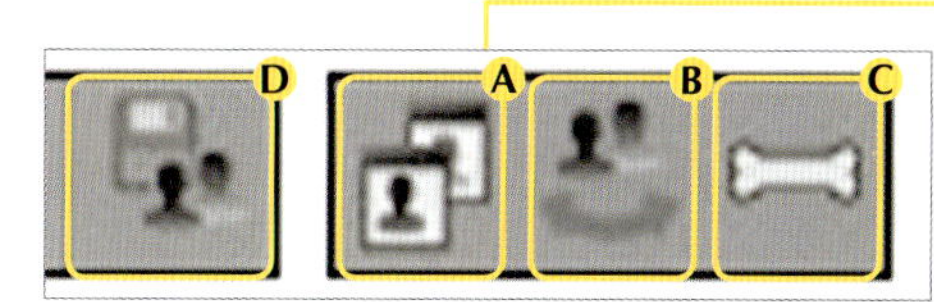

간이 조절

A를 클릭하면 그래프가 표시됩니다. 눈으로 보면서 체형 변경이 가능하고, 세로 방향의 슬라이더로 데생 인형의 등신을 변경할 수 있습니다.

상세 조절

B에서는 수치 입력으로 체형을 변경할 수 있습니다. 강조하고 싶은 부분의 수치를 높이면 세밀한 조절이 가능합니다.

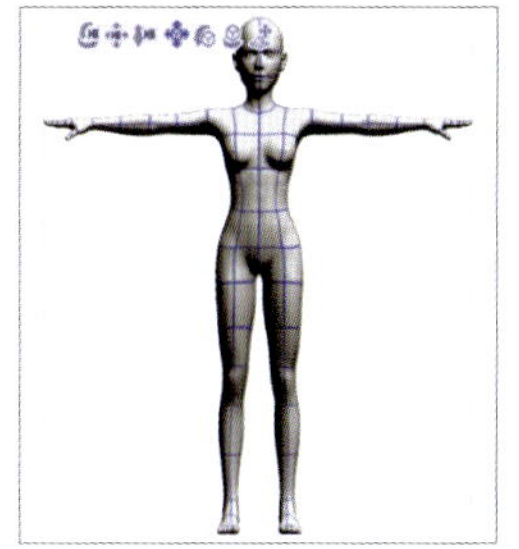 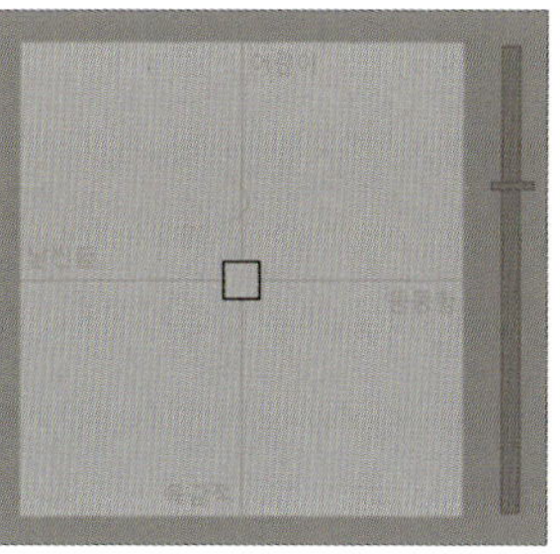

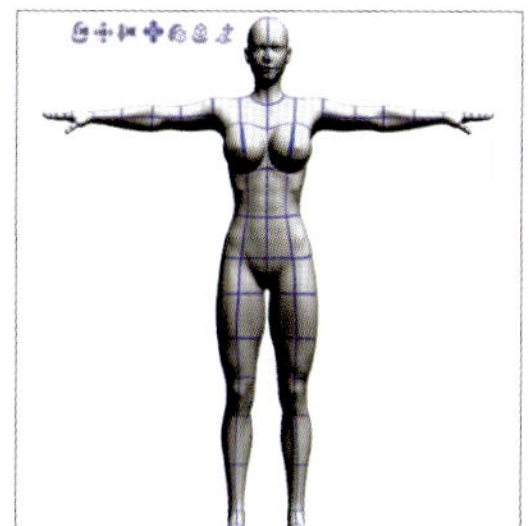 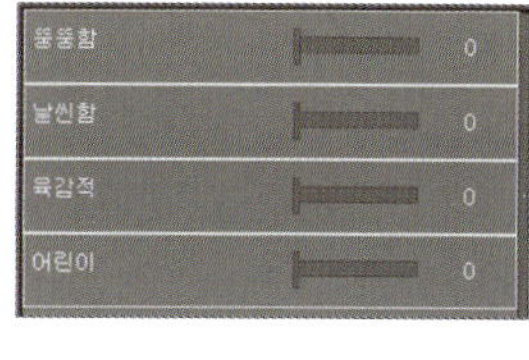

부위 조절

C를 사용하면 팔다리나 머리, 목 등 여러 부위의 길이와 크기를 조절할 수 있습니다. 미묘한 차이를 표현할 수 있습니다.

등록

D는 자신이 만든 오리지널 체형을 저장하고 언제든 필요할 때 불러올 수 있습니다. 소재의 저장 위치는 3D의 Body type으로 설정하면 쉽게 찾을 수 있어 편리합니다.

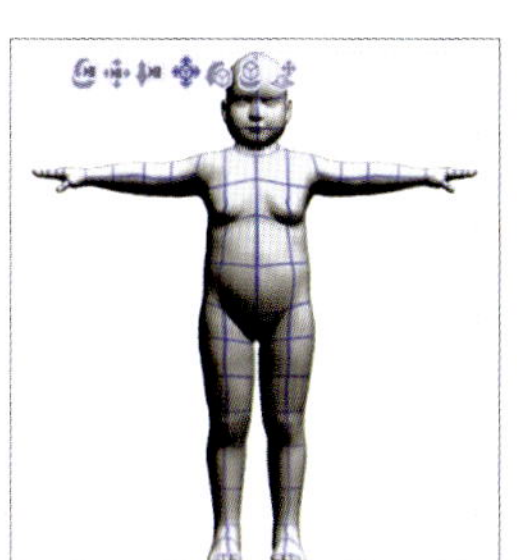 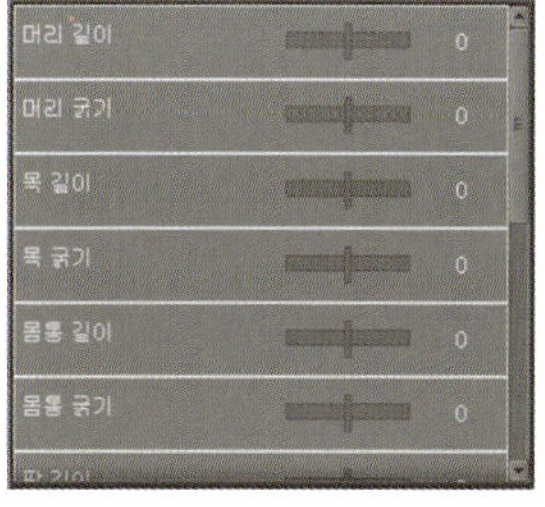

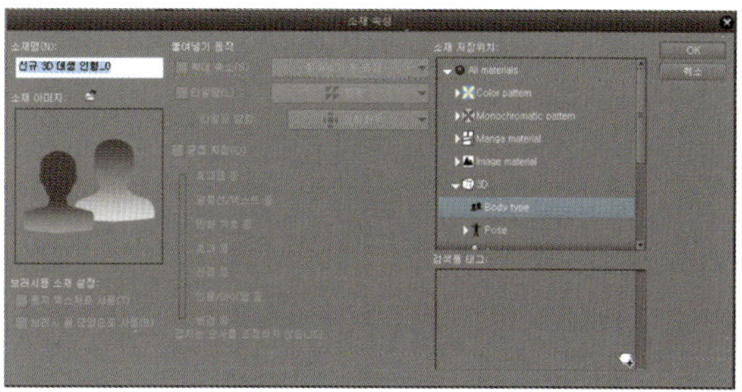

다양한 각도로 인물을 그리고 싶어

A. 카메라 앵글을 바꾼다

포즈나 체형뿐만 아니라 데생 인형의 카메라 앵글과 위치도 변경할 수 있습니다. 이번에는 앵글과 위치를 변경하는 기능을 살펴보겠습니다. 다양한 앵글을 만들어서 어려운 구도를 연습하거나 참신한 구도를 참고해 일러스트를 그릴 수도 있습니다.

STEP 1

3D 데생 인형 위의 '오브젝트 런처'에는 카메라 앵글의 프리셋이 있습니다. 그 중에서 대강 카메라 앵글을 선택합니다.

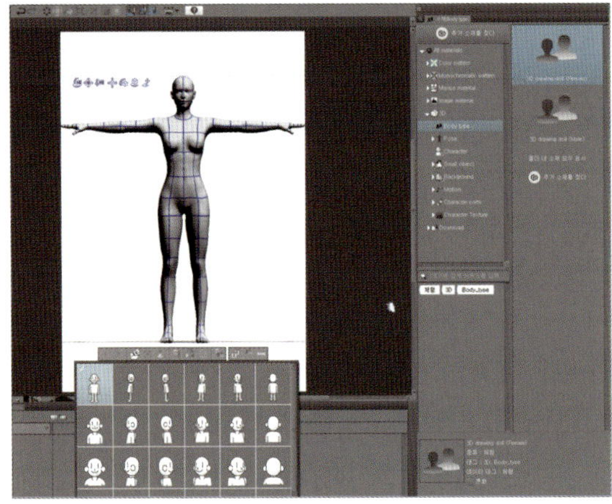

프리셋에 그려진 일러스트처럼 카메라 앵글이 자동으로 바뀝니다.

STEP 2

'이동 머니퓰레이터'에는 3종류의 카메라 마크가 있으며 필요에 따라 구별해서 사용합니다.

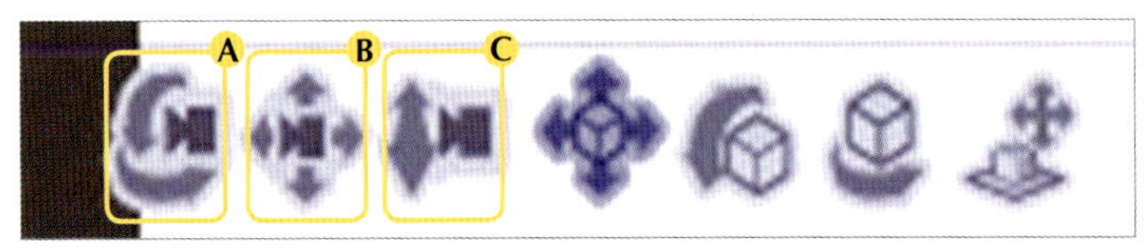

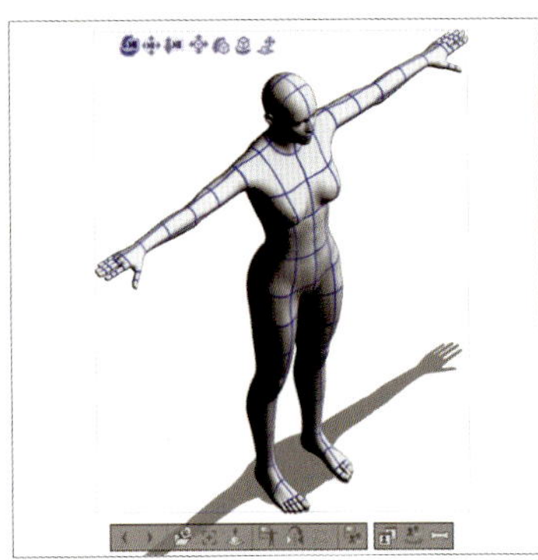

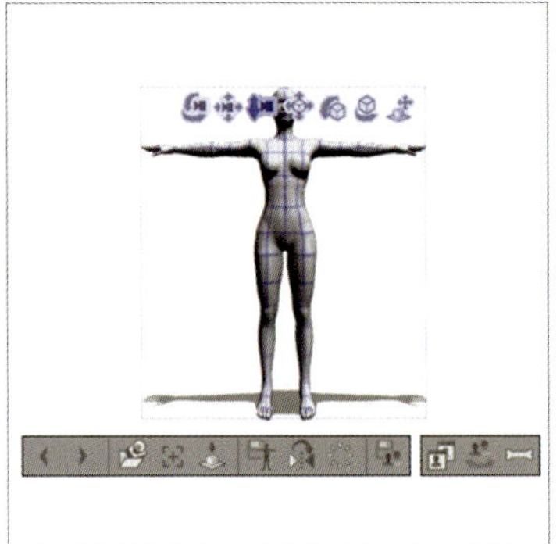

A를 선택하고 드래그하면 데생 인형이 상하 좌우로 회전합니다. 비스듬하게 보고 싶을 때 최적입니다.

B를 선택하고 드래그하면 카메라가 화면을 따라서 평행으로 움직입니다. 얼굴을 확대하고 싶을 때 사용합니다.

C에서는 깊이를 조절할 수 있습니다. 확대하거나 축소해서 주변의 공간을 표현할 수 있습니다.

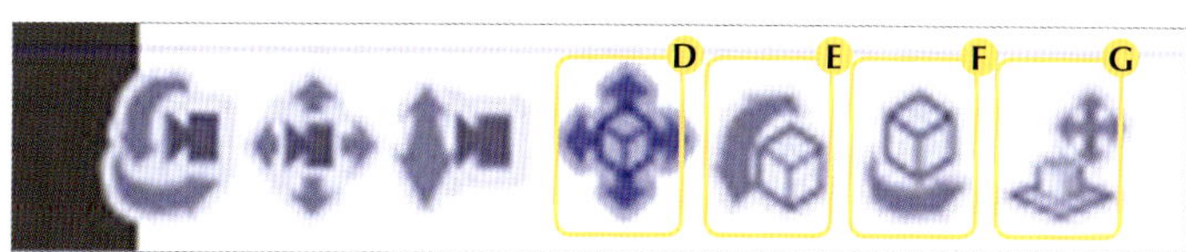

이번에는 '이동 머니퓰레이터'에 있는 기능을 활용해 배치한 인형의 위치와 방향을 조작하는 방법을 알아보겠습니다.

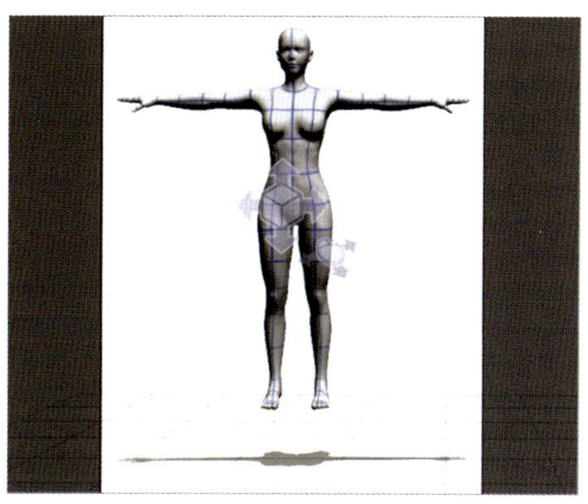

D를 사용하면 인형을 지면에서 상하 좌우로 움직일 수 있습니다. 공중에 띄우는 것도 가능합니다.

E는 인형을 세로 방향으로 회전시킬 수 있습니다. 등을 대고 누운 자세로 만들 수도 있습니다.

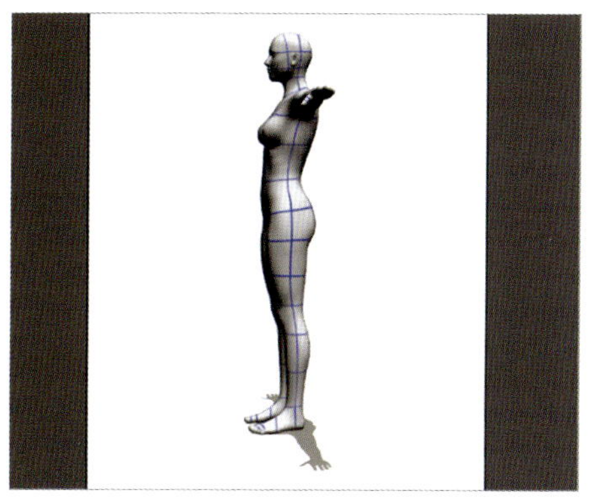

F로는 가로 방향으로 회전시킬 수 있습니다. 카메라 앵글을 바꾸지 않고 인형의 방향을 변경할 수 있습니다.

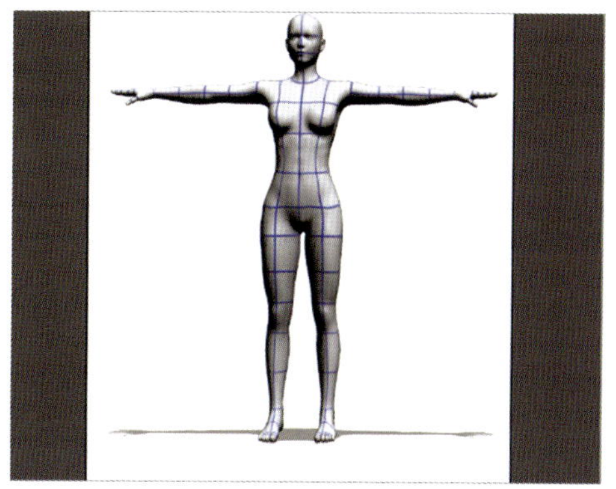

G는 인형이 지면에 닿은 상태에서 움직이게 할 수 있습니다. 원근감을 변경하는 것도 가능합니다.

POINT — 다른 3D 소재도 조작 방식은 동일

인형 이외의 3D 소재도 '이동 머니퓰레이터'를 이용하면 이동이나 회전 등의 조작이 가능합니다. 활용하면 다양한 장면을 연출할 수 있습니다.

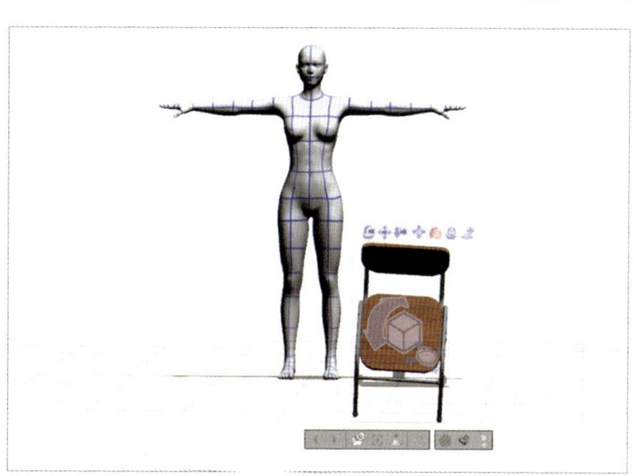

의자가 쓰러지는 순간 등도 재현할 수 있습니다.

문자를 입력하는 방법

A. 텍스트 도구를 사용하자

CLIP STUDIO PAINT에서는 [텍스트] 도구를 사용해 캔버스에 문자를 입력할 수 있습니다. 만화의 대사를 넣거나 배경의 간판 문자를 표현하는 등 문자를 입력해야 하는 순간이 많습니다. 가로쓰기, 세로쓰기, 문자의 색 등의 설정이 가능하므로 다양게 활용할 수 있습니다.

STEP 1

도구 창의 [텍스트]를 클릭하고, 도구 속성에서 '글꼴'과 '크기'를 설정합니다.

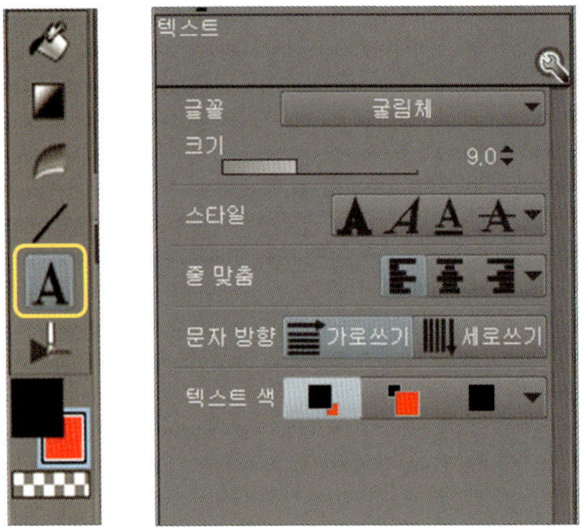

STEP 2

가로 방향으로 입력할 때는 문자의 방향이 가로인지 확인합니다. 임의의 장소를 클릭하고 문자를 입력합니다.

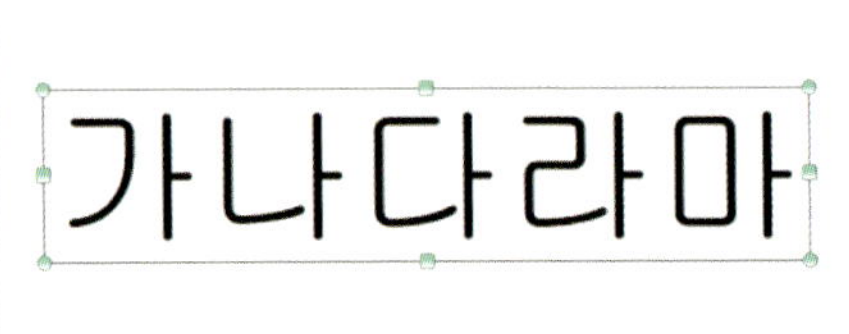

텍스트를 입력하면 자동으로 레이어 창에 텍스트 레이어가 추가됩니다.

STEP 3

세로 방향으로 입력하려면 도구 속성의 '문자 방향'을 세로쓰기로 변경합니다.

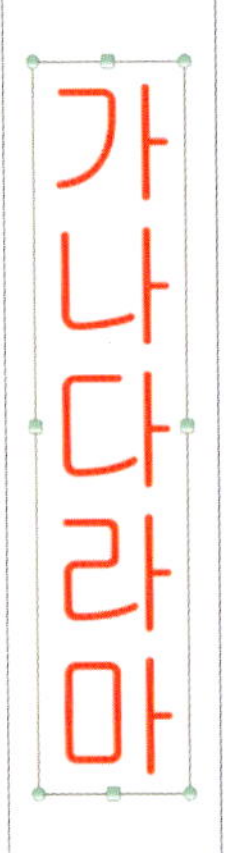

텍스트에 색을 넣을 때는 '텍스트 색'을 컬러 써클 등에서 선택합니다.

문자에 테두리를 넣고 싶어

A. 경계 효과를 사용하자

배경색과 문자의 색이 비슷해 읽기 어려울 때는 '경계 효과'를 사용해 테두리를 넣습니다. 단순히 문자를 강조할 때도 사용합니다. 또한 테두리 색은 자유롭게 선택할 수 있습니다. 문자의 색에 알맞게 선택해야 합니다.

STEP 1

테두리를 넣을 텍스트 레이어를 선택합니다.

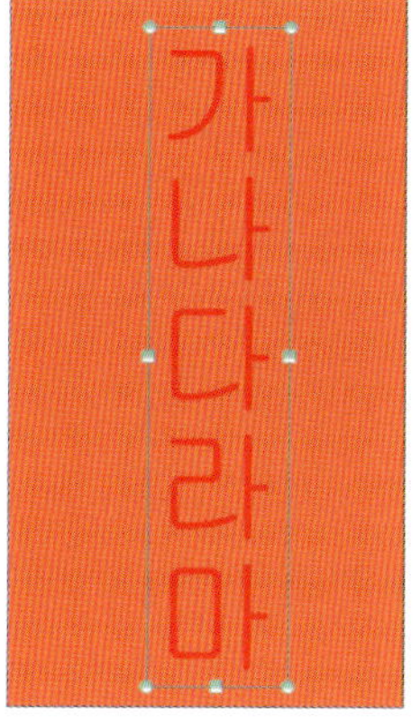

'가나다라마'라고 입력했지만 이대로는 읽기 어렵습니다.

STEP 2

레이어 속성의 A 아이콘을 클릭하면 경계 효과의 설정을 변경할 수 있는 창이 표시됩니다. B 의 슬라이더로 선폭을, C 에서 색을 선택해 테두리를 넣습니다.

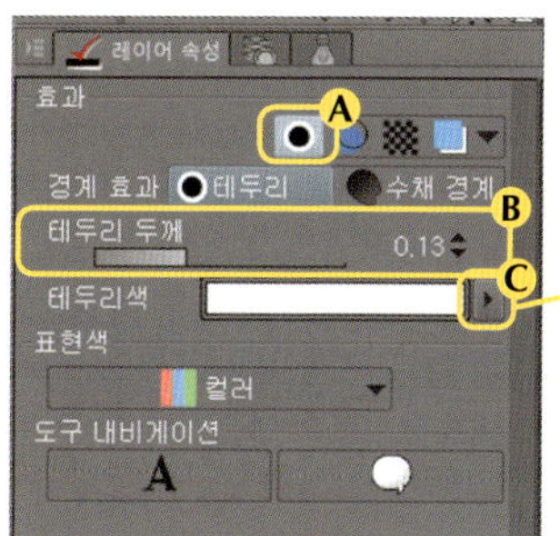

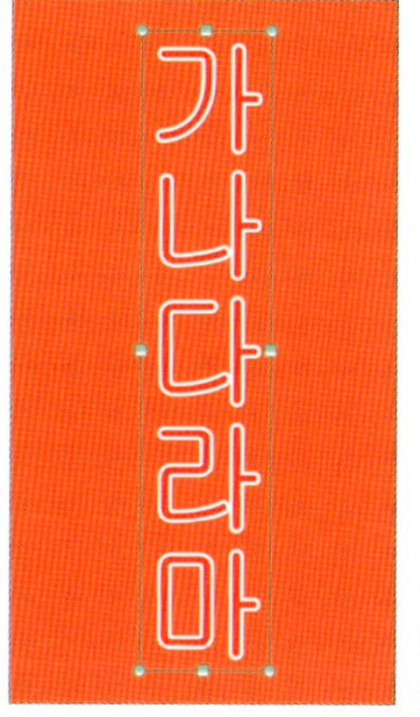

배경과 구분되는 색을 문자의 테두리로 설정했습니다.

입력한 문자를 가공하고 싶어

A. 래스터화 기능을 사용하자

텍스트로 입력한 문자의 형태를 변경하거나 로고처럼 복잡한 형태로 만들려면 레이어를 래스터화할 필요가 있습니다. 래스터화하면 문자의 수정은 불가능하지만, 그라데이션 등을 넣을 수 있습니다. 텍스트 레이어를 래스터화해서 래스터 레이어로 변경하는 순서를 알아두면 유용합니다.

STEP 1

도구 창에서 [텍스트]를 선택하고 문자를 입력합니다.

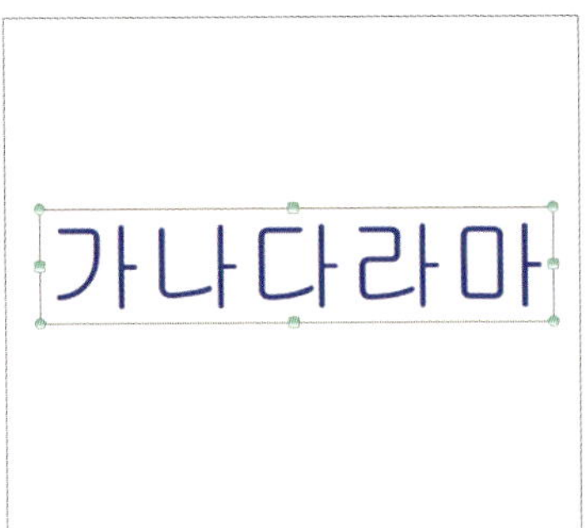

STEP 2

텍스트 레이어에 커서를 가져가서 마우스 오른쪽 버튼을 클릭하고, 표시되는 메뉴에서 래스터화를 선택합니다.

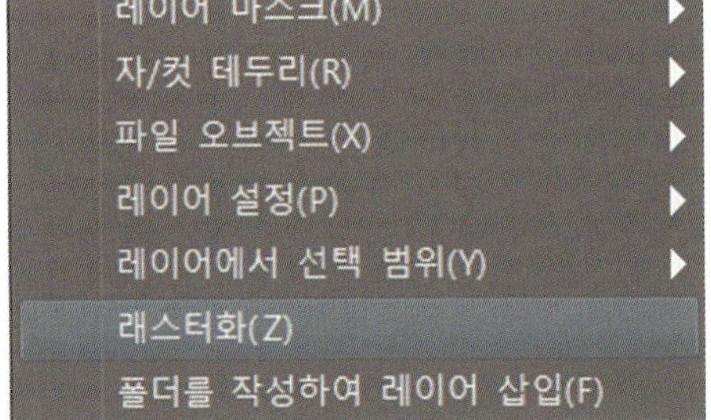

STEP 3

텍스트 레이어가 래스터 레이어로 변경되었습니다. 래스터화를 적용하면 문자를 변경할 수 없으니 주의해야 합니다.

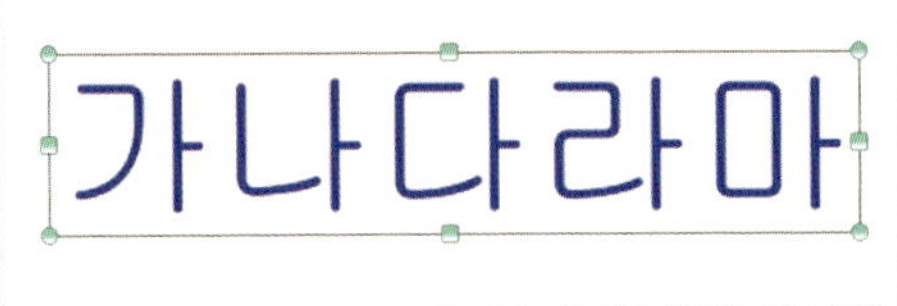

래스터화되면 더 이상 텍스트 레이어가 아닙니다.

문자를 옷의 주름 부분에 넣으려면?

A. 메쉬 변형으로 수정할 수 있다

옷에 문자를 넣는 방법을 소개합니다. 옷의 무늬에 문자를 넣을 때는 그냥 올려두기만 하면 위화감이 생깁니다. 옷 주름과 굴곡이 있기 때문에 문자도 형태를 수정해야 합니다. 그럴 때 메쉬 변형을 사용합니다. 메쉬 변형을 쓰면 문자뿐만 아니라 다양한 요소를 사실적으로 표현할 수 있습니다.

STEP 1

텍스트 도구를 사용해 옷에 넣을 문자를 입력합니다. 입력한 뒤에 문자 레이어를 래스터화합니다.

문자는 얼마든지 이동할 수 있으니 우선 눈에 잘 띄는 위치에 입력합니다.

STEP 2

문자를 선택한 상태로 메뉴바의 [편집]→ [변형]→ [메쉬 변형]을 선택하고 클릭하면 격자점이 표시됩니다. 이때 도구 속성에서 격자점을 최대 10개까지 늘릴 수 있습니다.

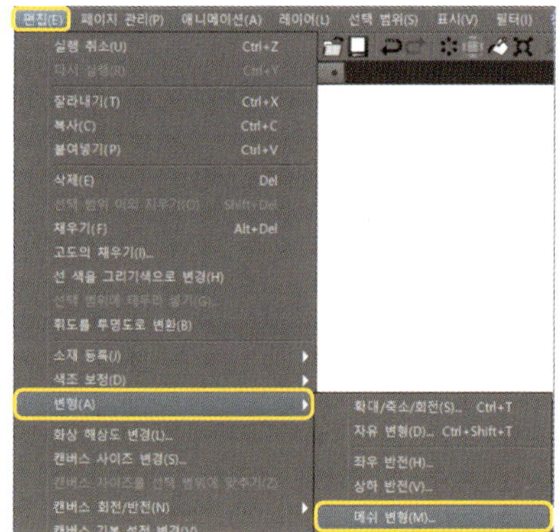

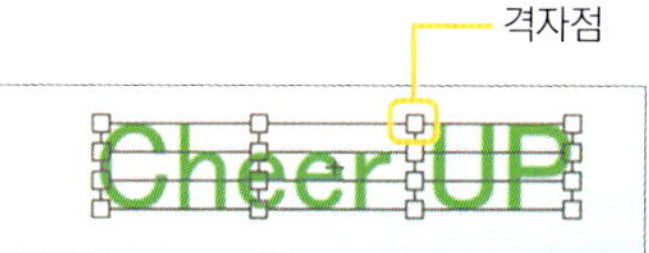

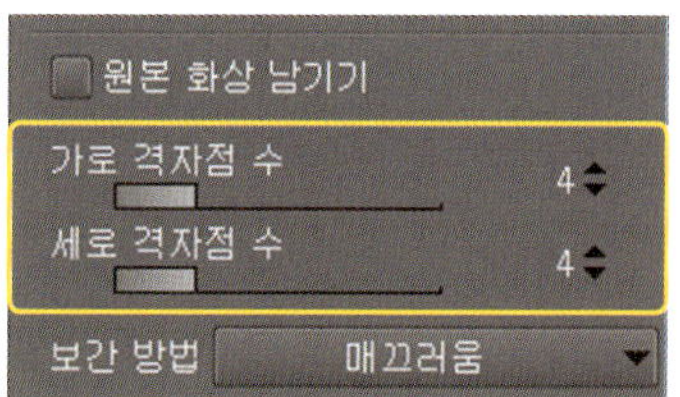

STEP 3

격자점을 드래그하면 문자를 원하는 형태로 변형할 수 있습니다.

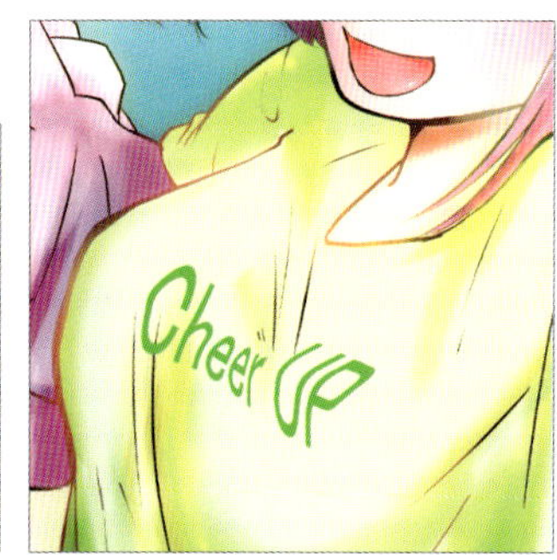

옷의 주름과 굴곡에 맞게 형태를 조절합니다.

완성한 그림을 여러 형식의 파일로 저장하는 법

A. 파일을 저장한다

CLIP STUDIO PAINT에서는 완성한 그림을 '.clip'이라는 확장자의 파일로 저장합니다. 이 데이터는 CLIP STUDIO PAINT 에서만 열 수 있습니다. 그러나 [내보내기] 기능을 사용하면 다른 소프트웨어에서도 열 수 있는 다양한 형식의 파일을 생성 가능합니다.

STEP 1

메뉴바의 [파일]→[화상을 통합하여 내보내기]를 선택하고 원하는 파일 형식을 클릭합니다.

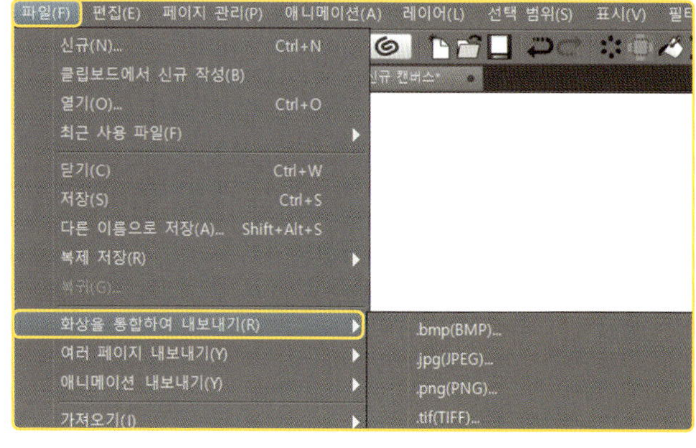

내보낼 때는 반드시 모든 레이어가 통합되므로 주의해야 합니다.

STEP 2

저장할 위치와 파일명을 입력하고 저장을 클릭합니다.

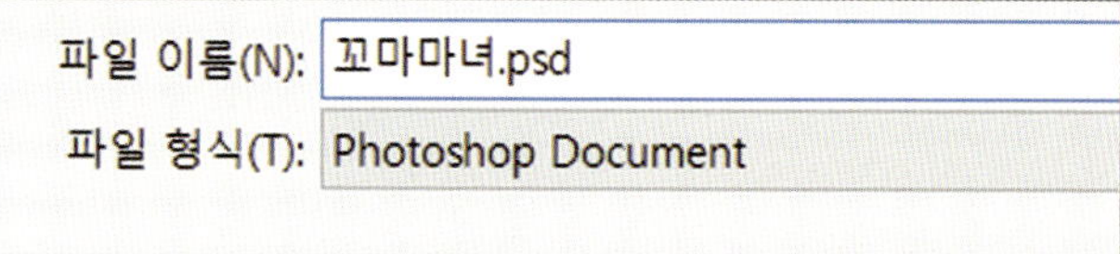

동일한 이름의 파일이 같은 위치에 있으면 덮어쓰게 되므로 주의해야 합니다.

STEP 3

내보내기 설정에서 필요한 항목을 변경하고, 'OK'를 선택합니다. 이때 '출력 시 렌더링 결과 미리 보기'에 체크하면 전체의 섬네일이 표시되어 미리 확인할 수 있습니다.

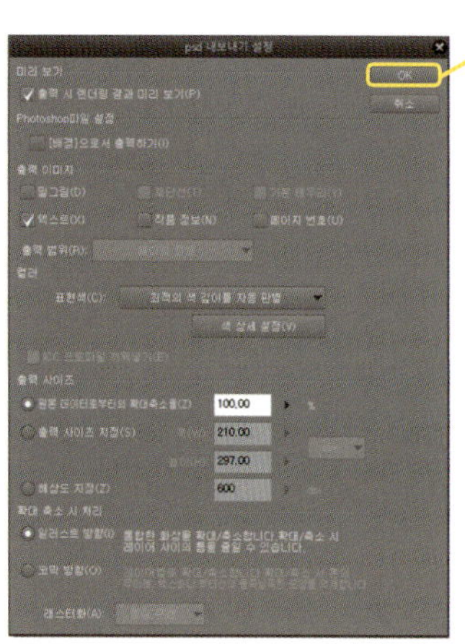

미리 보기를 보고 문제가 없으면 'OK' 클릭하고 내보내기를 완료합니다.

이미지의 표현을 변경해서 저장하고 싶어

A. 다양한 표현색으로 저장할 수 있다

파일 내보내기는 동인지 인쇄에 사용되는 CMYK 형식은 물론이고 그레이 스케일, 모노크롬 2계조 등 다양한 표현색을 설정할 수 있습니다. 원본 데이터('.clip' 데이터)를 변경하지 않고도 분위기가 다른 그림을 만들 수 있으니, 직접 다양하게 시도해 봅시다.

STEP 1

앞 페이지와 동일한 순서로 내보내기 설정을 진행합니다. psd 내보내기 설정 창의 컬러 항목에 있는 '표현색'을 클릭하고, 표시되는 메뉴에서 목적에 맞는 색감을 선택합니다. 이후의 과정은 Q105와 동일합니다.

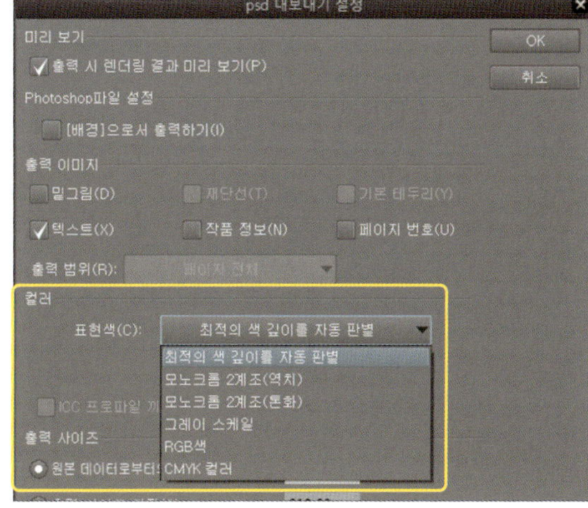

내보내기 설정의 '표현색' 항목을 클릭하면 표시되는 메뉴에서 선택합니다.

최적의 색 깊이를 자동으로 판별

레이어의 표현색을 기준으로 컬러의 색감이 자동으로 조절됩니다.

RGB 컬러

모니터 상의 표현색입니다.

CMYK 컬러

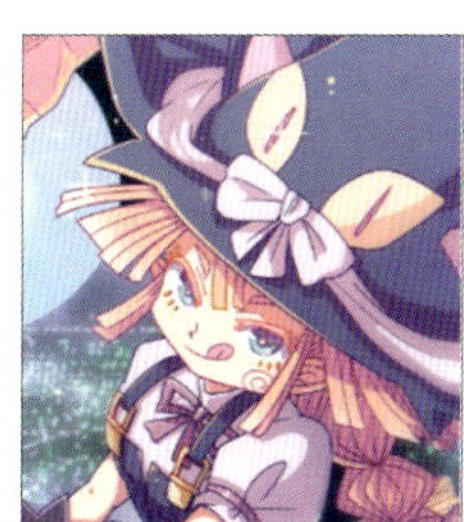

동인지 등을 인쇄할 때의 표현색입니다.

모노크롬 2계조

흰색과 검정색만으로 구성된 색입니다.

그레이 스케일

채도가 없는 회색으로 저장됩니다.

동인지 인쇄 시에 주의할 점

A. 컬러 프로파일과 원고의 크기에 주의해야 한다

그림 실력이 점점 좋아지면 동인지를 한번 만들어보고 싶은 마음이 생기기도 합니다. 이번에는 인쇄회사에 원고를 보낼 때 주의할 점을 알아보겠습니다. 대부분의 인쇄회사에서 컬러 원고는 CMYK 형식을 추천하므로, CMYK로 설정하고(자세한 내용은 143페이지) 저장해야 합니다. 그리고 여백의 유무도 확인해야 합니다.

컬러 프로파일

모니터로 표시되는 일러스트와 인쇄된 일러스트의 색감을 일치시키려면 CMYK 형식으로 미리 보기를 확인합니다. 메뉴바의 [표시]→[컬러 프로파일]→[미리 보기 설정]을 선택합니다. 설정 화면이 열리면 미리 보기 하는 프로파일 부분을 'CMYK : Japan Color 2001 Coated'로 설정합니다.

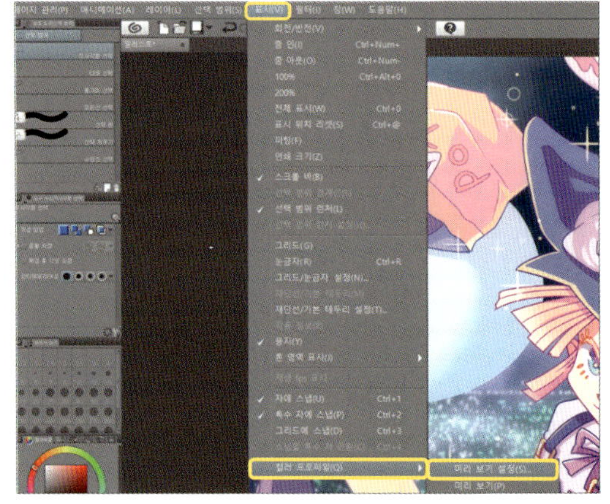

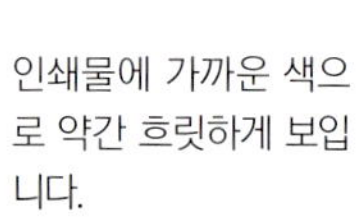

모니터에 표시되는 색은 색감이 선명합니다.

인쇄물에 가까운 색으로 약간 흐릿하게 보입니다.

완성 크기

인쇄회사에 원본을 보낼 때는 대개 '재단선'이라는 틀을 잡아야 합니다. 여백은 메뉴바의 [표시]→[재단선/기본 테두리 설정] 창에서 설정할 수 있습니다.

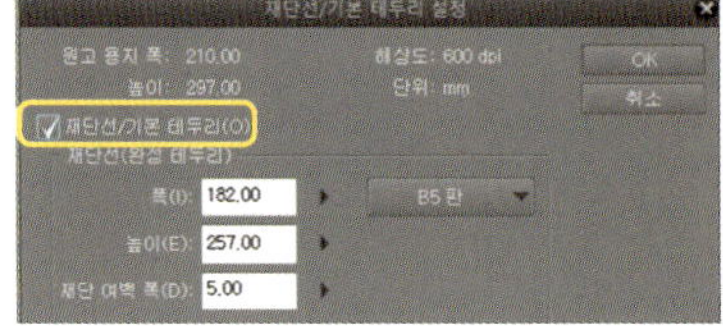

'재단선/기본 테두리'에 체크를 합니다.

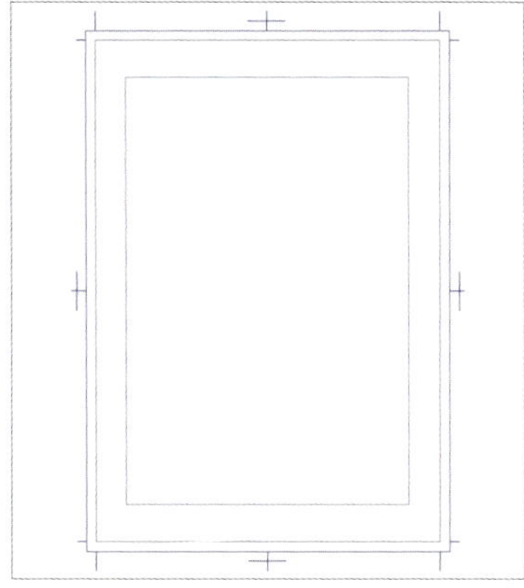

프로의 설정과 실전 테크닉!

현재 프로로 활동 중인 일러스트레이터들의
작업 환경과 도구 설정 등을 공개합니다.
작가들이 실제로 일러스트를 그리는 과정을 짚어가면서
주의할 점과 실전에서는 어떤 테크닉을 사용하는지
자세히 살펴보겠습니다.

키치로쿠

작업 화면 & 도구 설정

섹시한 미소녀를 그리는 것이 특기인 일러스트레이터 키치로쿠의 작업 환경을 소개합니다. 한 손으로 조작이 가능한 디바이스(CLIP STUDIO TABMATE)와 주로 쓰는 손을 고려한 도구 배치, 브러시 설정 등, 여러 가지 요건을 고려해 효율적인 작업 환경을 만들었습니다.

키치로쿠의 작업 화면 공개

1 저는 오른손잡이라서 창을 선택하기 쉽도록 대부분의 도구를 오른쪽에 배치합니다. 배치는 작업에 있어 중요한 부분입니다.

2 컬러 써클은 채색 시에 펜으로 선택을 많이 하므로 가장 가까운 위치에 배치했습니다. 컬러 써클 왼쪽 위의 밝은 부분은 약간만 움직여도 색의 변화가 커서, 피부 채색이나 연한 색을 섬세하게 선택해야 할 때는 컬러 써클 창을 크게 키워서 사용합니다.

3 이번 원고는 B5 크기지만, 캔버스는 A4 크기로 작성하고 검정색 테두리 부분도 넣었습니다. 상세한 설명은 잠시 뒤에 하겠습니다.

4 펜 크기는 캔버스 바로 옆에 세로로 한 줄이 되게 배치했습니다. 크기 조절은 대부분 CLIP STUDIO TABMATE로 처리하며, 실제로 이곳을 클릭해서 크기를 변경하지는 않습니다. 그런데 왜 배치했느냐 하면 펜선 작업에 사용하는 펜의 크기는 거의 고정이라서(B5, 해상도 600dpi 원고에서 8픽셀의 펜입니다), 쉽게 확인하려는 것이 주된 이유입니다. 브러시의 크기는 커서의 크기로 쉽게 확인할 수 있기 때문에 거의 쓰지 않습니다.

5 이후에 자세히 설명하겠지만, 이번처럼 인쇄물 작업은 컬러 프로파일을 CMYK 표시로 설정하고 채색합니다.

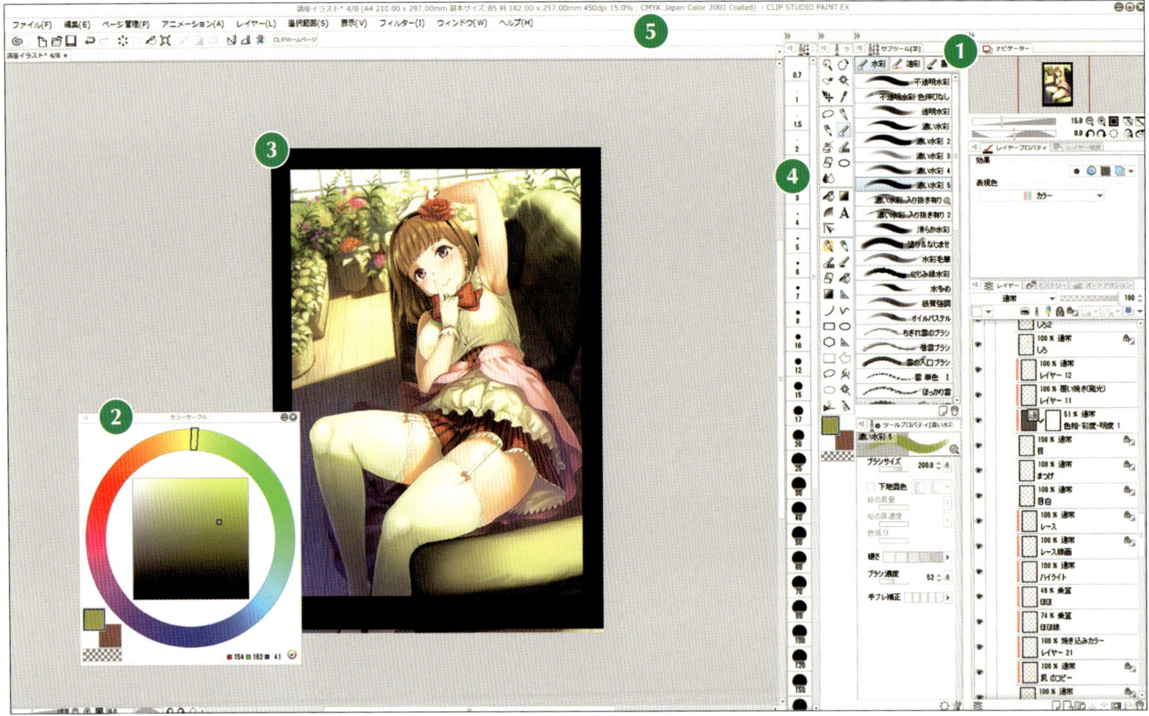

필수 기능! 레이어 선택 도구

이 기능을 사용하면 캔버스 상에서 선택한 레이어로 바로 이동할 수 있습니다. 저는 채색 시에 전체의 밸런스를 살피며 작업하는 타입이라서, 레이어 선택 도구가 꼭 필요합니다. 주로 사용하는 도구를 조작하기 쉽게 단축키로 등록하는 것이 좋습니다.

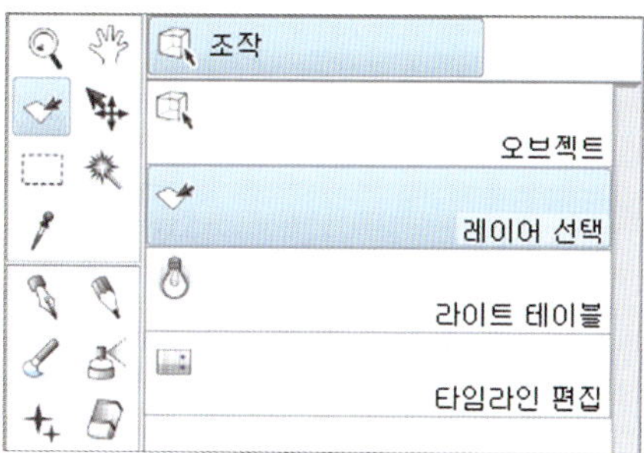

브러시 설정에 대해서

채색할 때는 설정을 조절한 [수채]와 [에어브러시]를 주로 사용합니다. 브러시의 이름은 적당히 진한 수채 1~5로 붙였습니다(1도 있지만 전혀 사용하지 않아서 생략하겠습니다). 기본적으로 메인 수채 브러시는 '밑바탕 혼색'을 설정하면 색이 섞여 쓰기 어려우므로 OFF로 해놓았지만, [진한 수채 2]만 ON인 상태입니다. 이 브러시는 부드럽게 아웃라인의 강약을 조절하면서 채색해야 할 때 사용합니다. 에어브러시는 초기설정인 [부드러움]의 경도를 최저로 낮추고 사용했습니다.

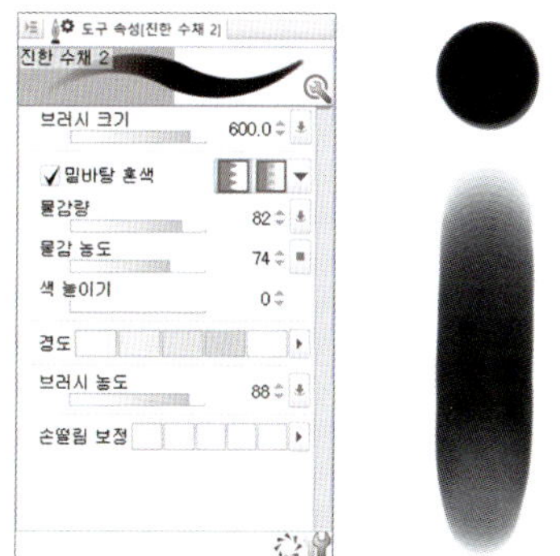

진한 수채 2: 강약을 조절하는 채색에 사용.

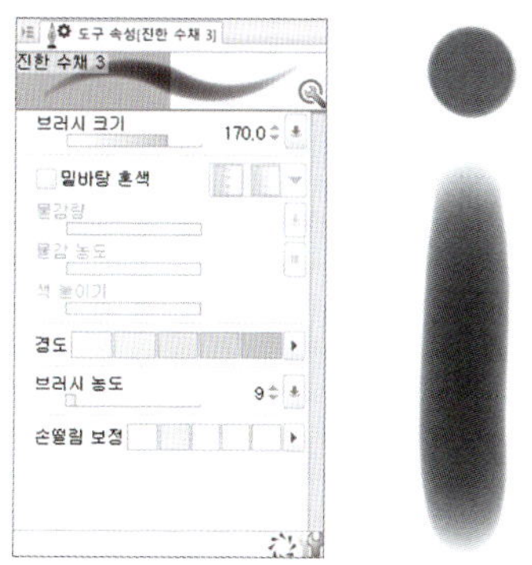

진한 수채 3: 농도 9의 기본 브러시.

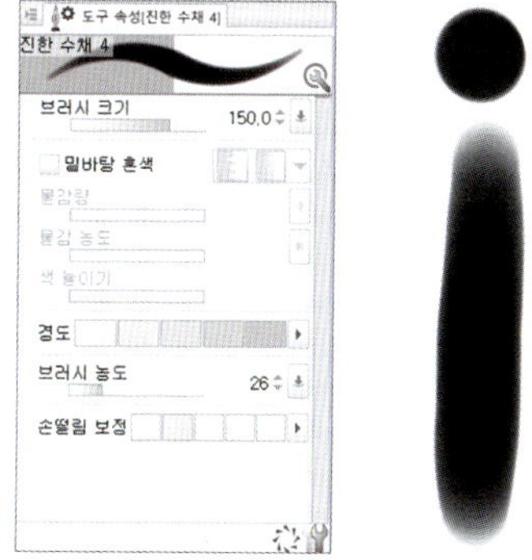

진한 수채 4: 농도 26의 기본 브러시.

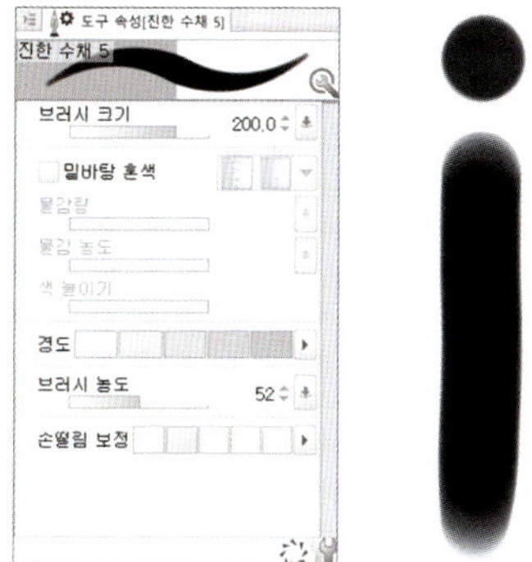

진한 수채 5: 농도 52의 기본 브러시.

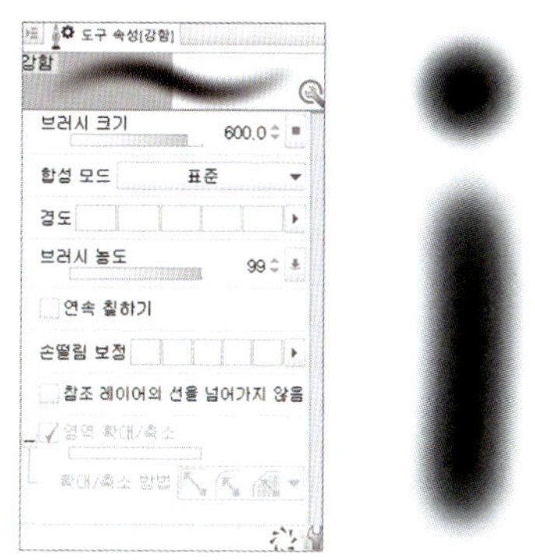

에어브러시: 흐리기 등의 세밀한 정리에 사용.

 **POINT** ● **보조 장비로 작업 효율을 높인다**

저는 작업의 효율을 높이려고 CLIP STUDIO TABMATE라는 한 손으로 조작 가능한 보조 장비에 단축키를 할당해 두었습니다. 예를 들어 디바이스의 십자키 좌우는 브러시의 크기, 상하는 캔버스의 크기 변경으로 지정했습니다. 앞서 설명한 브러시 설정도 할당해두면 쾌적하게 채색 작업을 진행할 수 있습니다.

실수 방지 & 추천 테크닉

이번에는 백업과 색을 선택하는 방법 등 평소 일러스트 제작 시에 주의해야 하는 포인트를 소개합니다.

PART 1 인쇄용 데이터를 만들려면?

CMYK 표시로 작업한다

일러스트를 인터넷에 공개할 때는 문제가 없지만, 인쇄를 하려면 여러 가지 사항을 고려해야 합니다. 인터넷의 색은 R(빨강), G(초록), B(파랑) 3가지로 구성되어 있습니다. 이 RGB의 수치를 조합해 다양한 색을 표현합니다. 하지만 인쇄물은 보통 C(시안), M(마젠타), Y(옐로), K(블랙) 4가지 색으로 구성됩니다. CMYK는 RGB에 비해 표현색의 수가 적어서 PC 화면으로는 깔끔하게 보이던 색도 실제로 인쇄하면 흐릿해집니다. 특히 파랑은 색이 크게 달라집니다. CLIP STUDIO PAINT에는 이런 차이를 방지할 수 있도록 RGB를 CMYK와 유사하게 표시하는 기능이 있습니다. 저는 인쇄용 일러스트는 인쇄했을 때 색 오차가 발생하지 않게 CMYK 표시로 설정해놓고 작업합니다.

컬러 프로파일 미리 보기 설정 창(표시→컬러 프로파일→미리 보기 설정)에서 미리 보기하는 프로파일을 CMYK : Japan Color 2001 Coated로 설정해놓습니다.

PART 2 저장과 관련된 습관

저장의 습관화

언제든 바로 저장할 수 있도록 가장 조작이 편한 키를 단축키로 할당했습니다. 디지털 일러스트는 PC의 갑작스러운 오류로 무슨 일이 발생할지 모릅니다. 방심하다가는 데이터가 순식간에 사라지므로 습관적인 저장이 무척 중요합니다.

데이터 백업

PC의 오류나 데이터를 실수로 지워버리는 사고에 대처하려면, 중요한 데이터는 외장형 HDD에 정기적으로 백업하는 편이 좋습니다. 또한, 자기 전에 반드시 백업을 합니다. 참고로 저는 무료 소프트웨어를 활용해 자동으로 백업을 합니다.

PART 3 완성 단계에서 이미지 조정하는 방법

최종 트리밍으로 완성도 UP

러프와 완성된 일러스트를 비교했더니 처음 생각했던 이미지와 맞지 않는 일은 흔합니다. 캐릭터가 중심인 일러스트를 그릴 때 러프 단계에서 그만 캐릭터에만 너무 집중한 나머지, 배경을 포함한 균형이 어색할 때가 있습니다. 그래서 저는 항상 완성 원고보다도 큰 캔버스를 작성합니다. 이번에는 B5가 완성 크기지만, A4 크기로 작성하고 여백 없이 일러스트를 그렸습니다. 그리고 최종 조절 단계에서 B5 크기로 트리밍을 하면서 캐릭터의 위치를 결정합니다.

틀이 되는 부분까지 그려야 해서 작업이 대단히 번거로워지지만, 완성도는 그만큼 높아집니다.

PART 4

흰색을 사용하는 방법에 주의하자

처음부터 하얗게 칠하지 않는다

현실 세계의 색 중에서 컬러 써클의 가장 왼쪽 모서리(R0 G0 B0)인 흰색은 흔하지 않습니다. 따라서 저는 흰색 부분을 칠할 때는 처음부터 완전한 흰색(R0 G0 B0)을 사용하지 않습니다. 이번 그림에도 셔츠의 설정은 흰색이지만, 역시 완전한 흰색은 쓰지 않았습니다. 그러면 어떤 때 완전한 흰색을 사용하면 될까요? 저는 빛이 강하게 닿는 부분에 주로 사용합니다. 즉, 흰색 물체니까 하얗게 칠한다는 식의 기계적 판단을 하지 않는 것이 중요합니다. 대상을 확실하게 관찰하고 파악하면 그림 실력이 향상될 것이라고 생각합니다.

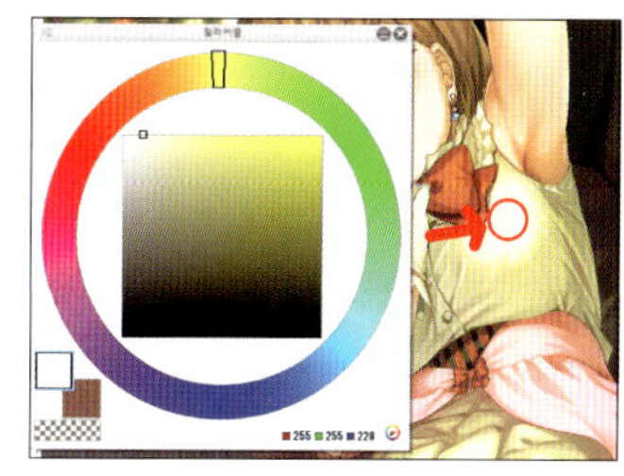

옷에서 이렇게 밝게 보이는 부분도 실제로는 완전한 흰색이 아닙니다.

레이어 효과를 더하기와 닷지로 설정하고 에어브러시로 다듬은 결과, 빨간색 원처럼 완전히 하얀 부분이 나타납니다.

PART 5

캐릭터의 매력을 돋보이게 하는 방법

캐릭터를 돋보이게 하려면 배경도 중요하다

이번처럼 캐릭터가 메인인 일러스트는 얼굴이 가장 중요합니다. 물론 얼굴 자체를 귀엽게 혹은 멋있게 그리면, 그것만으로도 매력적인 그림이 되겠지만, 배경도 연구를 하면 얼굴을 더 인상적으로 표현할 수 있습니다. 이번 일러스트를 예로 설명하자면, 얼굴의 왼쪽 공간을 완전히 비워서 정보량을 최소화했습니다. 어디까지나 예일 뿐이지만, 구도를 구상할 때는 이런 부분도 의식하면서 그리면 매력적인 그림이 됩니다.

이런 빈 공간이 얼굴 가까이에 있으면 자연히 얼굴이 인상에 잘 남습니다.

PART 6

채색에 실패했을 때의 대처 방법

복제 레이어를 준비한다

저는 기본적으로 레이어로 각 부분을 나눠서 채색하는 스타일이므로 실패했을 때 이전의 상태로 되돌리는 데는 제한이 있습니다. 그래서 실패하기 쉬운 부분을 그릴 때는 미리 해당 레이어를 복제하고 작업을 합니다. 이러면 만약 수정이 실패해도 간단히 이전 상태로 되돌릴 수 있습니다.

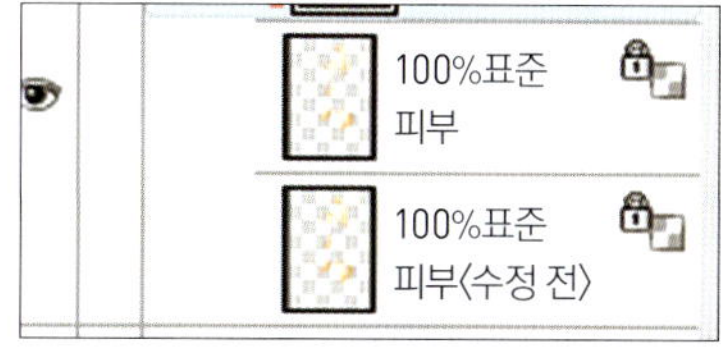

스커트 아래의 그림자를 수정하기 전에 대비책으로 피부 레이어를 복제한 뒤 그렸습니다.

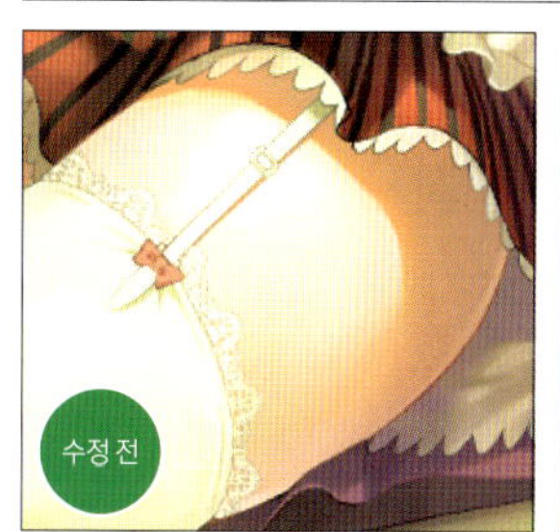

제작의 요령&노하우

이번에는 실제 작업에서 포인트가 되는 부분을 알아보겠습니다. 저의 특기인 미소녀 캐릭터의 묘사에 대해서 자세히 설명합니다.

PART 1 러프

이미지 스케치

일단 데생에 신경 쓰지 말고 어떤 그림을 그리고 싶은지 생각하면서 화면을 채워나갑니다. 상세한 부분은 나중에 얼마든지 채울 수 있으니, 무엇을 그리고 싶은지, 어디를 강조하고 싶은지를 러프 단계에서 정리합니다. 이번에는 소녀의 은은하고 매끄러운 피부, 주변을 둘러싼 노란색 빛, 식물과 꽃이 가득한 방이라는 어렴풋한 이미지에서 그리기 시작합니다.

한 장의 레이어에 흐릿한 노란색 밑바탕을 깔고, 이미지가 더 명확해지도록 색을 넣습니다. 빛이 테마이므로 광원의 위치를 결정합니다. 소파의 안쪽에서 쏟아져 들어오는 빛을 넣으면 그림의 방향성 또는 윤곽이 조금씩 드러납니다. 맨 처음에는 이상한 나라의 앨리스 같은 이미지로 하늘색 의상을 생각했지만, 배경의 노란색과 같은 계열이라서 핑크로 변경했습니다. 이제 주변의 색과 잘 어우러지는 형태로 러프를 완성했습니다.

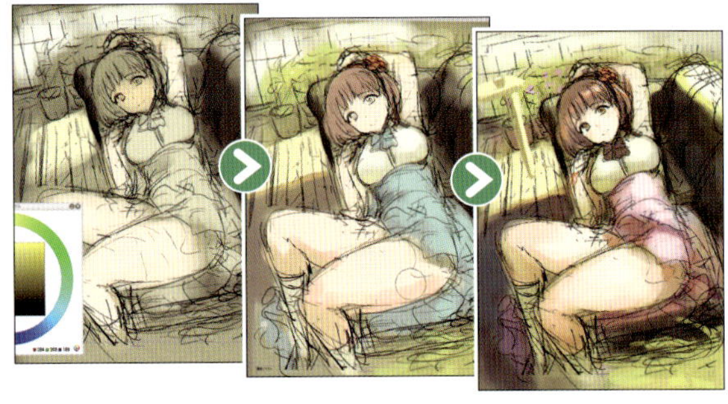

어렴풋한 이미지에서 시작해, 단계를 밟아가면서 조금씩 그림을 구체화합니다. 최종적으로는 마룻바닥과 소파에 짙게 그늘이 지는 부분을 만들고 빛을 강조했습니다.

캐릭터 디자인을 다듬는다

캐릭터의 좀 더 세부적인 부분까지 다시 디자인합니다. 같은 계열의 색으로 통일하면 디자인을 쉽게 정리할 수 있습니다. 포인트가 될 색을 넣어주면 단조로워 보이지 않아서 좋습니다. 이번에는 귀걸이의 색을 파란색 계열로 칠했습니다.

스트라이프나 도트, 체크 등의 무늬를 넣으면 단숨에 옷의 화려함과 밀도를 높일 수 있어 편리합니다.

옷을 입지 않은 상태로 그린다

먼저 맨몸인 상태의 캐릭터를 그린 다음에 옷을 그리는 식으로 진행합니다. 번거로울 수 있지만, 이렇게 하는 편이 인체를 자연스럽게 그릴 수 있습니다(이번 캐릭터는 가슴의 셔츠가 밀착되는 디자인이므로 처음부터 셔츠를 입은 상태로 그렸습니다). 허리를 살짝 비틀어주면 섹시함이 강해집니다. 공간에 사물이 배치되어 있는 것을 의식하면서 그렸습니다. 마치 카메라맨이 된 듯한 감각으로 화면을 바라보면 그리기 쉽습니다.

이번 일러스트는 화면 앞쪽에 사다리를 두고 그 위에서 비스듬하게 소녀를 내려다보는 듯한 이미지입니다. 팔과 다리, 몸통은 원기둥을 의식하면서 때로는 보조선도 넣어, 공간 인식이 틀리지 않았는지 계속 확인하면서 밑그림을 그렸습니다.

러프를 다듬는다

여기서 다시 장면의 설정을 다듬었는데, '우연히 들어간 방에서 낮잠을 즐기는 소녀와 만나고, 소녀가 비밀이라고 말하는 상황'으로 수정했습니다. 드디어 그리고 싶은 그림의 윤곽이 명확해졌습니다. 본래라면 시작 단계에서 정해야 하지만, 떠오른 이미지를 다양하게 시험해보고 조금이라도 더 나은 것을 선택하는 방식이 더 좋다고 생각합니다.

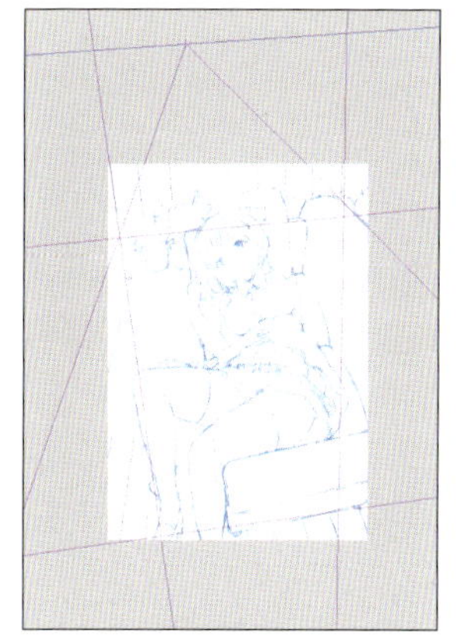

러프 선화에 알맞게 [퍼스자]를 배치하고 배경의 선을 다시 그립니다.

손가락을 입가로 가져간 연출로 밀회의 장면을 표현했습니다.

PART 2 선화

역할을 생각하고 선을 긋는다

컬러 일러스트의 선화는 가는 G펜으로 그립니다. 컬러 일러스트는 채색으로 입체감을 표현할 수 있어서 선화는 너무 도드라지지 않는 편이 좋다고 생각합니다. 나중에 채색할 때 방해가 되는 선화는 지울 예정이므로 옷의 주름은 기준이 될 정도로만 그립니다.

회전 도구를 사용해 그리기 편한 방향으로 캔버스를 움직여가면서 선화를 그렸습니다.

PART 3 레이어 구분

한눈에 구분하기 쉽게 색을 채운다

채우기 도구를 사용해 레이어를 구분합니다. 각각의 채색 영역을 조금만 벗어나도 이후의 작업에 영향을 미칠 수 있으니 주의하면서 구분하기 쉽게 색을 채웁니다. 채우기 영역의 확대/축소를 +1픽셀로 설정하면 색을 채운 부분에 생기는 선화의 간격이 나타나지 않습니다.

그리고 채색을 진행할 때 언제든 원하는 레이어를 쉽게 찾을 수 있도록 이름을 붙입니다. 마무리 단계의 조절 레이어에는 이름을 붙이지 않지만, 각 부분은 반드시 이름을 붙입니다. 구분 작업이 끝나면 모든 레이어에 '투명 픽셀 잠금'을 적용합니다. 이제 색을 채운 부분 이외에는 색이 들어가지 않습니다.

레이어를 명확한 색으로 채우는 것도, 이름을 붙이는 것도, 모두 작업을 원활하게 진행하기 위한 방법입니다.

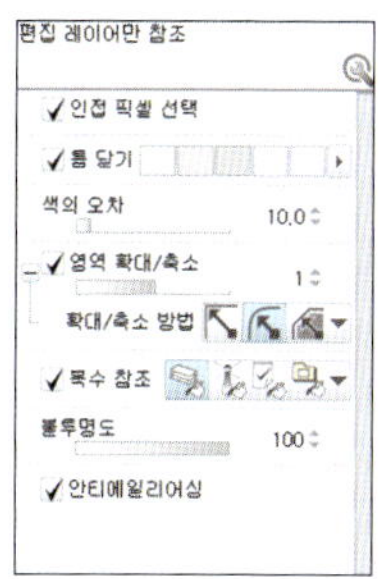

채우기 작업은 번거롭지만 중요한 과정입니다.

투명 픽셀 잠금을 적용하면 이미 색을 칠한 부분 이외에는 색이 들어가지 않아 편리합니다.

채색하기 전의 조절

레이어에 그린 부분을 선택 범위로 지정한 뒤 이미지 스케치 레이어를 복사(여기서는 '임시 채색' 레이어)하고, 바로 위에 붙여 넣은 다음에 아래 레이어와 결합합니다. 이 작업을 반복해서 각 레이어에 임시 채색 레이어의 색을 반영합니다. 임시 채색 단계의 대강 칠한 채색이면 작업하기 어려우므로, 임시 채색의 느낌과 색감을 남기면서 밑바탕+대략적인 그림자 정도로 정리합니다.

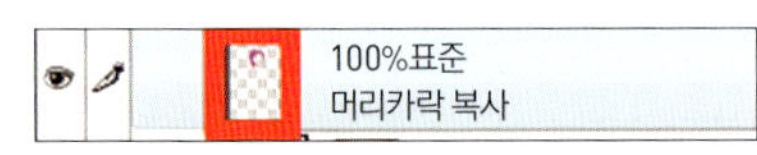

Ctrl을 누른 채로 빨간색 테두리의 섬네일을 클릭하면, 해당 레이어에 그린 부분이 선택 범위로 지정됩니다.

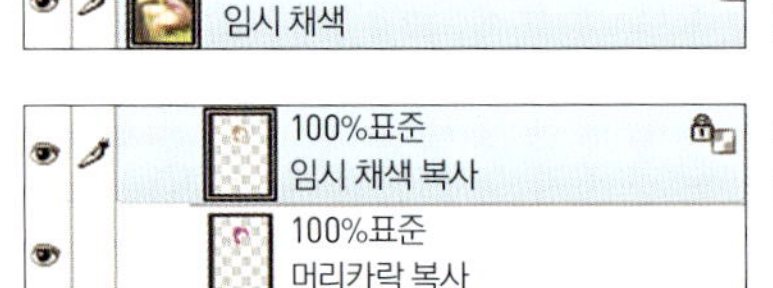

'임시 채색' 레이어를 선택하고 복사합니다.

복사한 레이어를 바로 위에 붙여 넣고 결합합니다.

전체를 살피면서 채색

처음에는 [진한 수채 5] 브러시로 대강 채색하면서 전체의 방향성을 정했습니다. 전체를 균등하게 진행하는 것이 포인트입니다. 임시 채색으로 이미지를 더 명확하게 잡아갑니다. 주름 등의 디테일은 나중으로 미뤄둡니다. 이만큼 칠하면 기본적인 채색의 방향은 정해지므로 각 부분의 채색에 들어갑니다. 그렇지만 전체를 살피는 것을 잊지 말고, 한 부분만 집중적으로 작업하지 않도록 주의해야 합니다.

채색 시에는 강약을 조절할 부분(아웃라인을 남겨두는 부분), 에어브러시로 부드럽게 다듬는 부분의 밸런스에 주의해야 합니다. 에어브러시를 너무 많이 쓰면 인상이 흐릿해집니다.

윤기 있는 피부를 표현한다

다양한 자료를 참고해 캐릭터의 피부를 상상해 보세요. 부드러울 것 같다거나 매끄럽게 윤이 나는데 땀이라도 흘린 걸까, 직접 보면 어떨까와 같은 기분을 그림에 담으면 자연히 아름답게 그릴 수 있을 거라고 생각합니다. 하지만 역시 이런 설명만으로는 이해하기 어려우니 실제로 허벅지를 그리는 과정을 살펴보겠습니다.

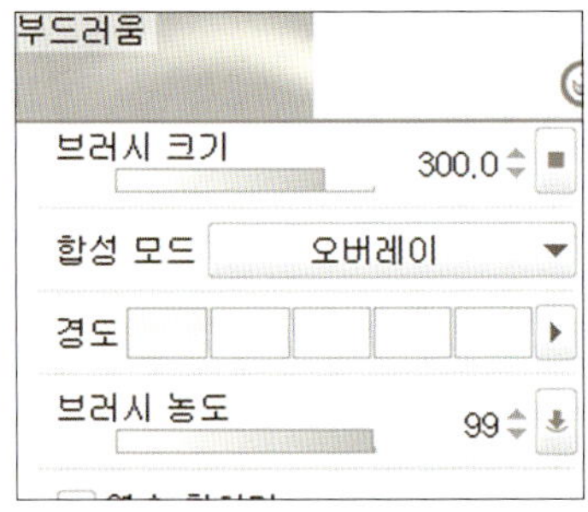

제가 피부 채색 시에 주로 사용하는 것은 '오버레이'입니다. 채도가 낮은 부분을 높이거나 밝게 하는 데 최적입니다.

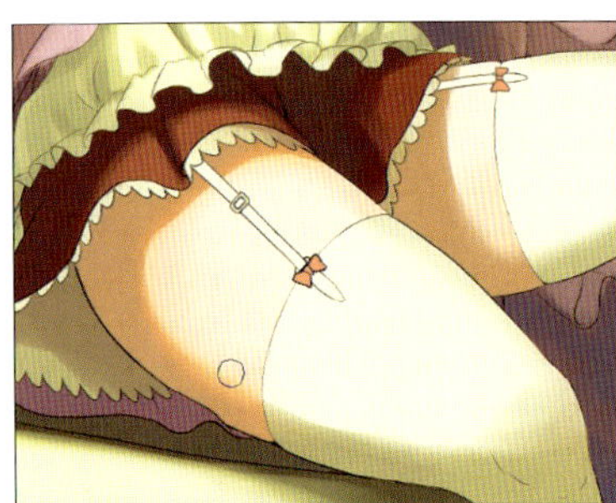
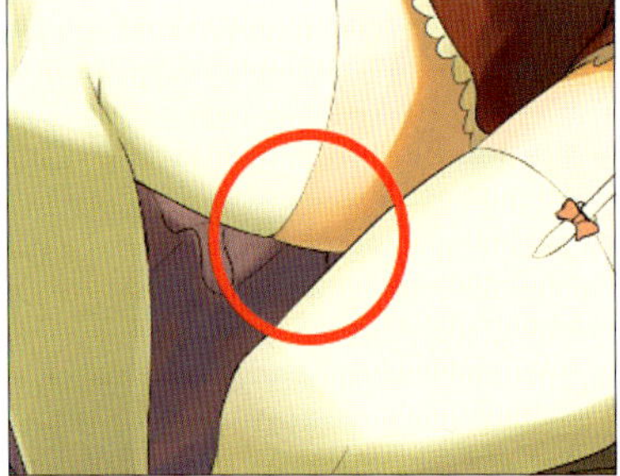
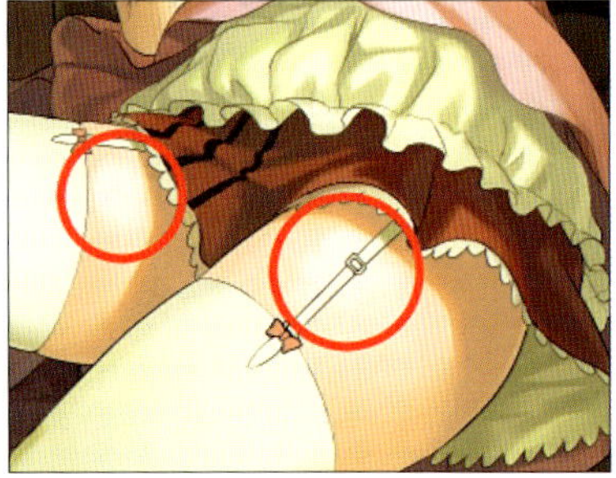

[진한 수채 5]로 그림자를 그립니다. 빛이 강하게 닿는 부분은 기본색과 그림자의 경계가 밝습니다. 이 표현을 오버레이 모드로 설정한 에어브러시로 그렸습니다. 그 뒤에 허벅지의 면을 따라서 에어브러시와 [진한 수채 3]으로 다듬습니다. 이 작업으로 피부의 부드러움이 한층 도드라집니다.

그늘이 진 부분으로 물체의 윤곽을 표현하면 강약이 있는 입체감을 표현할 수 있습니다. 빨간색 원을 보시면 스커트와 허벅지 그림자에 차이가 있다는 것을 알 수 있습니다. 허벅지도 원통형이므로 반사광을 넣어서 둥근 형태를 표현합니다. 매끄럽고 아름다운 피부라면 빛의 반사도 확연히 나타날 것입니다. 그래서 [수채] 브러시로 아웃라인이 지워지지 않도록 주의하면서 그렸습니다.

역시 매끄러운 피부를 표현하는 데 빼놓을 수 없는 효과는 하이라이트입니다. 하이라이트라고 해서 단순히 흰색(R0 G0 B0)을 사용하지 않는 것이 포인트입니다. 이후에도 더하기(발광)를 적용하고 에어브러시로 묘사를 더하겠지만, 그때도 원래 상태에서 한층 더 색이 쌓인 것을 표현하면 깊이가 생깁니다.

머리카락 채색을 준비한다

머리카락은 캐릭터에서 표정 다음으로 중요한 부분입니다. 따라서 본격적으로 채색에 들어가기 전에 대강 형태를 그려서 이미지를 잡습니다. 그런 뒤 머리카락의 특징을 다시 잘 생각해봅니다. '굉장히 가늘고 반질반질한 것이 많이 모여 있는 부분'. 좀 이상한 표현이지만, 이런 '가는 선이 밀집된 부분'이 상당히 까다롭기 때문에 작가에 따라서 다양한 표현이 가능합니다. 머리카락 채색은 힘들지만 작가의 개성이 드러나는 재미있는 작업입니다.

형태의 이미지를 파악했다면, 하이라이트는 다른 레이어에 그려야 하므로 일단 원래대로 되돌려놓습니다.

먼저 머리카락 레이어 한 장에 하이라이트와 그림자의 형태를 그립니다.

하이라이트를 넣는다

머리카락의 그림자는 기본적으로 형태를 잡은 것을 사용하고, 전체의 밸런스를 살피면서 그때그때 추가했습니다. 하이라이트는 새로운 레이어를 작성하고 [진한 수채 5]로 그립니다. 그 뒤에 색을 투명으로 선택하고 브러시로 깎아내듯이 형태를 다듬습니다.
머리카락의 하이라이트는 두상의 형태에 따라 머리카락이 흘러내린 것을 의식하며 그리면, 사실적이고 자연스러운 입체감이 살아납니다. 하이라이트 레이어에 투명 픽셀 잠금을 적용하고, 녹색과 노란색 등 주변 색의 영향을 받는 색으로 잘 어우러지게 다듬습니다. 그러면 하이라이트 표현에 깊이가 생깁니다.

하이라이트 레이어를 만들고 머리카락 레이어에 클리핑을 적용해서 그렸습니다.

색을 투명으로 설정하고 [진한 수채 5]로 깎아내듯이 형태를 다듬습니다.

왼쪽 이미지의 화살표처럼 두상의 형태에 알맞게 하이라이트를 넣으면 입체감이 생깁니다. 그런 다음에 오른쪽 그림처럼 주변 환경을 반영한 색으로 칠합니다.

하이라이트 강화

여기까지 진행하면 어느 정도 머리카락에 윤기가 더해졌지만, 추가로 세밀한 부분까지 하이라이트를 넣었습니다. 주변 환경의 색을 반영한 빛이 더 필요해서 식물의 녹색 반사광을 넣었습니다. 이 작업에는 시작점과 끝점을 ON으로 설정한 [G펜]을 사용합니다. 머리카락의 작은 광택을 그리는 데 최적입니다. 지금까지의 하이라이트는 머리카락의 다발을 표현한 것이지만, 거기에 머리카락을 한 가닥씩 그리는 느낌으로 세밀한 표현을 더하면 완성도를 한층 높일 수 있습니다.

레이어를 만들고 식물의 녹색을 반영한 빛 반사를 [G펜]의 날카로운 터치로 그립니다.

추가로 작은 광택을 넣고, 마지막에 캐릭터 레이어의 가장 위에 [G펜]으로 흐트러진 머리카락을 그리면 완성입니다.

가슴을 그린다

허벅지와 머리카락 다음으로 가슴을 그렸습니다. 가슴은 여성스러움을 어필하는 부분이므로 매력적으로 그리는 것이 중요합니다. 둥그스름한 가슴을 감싸고 있는 옷의 질감부터, 주름의 형태로 표현하는 육감적인 움직임 등 다양한 요소가 있지만, 역시 중요한 것은 이런 요소들을 나타내는 빛과 그림자입니다. 사물의 차이를 생각하면서 질감 차이가 조금이라도 표현되도록 그렸습니다.

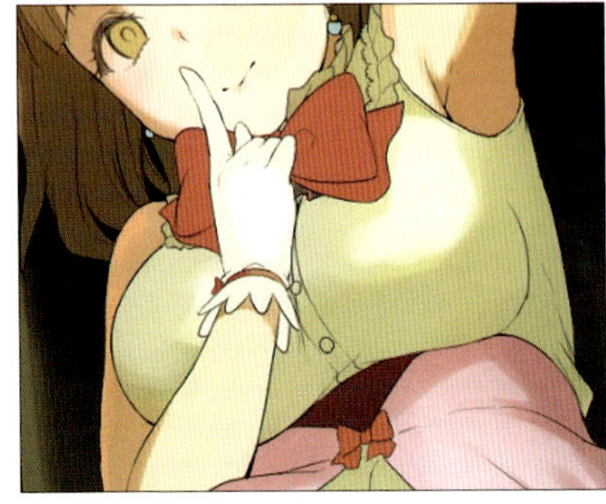

빛이 닿는 부분을 강조하는 느낌으로 대강 그림자를 넣고, 셔츠는 광택이 있는 얇은 소재라는 것을 생각하면서 그립니다.

가슴의 주름을 표현한다

가슴의 형태를 그리려면 주름을 어떻게 표현할지가 중요합니다. 오른쪽 그림의 빨간 선으로 감싼 부분은 자연스러운 느낌으로 기복과 주름을 그려야 하므로, 처음에 그린 선화를 지우고 대신 옷의 주름을 묘사했습니다. 이번 일러스트의 가슴 표현은 당겨진 주름을 어떻게 그릴지가 중요한데, 주름으로 탄력이 있는 느낌을 제대로 묘사하면 가슴의 형태도 자연스럽게 전달되고 노골적이지 않은 섹시함을 표현할 수 있습니다.

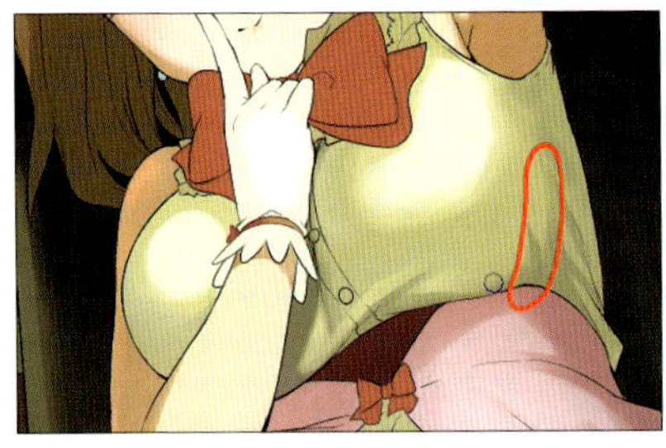

선을 지운 뒤에 대강 그림자를 그렸습니다. 옷의 질감을 의식하면서 빛의 반사 등을 반영합니다.

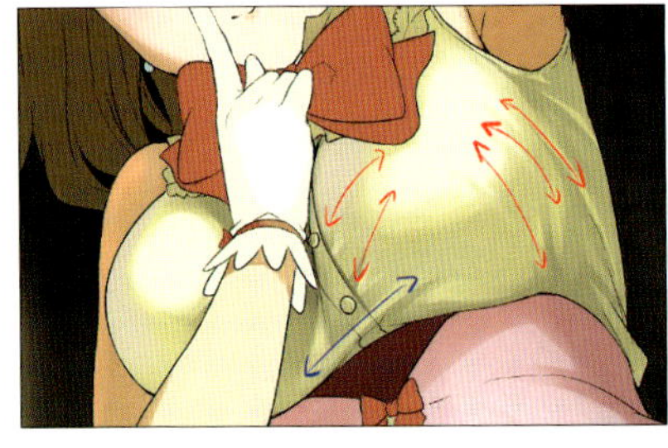

주름이 어떤 식으로 생기는지 생각하면서 가슴의 형태를 따라 주름을 넣습니다. 빨간색 화살표는 가슴이 나온 부분, 파란색 화살표는 옷의 처짐 등으로 발생한 선입니다.

주름을 좀 더 상세하게 묘사한다

주름을 넣었지만 이대로는 여전히 정보량이 부족하므로, 어두운색으로 주름의 디테일을 더 구체적으로 묘사합니다. 다만 너무 선명하게 그리면 질긴 옷감처럼 보이게 되므로 얇고 부드러운 질감이 느껴지게 묘사했습니다.

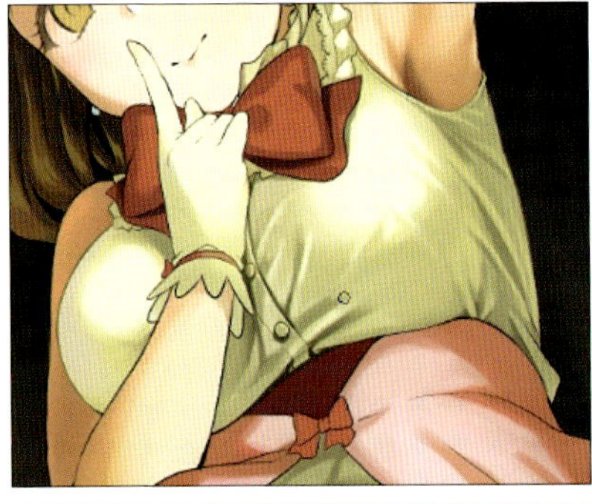

어두운색을 사용하면 선명하고 깊은 주름이 되어 입체감이 살아납니다.

스커트 색에 영향받은 빛의 반사인 분홍색을 주름이 진한 부분에 희미하게 올립니다. 한 가지 색감에 얽매이지 않으면 깊이 있는 표현이 가능합니다.

POINT ● 주름을 그리지 않으면…

주름의 중요성을 알아보기 위해서 주름을 그리지 않으면 어떻게 되는지 시험해 보았습니다. 셔츠라기보다는 몸에 딱 붙는 레오타드 같은 느낌이 되었습니다. 가슴의

형태가 부자연스럽게 도드라지며, 직접적인 섹시함은 표현할 수 있을지 모르지만 셔츠의 질감도 느껴지지 않고 어색해 보입니다.

완성 레이어를 생성한다

전체 채색이 끝나면 마지막으로 효과를 넣어 마무리합니다. 여기서는 캐릭터 레이어 위에 다양한 레이어를 겹쳐보았습니다. 합성 모드를 '더하기' 혹은 '오버레이' 등으로 설정하고 에어브러시로 빛을 묘사하거나 전체의 밸런스를 보면서 덧그리는 식으로 다양한 효과를 적용하면 완성도가 높아집니다.

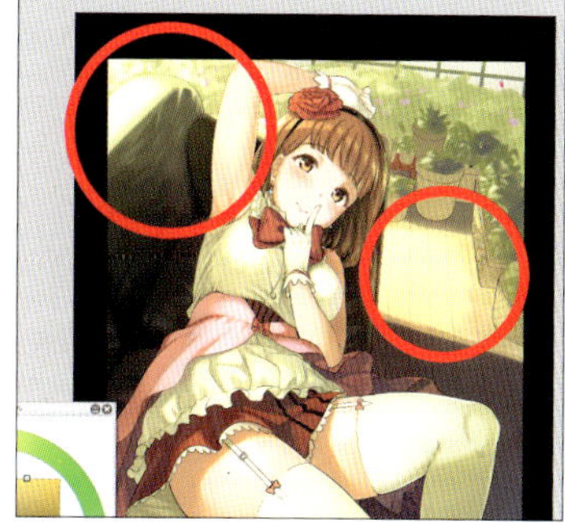

원으로 감싼 부분이 뿌옇게 빛나는 것처럼 보이시나요? 더하기 레이어는 눈 부신 빛을 그리는 데 가장 적합합니다.

마무리 레이어를 손본다

마무리 작업용 레이어가 많을수록 그림이 화려해지지만, 전체적으로 보면 조화롭지 않을 수도 있어서 좀 더 수정했습니다. 예를 들면 소녀의 왼쪽 다리를 배경색과 잘 어우러지게 다듬었습니다. 그리고 캐릭터 레이어 위에 표준 모드 레이어를 만들고 에어브러시로 흐릿하게 분홍색을 올립니다. 오른쪽 그림처럼 적용 전후의 차이를 비교해보면 바로 알 수 있지만, 이렇게 전체의 색을 다듬으면 자연스러운 인상과 사실적인 표현이 가능합니다. '더하기' 또는 '오버레이'가 빛을 연출하는 데 반해, 표준 모드의 레이어는 사실감을 표현하는 데 적합합니다.

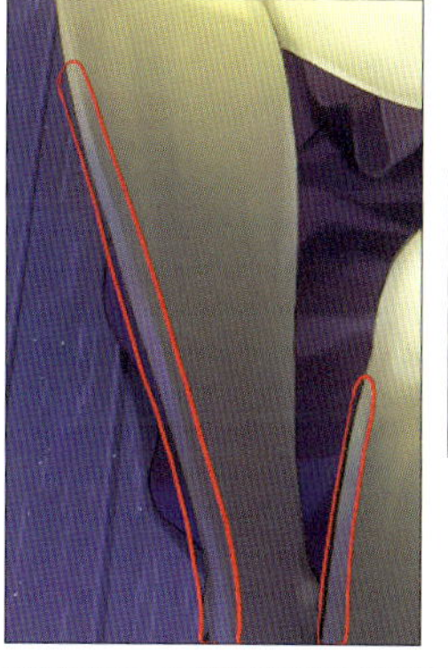

배경의 보라색과 잘 어우러지도록 반사광을 보라색으로 넣습니다. 그러면 조화를 유지하면서도 배경에 파묻히지 않는 인상이 됩니다.

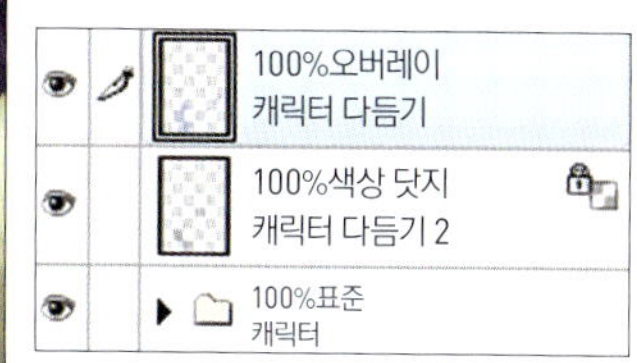

'색상 닷지'로 색감을 어둡지 않으면서 진하게 만든 다음, '오버레이'로 푸르스름한 빛을 더했습니다.

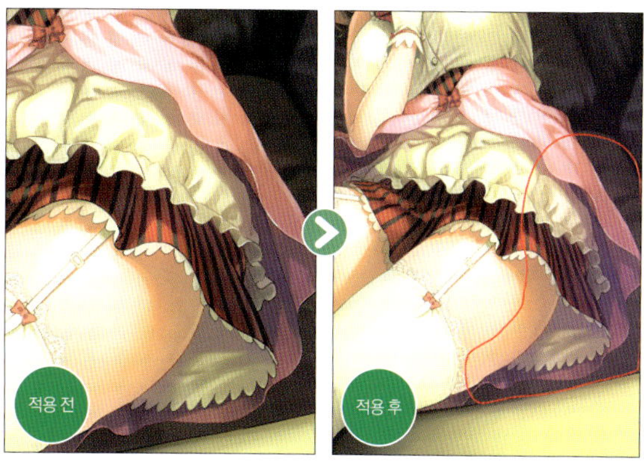

최종 정리

이제 거의 완성이지만, 완성도를 더 높이기 위해서 최종 작업을 합니다. 그다지 어려운 작업은 아니며 그림을 잠시 방치할 뿐입니다. 시간이 흐른 뒤에 다시 그림을 보면 미처 몰랐던 부분을 발견할 때도 있습니다. 점검하는 시간을 가진 뒤, 작업을 시작했을 때 준비했던 트리밍 틀로 마지막 정리를 합니다.

마지막으로 트리밍 위치를 확인합니다. 정말 캐릭터가 여기에 있어도 되는지 여러 번 시행착오를 거쳐서 완성합니다.

나가레보시

작업화면&도구 설정

두 번째 작가는 섬세한 음영을 활용한 배경 묘사로 설득력 있는 장면을 만드는 일러스트레이터 나가레보시. 도구에 단축키를 할당해 조작 과정을 좀 더 단순화하거나, 서브 뷰를 활용해 작업 효율을 높였습니다.

나가레보시의 작업화면 공개

1 작업화면입니다. 디스플레이 중심에 캔버스를 배치해서 도구, 레이어/뷰 창을 좌우로 구분했습니다. 시행착오를 거치면서 불필요한 것은 비표시로 설정하거나 위치를 조정했습니다.

2 주요 도구에는 단축키를 할당했으므로 펜으로 클릭해서 도구를 선택하는 일은 거의 없습니다. 색도 러프 단계에서 미리 지정하고 나중에 추가되는 색도 가까운 위치에 배치해 두면, 관련 도구를 최소화하고 캔버스를 조금이라도 넓게 쓸 수 있습니다.

3 레이어/뷰 창도 최대한 크기를 줄입니다. 레이어와 폴더 수가 증가하면 구별하기 어렵기 때문에 'char'(캐릭터), 'bg'(배경) 같은 식으로 대강 이름을 붙입니다.

4 서브 뷰 화면. 러프에서 색을 추출하거나 자료를 보조 디스플레이보다 가까이 보고 싶을 때 사용합니다. 화면 점유율이 커서 기본적으로 비표시해둡니다.

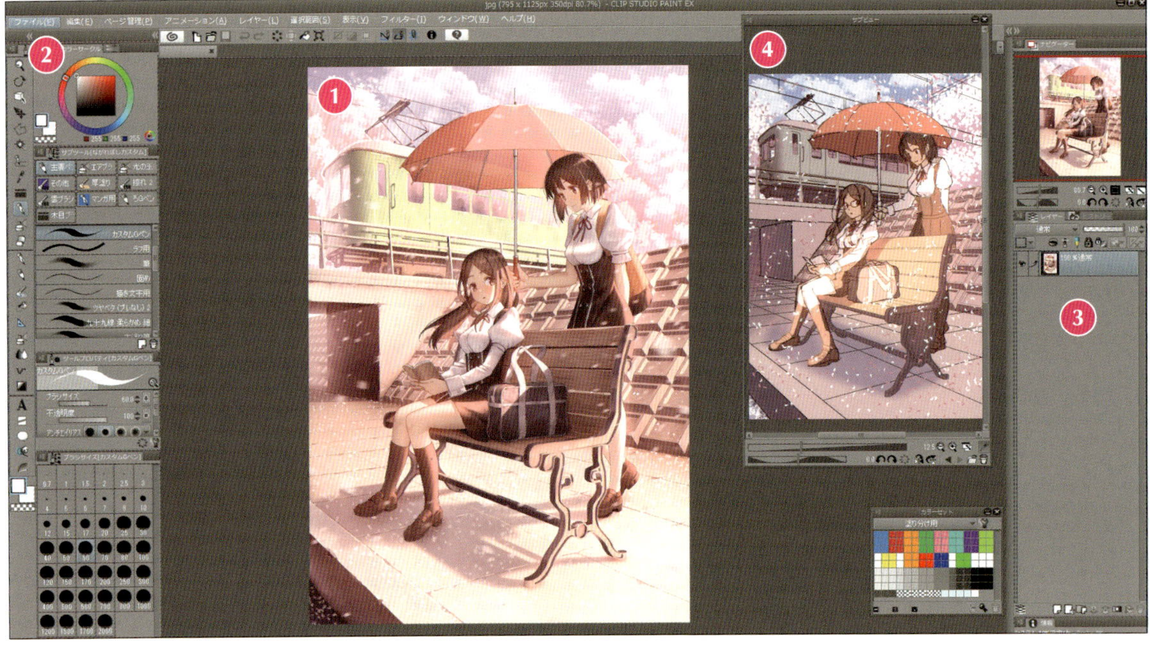

브러시 설정에 대해서

도구 중에서도 브러시 설정은 사람에 따라서 차이가 생기는 주요한 포인트입니다. 저는 3종류의 브러시를 주로 사용합니다. ❶은 경계가 선명하고 진한 그림자 등에 사용하며, 기본적인 채색을 대부분 이 브러시로 합니다. 농도는 50입니다. ❷의 에어브러시는 초기 설정을 그대로 사용하므로 설정화면은 싣지 않았지만, 브러시 크기를 키우고 간단한 그라데이션을 만들거나 이펙트를 넣을 때 주로 사용합니다. ❸의 텍스처 붓은 배경 등에 살짝 질감을 더하고 싶을 때 사용합니다.

❶ 기본

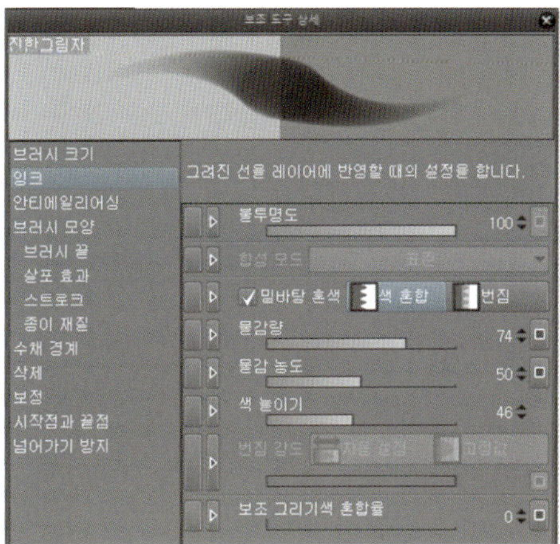

❷ 에어브러시

❸ 텍스처 붓

서브 뷰에 대해서

앞서 살짝 이야기했지만, 메인 화면 가까이에 서브 뷰를 올려두고 자료를 참고하거나, 스포이트 기능을 사용해 색을 추출할 수 있습니다. 저는 러프 단계에서 사용할 색을 미리 정해둘 때가 많아서 러프를 일단 JPG 같은 이미지로 저장하고 서브 뷰로 불러옵니다. 그러면 서브 뷰 화면을 컬러 세트처럼 활용할 수 있습니다.

서브 뷰로 불러올 이미지에는 사용할 색을 미리 올려두었습니다.

실수 방지 & 추천 테크닉

이번에는 꼼꼼한 데이터 관리, 효율적인 레이어 관리 등 평소 작업에서도 활용하는 포인트를 소개합니다.

PART 1 데이터 관리 방법

각 과정마다 저장한다

디지털 원고의 최대 문제점은 데이터 손실입니다. 저는 작업 데이터를 일정 시간을 두고 단계마다 따로 저장합니다. 이런 식으로 중간 과정을 남겨두면 아날로그 작업과 달리 복원이나 수정이 쉽습니다.

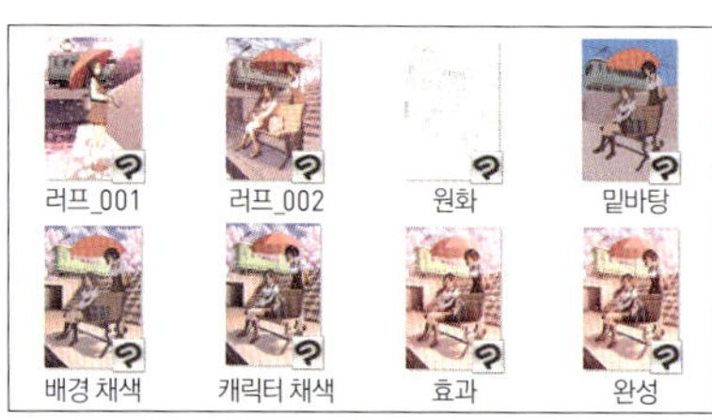

이런 식으로 과정별로 따로 저장을 해두면 가장 최근의 파일에 문제가 생겨도 복원하기 쉽습니다.

PART 2 사실적인 채색을 할 때

흰색과 검은색의 취급에 주의

배경이 있고 사실적인 채색을 할 때는 물체의 기본색에 '완전한 흰색', '완전한 검은색'을 사용하지 않는 편이 리얼리티가 높아집니다. 물론 어디까지나 기본색에 사용하지 않을 뿐, 이펙트나 광원처럼 사용하는 것은 문제없습니다.

기본색에는 흰색도 검은색도 사용하지 않지만, 마무리 작업을 끝낸 상태에서는 빛에 강하게 노출된 옷의 일부분에 발광 이펙트를 준 흰색을 사용했습니다.

PART 3 캐릭터의 표정에 대해서

얼굴 부분의 레이어는 몸과 구분한다

캐릭터에서 가장 중요한 것은 얼굴과 표정입니다. 표정과 관련된 부위(눈, 눈썹, 코, 입 등)는 몸과 별도의 폴더에 작성해 두면 채색한 다음에도 정리나 수정이 쉽습니다.

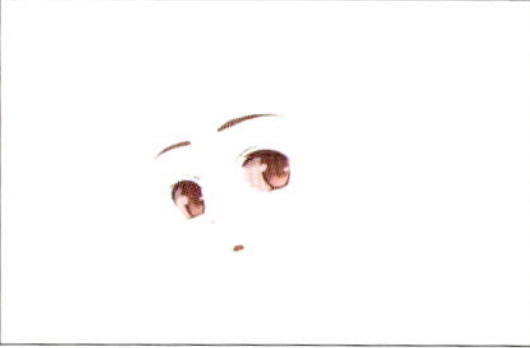

얼굴 부분을 다른 레이어로 구분해놓으면 표정을 수정할 때 편리합니다.

PART 4 채색 레이어에 대해서

역할에 따라 레이어를 구분한다

이후에도 설명하겠지만, '기본색', '무늬/문양', '그림자', '밝음', '하이라이트', '반사광'처럼 몇 가지 빛과 색의 요소를 조합해 채색을 하므로, 각각의 레이어로 만들면 수정하기 쉽습니다. 단, 전부를 각각의 레이어에서 작업하면 파일이 무거워져 작업에 지장을 주는 만큼, 각 부분의 크기와 묘사의 밀도에 따라 같은 레이어에서 처리합니다.

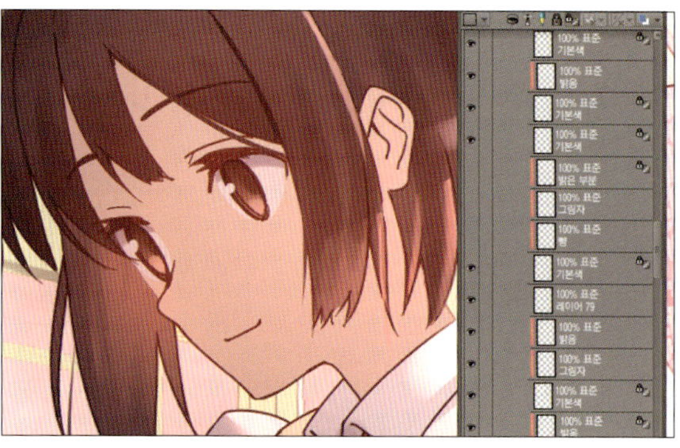

레이어 구조는 복잡해지기 쉬워서 이름으로 구분하기 편하게 관리해야 합니다. 저는 '기본색' 위에 역할에 따라 레이어를 올리는 식으로 구성합니다.

제작의 요령&노하우

지금부터는 작화의 포인트를 살펴보겠습니다. 이번 일러스트는 배경의 비중이 크기 때문에
배경을 중심으로 설명하겠습니다.

PART 1 러프

테마를 먼저 구상한다

러프에서는 먼저 그림의 테마를 정합니다. 이번에는 '벚꽃'을 테마
로 정한 다음, 연상게임처럼 그리고 싶은 것, 표현하고 싶은 것을 떠
올려보았습니다. 그리고 '벚꽃', '꽃비', '우산을 쓴 소녀', '전철이 통
과하면서 흩날리는 꽃잎' 등 몇 가지 요소를 정리해 러프로 그렸습
니다. 다만, 이야기가 담겨 있지 않은 듯해서 인물을 추가하기로 했
습니다. 우산을 두 번째 소녀가 들고, 꽃잎과 햇살을 막아 작은 독
서 공간을 만들었습니다.

소녀 둘이 우산을 나눠 쓰게 하고, 꽃잎이 흩날리며 햇빛이 드는 아
담한 독서 공간이 되도록 그렸습니다. 배경에서 손으로 그리면 시
간이 걸리는 부분도 있는데다, 더 좋은 구도를 잡기 위해 전차와 의
자는 CLIP STUDIO의 3D 소재를 가져왔습니다. 비탈면은 판초콜
릿 소재를 활용해 그렸습니다. 색감과 빛은 이 단계에서 정합니다.

'벚꽃' 키워드로 다양한 이미지가 떠오
릅니다. 러프에서 떠오른 좋은 아이디
어에 심취하면 빨리 그림을 그리고 싶
어집니다.

캐릭터를 추가하면서 바뀐 화면의
짜임새를 고려해 소실점을 더하고
2점 투시의 구도로 변경했습니다. 안
정적이면서도 움직임을 충분히 표현
했다고 생각합니다.

PART 2 선화

채색과의 조화를 의식한다

러프를 바탕으로 밑그림과 펜선 작업을 합니다. 각자의 취향이겠지
만, 캐릭터와 배경에 어느 정도 색을 올려보면 선화가 가는 편이 조
화롭습니다. 배경은 러프에서 사용한 소재를 바탕으로 그립니다.
거칠거나 빠진 부분도 있지만, 나중에 선화는 필요할 때만 표시 상
태로 변경하므로 지금은 적당히 레이어를 구분할 수만 있으면 문제
없습니다.

반전과 회전을 사용해 그리기 쉬운 방향으로 그렸습니다.

러프에서는 캐릭터가 안경을 썼지만, 일러스트의 크기로 인해 표정이 잘
드러나지 않는 듯해서 제외했습니다.

PART 3

레이어 구분

화려한 색으로 구분하기 쉽게 만든다

[채우기] 도구 등으로 레이어를 구분합니다. 오토 액션으로 레이어가 생성된 다음에 배경으로 이동되도록 하고, 아래로 계속해서 레이어를 추가하면 영역을 벗어나는 부분이 줄어들고 시간도 단축됩니다. 덜 칠한 부분을 쉽게 발견할 수 있도록 레이어 구분을 할 때에는 화려한 색을 사용합니다. 어느 정도 레이어 구분이 되면 화면상 같은 색이라도 다른 레이어일 때가 많습니다.

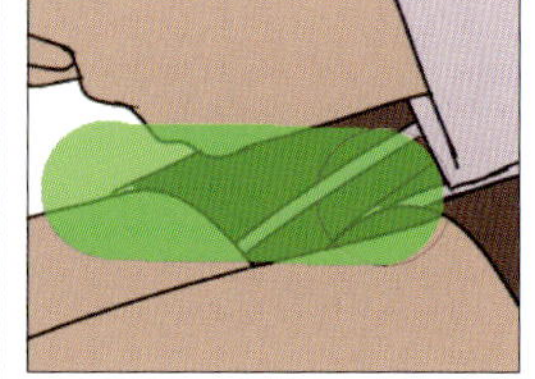
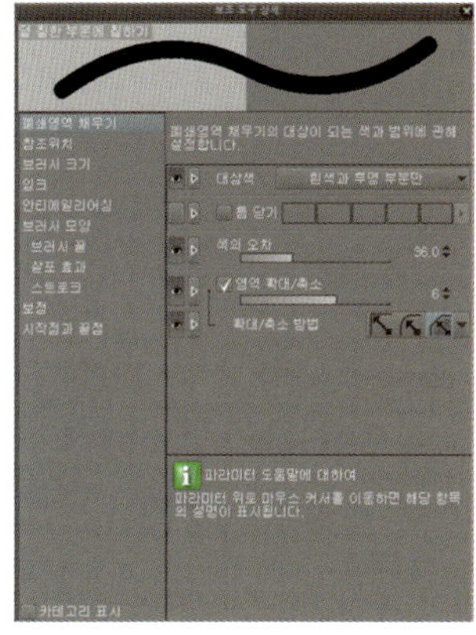

레이어 구분은 단순하고 손이 많이 가지만, 확실하게 해두면 이후의 작업이 편해집니다.

세세한 부분에 색을 채운다

레이어를 구분할 때에는 아무래도 덜 칠해진 부분이 미세하게 생기기 마련입니다. 그럴 때 편리한 것이 [덜 칠한 부분 칠하기] 도구입니다. 본래 펜 도구로 일일이 그려야 하는 부분도, 대강 드래그만 하면 빈틈이 채워지기 때문에 정말 편리한 도구입니다.

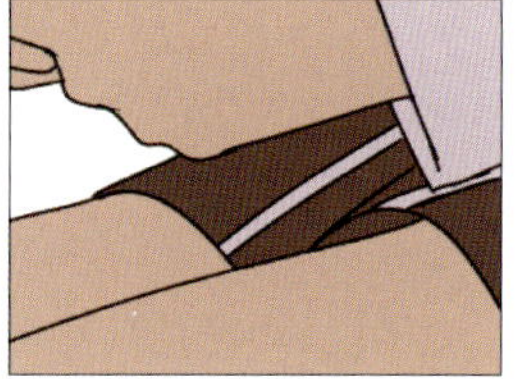

대상 부분(이번 설정에서는 흰색 부분과 투명 부분)을 선택하고, 덧그리기만 하면 끝.

범위 선택 방법은 펜 도구 등과 같습니다. 자신의 취향대로 사용하기 쉽게 설정해봅시다.

잘 활용하면 채색으로 레이어를 구분하는 시간을 크게 줄일 수 있습니다.

채색

기본 채색법

기본적으로 저의 채색 방법은 다음과 같습니다. 물체의 기본색을 정하고, 공간에 배치했을 때의 그림자 색을 올린 다음에 어두운 부분, 무늬와 문양 등 물체 표면의 요철로는 나타나지 않는 부분, 직사광 부분, 그늘진 부분 등에 직사광이 지워진 부분, 하이라이트와 반사광, 발광 효과 등의 연출을 차례로 진행합니다. 이 순서를 기본으로 재질 등에 효과를 더하거나 빼는 식으로 정리합니다.

물체의 기본색

공간에 두었을 때의 그림자 색

어두운 부분 추가

무늬와 문양 등 물체 표면의 요철로는 나타나지 않는 부분

직사광에 노출되어 밝아진 부분

그늘진 부분과 연출 등으로 직사광이 지워진 부분

하이라이트와 반사광 등 물체의 형태를 좀 더 명확하게 만드는 부분

발광 효과 등의 연출

서브 뷰를 이용한 밑색 작업

러프를 서브 뷰로 가져와서 색을 추출하고 각 부분에 색을 올립니다. 저는 이미 러프 시점에서 그림자 색까지 정했습니다. 이때 올린색은 기본색 위에 그림자 색을 올린 것으로, 빛에 영향을 받지 않은 색입니다. 이 위에 빛에 노출된 부분을 채색하면 빛의 표현이 두드러집니다.

서브 뷰 화면으로 가져온 러프에서 색을 추출하고, 영역별로 구분한 레이어에 차례대로 색을 올립니다.

그림자 색까지 밑바탕 작업은 완료. 여기에 빛을 더해나가면 그림의 느낌이 확 달라집니다.

벽면을 채색한다

이번 일러스트는 배경의 비율이 높고 캐릭터가 배경의 영향을 크게 받으므로 배경을 먼저 칠했습니다. 반대로 배경의 비율이 낮다면 캐릭터를 더 의식하기 때문에, 캐릭터를 먼저 칠합니다. 먼저 밑바탕 위에 벽면의 묘사를 하고, 질감을 의식하면서 밝은 부분을 채색합니다. 마지막으로 하이라이트를 넣어 입체감을 드러냅니다.

기본색+그림자 색의 밑색 상태. 여기에 빛 효과와 세부적인 묘사를 더했습니다.

추가로 어두운 부분, 벽면의 마모되거나 얼룩진 흔적을 묘사합니다. 먼지 등이 쌓이기 쉬운 틈과 가장자리에 빗물이 흐른 흔적 등을 묘사하면 그럴듯해 보입니다.

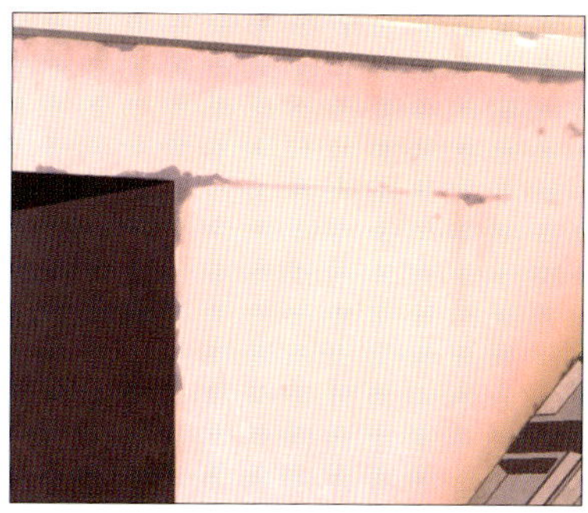

직사광. 다리 아래 등 어두운 부분이 있다면, 그 주변을 밝게 하면 효과적입니다.

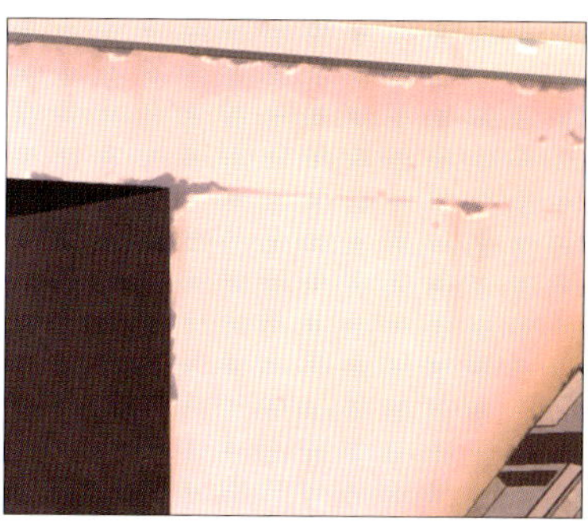

벽면의 마모된 흔적을 묘사하기 위해 울퉁불퉁한 부분에 적당히 하이라이트를 추가합니다.

벤치를 칠한다

다음으로는 벤치를 칠합니다. 순서는 지금까지와 마찬가지로 각 부분의 포인트 위주로 설명하겠습니다. 벤치는 다리와 전차 등과 달리 목재이므로, 질감의 차이를 명확하게 묘사하려고 나뭇결을 선명하게 넣었습니다. 캐릭터가 가까이에 있어서 '두 사람만의 공간'이 연출되도록 광원 이외의 영향을 최소화하고, 금속 부분의 반사광을 살짝만 표현했습니다.

이번에는 가로 방향으로 넣었지만, 방향과 길이에 따라서 나뭇결을 넣는 방법도 달라지니 주의해야 합니다.

벤치 뒤쪽에 캐릭터가 서 있는 상태이므로 그림자의 방향과 형태에도 주의합니다.

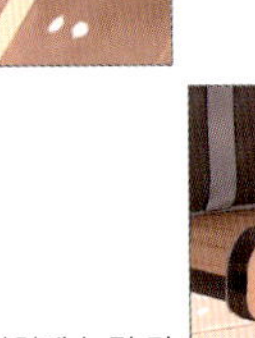

광원과는 반대 방향이라 하이라이트가 없는 부분에도, 색감과 명암이 비슷해서 형태를 구분하기 어려운 곳에는 밝은색이나 선을 넣습니다.

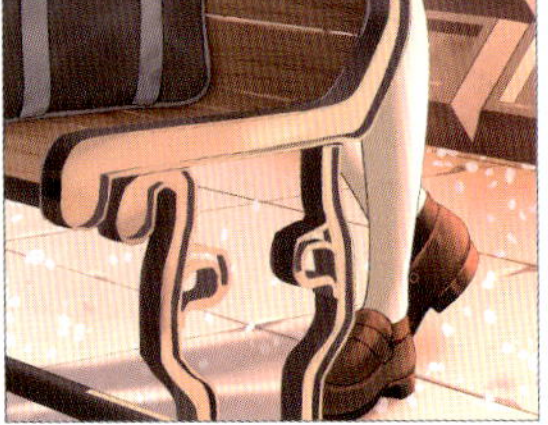

세세한 부분은 정보량을 지나치게 늘릴 가능성이 있어서, 선을 지우는 식으로 정리합니다.

하늘을 그린다

하늘을 그립니다. 먼저 색을 채워서 밑바탕을 준비하고 그 위에 살짝 그라데이션을 넣은 다음, 양쪽 가장자리에 벚꽃을 배치했기 때문에 중앙 부근에 구름을 그립니다. 구름은 그림의 분위기를 결정하는 요소 중 하나이므로 테마와 강조하고 싶은 그림과 어울리게 그렸습니다. 이번에는 강한 바람을 표현하려고 조각구름을 많이 넣었습니다.

먼저 밑바탕을 준비하고 하늘색을 칠합니다. 이번에는 전체적인 색감을 유지하면서 벚꽃이 돋보이도록 보라색에 가까운 파란색을 선택했습니다.

하늘은 본래 먼 곳이 밝지만, 그림에서 차지하는 비율이 낮아서 광원을 의식할 수 있도록 그라데이션의 방향이 광원과 일치하도록 오른쪽을 밝게 했습니다.

구름의 부드럽고 둥그스름한 형태가 잘 드러나게 칠했습니다. 저녁 무렵이므로 약간 옆에서 들어오는 빛을 가정하고 하이라이트를 넣습니다.

조각구름은 파편처럼 흩어져서 표현하기 다소 어려운 형태입니다. 벚꽃의 꽃잎과 구분되도록 크기에 차이를 주어 그렸습니다.

흩날리는 꽃잎을 그린다

다음은 벚꽃입니다. 한 장씩 일일이 그리기는 어렵기 때문에 CLIP
STUDIO에서 꽃잎 모양의 펜을 빌려오겠습니다. 그러면 펜으로 긋
기만 해도 바로 꽃잎을 그릴 수 있습니다. 또한, 크기별로 대, 중, 소
레이어를 만들면 꽃잎으로 원근감을 표현할 수 있습니다. 마지막으
로 이동 흐리기 필터를 적용해 강한 바람에 꽃잎이 휘날리는 장면
을 연출합니다.

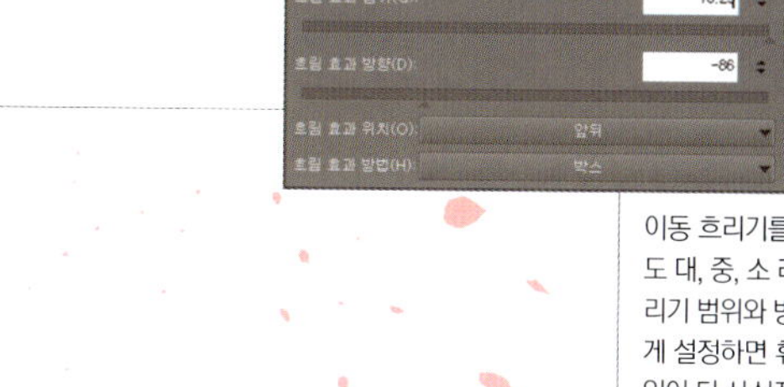

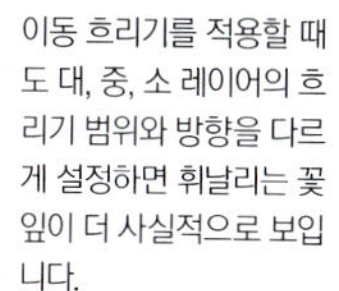

이동 흐리기를 적용할 때
도 대, 중, 소 레이어의 흐
리기 범위와 방향을 다르
게 설정하면 휘날리는 꽃
잎이 더 사실적으로 보입
니다.

화면과 가까운 쪽의 꽃
잎을 크게 그리면 원근
감이 느껴집니다.

다리 아래 등 꽃잎이 들
어가기 어려운 부분은 양
을 줄입니다.

전차를 칠한다

다음은 전차입니다. 이것도 기본적으로는 벽과 동일한 방식으로 칠
했지만, 재질의 차이를 의식하면서 하이라이트 부분을 더 추가해
금속의 질감을 표현했습니다. 다리나 벽과 달리 전차는 정기적으로
청소를 하므로 눈에 띄게 지저분한 부분은 없지만, 사실감을 더하
려고 묘사를 약간 추가합니다. 전차의 창문은 밖과 다르게 한층 어
두운색을 사용해 광원이 들어가지 못하는 폐쇄된 공간을 연출했습
니다.

팬터그래프와 기관부처럼 구조가
복잡한 부분은 어두운 곳의 색을
어느 정도 통일합니다. 그런 뒤 밝
은 부분을 선명하게 그리면 정보량
을 적절히 유지하면서 형태를 구분
하기 쉽게 표현할 수 있습니다.

차량의 앞부분은 벚꽃의 분홍빛 반사광
이 들어가므로 어둡게 그리지 않습니다.

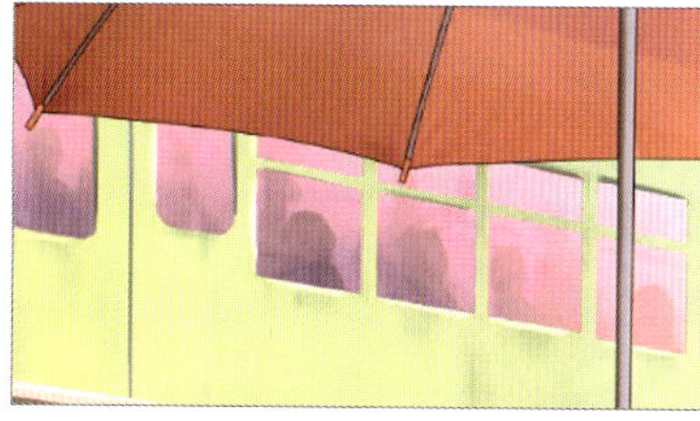

승객은 메인 캐릭터가 돋
보이도록 실루엣만으로
표현합니다.

유리창의 반사로 공간을 넓히거나 연출을 추가할 수 있지만, 이번에는 이미 전체적인 정
보량이 많아서 주위의 색을 반영하는 정도로만 처리했습니다.

얼굴과 피부를 칠한다

드디어 캐릭터 채색에 들어갑니다. 기본적인 채색 방법은 배경과 동일하며 밑바탕 위에 밝은 부분과 어두운 부분을 채색합니다. 그리고 콘크리트와 금속, 목재 등의 질감 차이를 잘 확인하면서 작업합니다. 피부의 부드러움과 둥그스름한 형태를 표현하려고 그라데이션 위주로 사용했고, 얼굴에는 볼터치를 넣어 표정을 연출했습니다.

그림자를 넣으면 형태가 명확해지고 사실적으로 보이지만, 소녀의 귀여움을 표현하려고 얼굴 주위에는 의도적으로 그림자를 적게 넣었습니다.

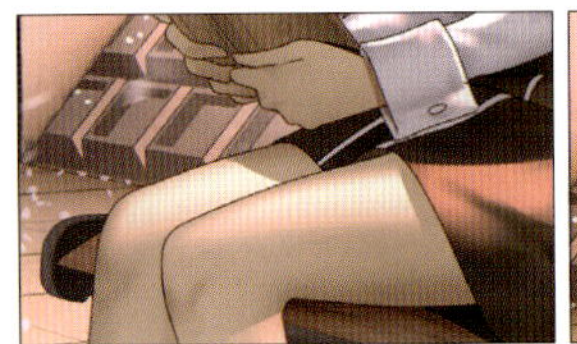

허벅지처럼 그라데이션이 강한 부분에도 그림자와 그늘진 부분을 넣으면 채색의 밀도가 높아집니다.

피부의 그림자는 다른 부분과 비교해 채도가 높은 색을 선택하면 좀 더 불그스름하고 건강한 피부를 표현할 수 있습니다. 반대로 어두운 이미지를 연출할 때는 채도가 낮은 색을 선택합니다.

뺨의 홍조는 처음에는 밝은색을 올리고, 점차 불투명도를 낮추면서 다듬어나가면 피부색과 어울리게 표현할 수 있습니다.

옷과 소품을 칠한다

다음은 옷과 소품을 칠합니다. 옷에는 주름이 있고, 다양한 각도의 면이 있어서 형태를 잡기가 어렵습니다. 좀 더 강조해야 할 부분에 밝은색과 어두운색을 중점적으로 칠했습니다. 질감이나 부위에 따라서 주름의 크기와 수가 달라지므로, 어떤 옷의 어느 부분을 칠하고 있는지 생각하면서 채색하면 좋습니다.

셔츠는 얇고 질긴 재질이므로 선명하게 묘사하면서 세밀한 부분의 그림자까지 그립니다.

스커트 부분은 반대로 두껍고 부드러운 재질이라서 흐릿하고 큰 그림자를 그립니다.

원래 우산 안쪽은 조금 어두워야 하지만, 양산이 아니라서 차단성이 낮고 재질도 두껍지 않으므로 밝게 표현했습니다.

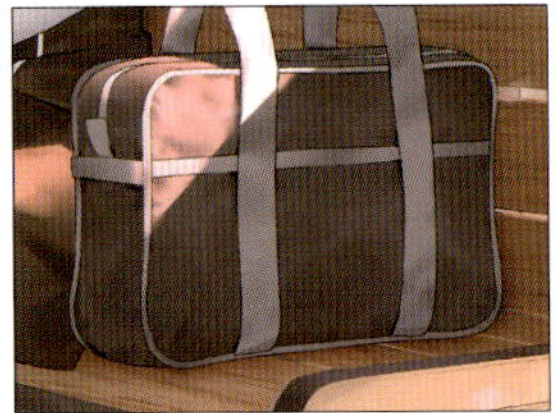

이음새와 재봉선 부분에 그림자를 넣으면 천으로 만든 가방더워 보입니다.

효과를 넣어 완성한다

마지막으로 효과를 넣습니다(아래의 이미지는 이번에 사용한 효과를 쉽게 확인할 수 있게 검은색 밑바탕 위에 적용해 본 것입니다. 일러스트에서는 투명입니다). 먼저 캐릭터가 명확하게 구별되도록 캐릭터와 배경 사이에 일정 부분 밝은색을 올립니다. 다음은 전체적으로 흐릿하게 색을 올려서 색감을 조절해 통일감을 살립니다. 그리고 에어브러시를 닷지나 오버레이 등으로 설정하고 발광 효과를 넣습니다. 마지막으로 명도와 채도 등을 조절하면 완성입니다.

캐릭터까지 주요 채색이 끝난 상태. 여기에 다양한 효과를 추가하고 완성시킵니다.

● 배경 효과

배경에 밝은 부분이 생겨서 인물이 도드라져 보입니다. 전차와 소녀의 머리가 겹치는 부분을 비교해보면 쉽게 알 수 있습니다.

● 전체 효과

봄의 이미지를 표현하려고 전체에 분홍색을 '소프트 라이트'로 추가했습니다. 어떤 색을 올릴지는 일러스트에 따라서 다릅니다.

● 발광 효과

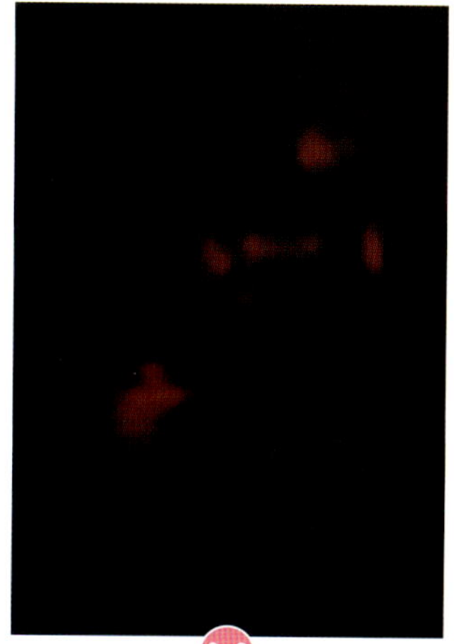

옷과 머리카락 등의 강약이 더 강해졌습니다. 발광 효과는 보통 하이라이트보다 밝게 표현하고 싶은 부분에 사용합니다.

타케하나 노트

작업화면&도구 설정

요즘 인기 있는 캐릭터 화풍으로 팬들을 사로잡는 타케하나 노트의 일러스트입니다. 앞서 소개한 일러스트레이터와 마찬가지로 단축키를 효율적으로 할당해 작업합니다. 또한 커맨드바를 활용해 심플하면서도 손에 익을수록 작업이 수월해지게 설정했습니다.

타케하나 노트의 작업화면 공개

1 컬러 써클과 컬러 슬라이더를 왼쪽 위에 배치했습니다. 특히 HSV 형식의 컬러 슬라이더가 편리해서 자주 사용합니다. 그리고 수채 브러시를 사용할 때는 투명색의 사용 빈도가 높습니다.

2 그림을 그릴 때 사용하는 브러시 같은 도구도 왼쪽에 배치했습니다. 실제로는 단축키를 주로 활용하므로 그렇게 쓸 일이 많지 않습니다.

3 도구 속성은 도구 바로 아래에 배치했습니다. 기본적으로 브러시를 약간 조절하고 싶을 때 이외에는 잘 사용하지 않습니다.

4 브러시 크기는 각 작업에 따라서 빈번하게 변경하기 때문에 아래의 그림처럼 임의로 조절해서 사용합니다. 어떤 크기라도 눈으로 보고 바로 고를 수 있어, 개인적으로는 이런 배치가 편합니다.

5 아마도 커맨드바의 사용 빈도가 가장 높다고 생각합니다. 화면 표시 조작은 러프에서 채색까지 모든 작업에서 사용합니다. 특히 좌우 반전은 브러시 다음으로 자주 사용하는 기능일지도 모릅니다.

6 저는 이쪽저쪽 번갈아가면서 작업하는 타입이라서 레이어를 쉽게 이동할 수 있게 화면의 오른쪽에 배치했습니다.

단축키로 쾌적하게

CLIP STUDIO PAINT에서는 단축키를 취향에 맞게 설정할 수 있습니다. 키보드의 A를 누르면 지우개와 펜이 전환되도록 실정했습니다. 같은 키를 설정하면 누르는 횟수로 도구를 변경할 수 있어 편리합니다.

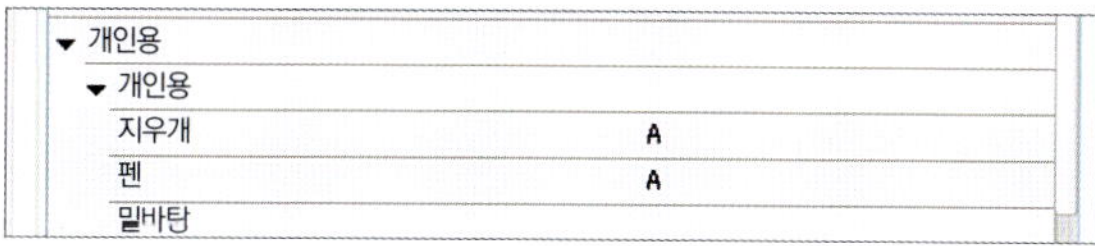

단축키 작업을 원활하게 진행하려면 꼭 필요한 기능입니다. 각자 작업하기 편한 설정을 찾아보세요.

커맨드바에 등록

저는 커맨드바도 자주 사용해서 단축키처럼 작업에 편리하게 설정합니다. 원하는 기능을 드래그&드롭으로 커맨드바에 옮겨 놓기만 하면 됩니다. 주로 사용하는 기능 위주로 구성할 수 있으며 특히 [회전 리셋]과 [전체 표시]는 없어서는 안 될 커맨드입니다.

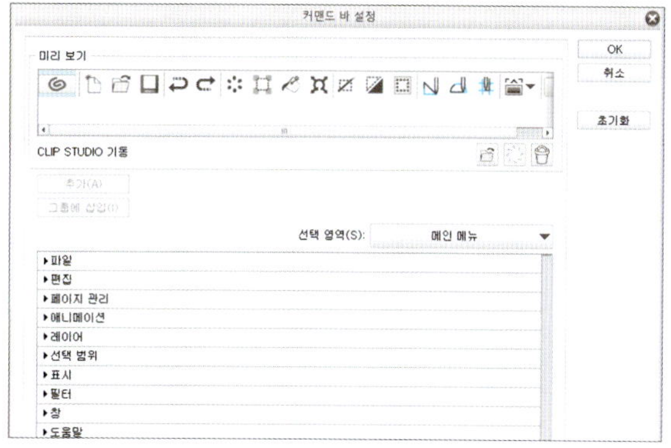

메뉴바의 [파일]에서 [커맨드바 설정]을 클릭하면 설정 창이 뜹니다. 커맨드바도 단축키와 마찬가지로 손에 익으면 작업을 효율적으로 만들어 줍니다.

브러시 설정

사람에 따라 자주 쓰는 브러시가 다르겠지만, 저는 주로 4가지 브러시를 사용합니다. [펜]은 러프에서 채색까지 사용하고, 경우에 따라서 크기를 변경했습니다. [밑바탕]은 주로 밑바탕과 선명한 경계선이 필요할 때 사용합니다. [투명 수채 3]은 3이라고 해도 별다른 의미는 없고, 주로 색을 칠하거나 다듬고 정리할 때 사용합니다. [에어브러시]는 수작업으로 그라데이션을 넣고 싶은 부분에 사용합니다.

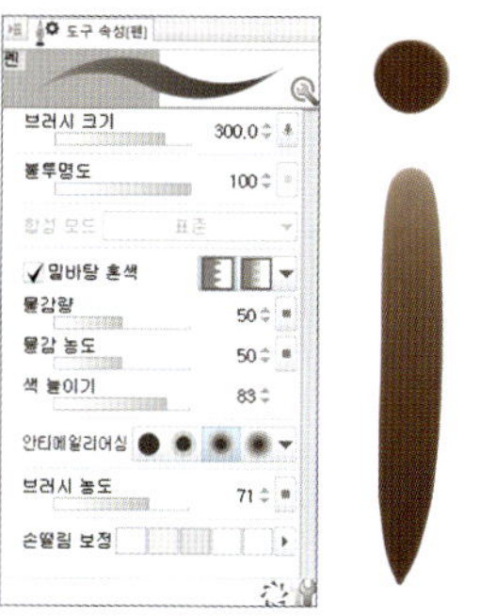

러프~채색용 [펜]

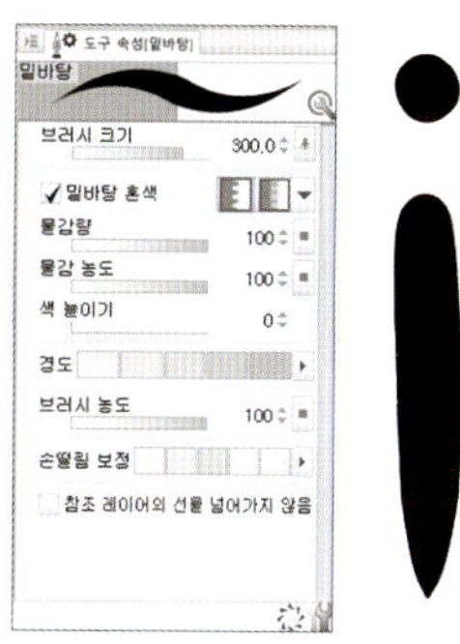

채색 [밑바탕]

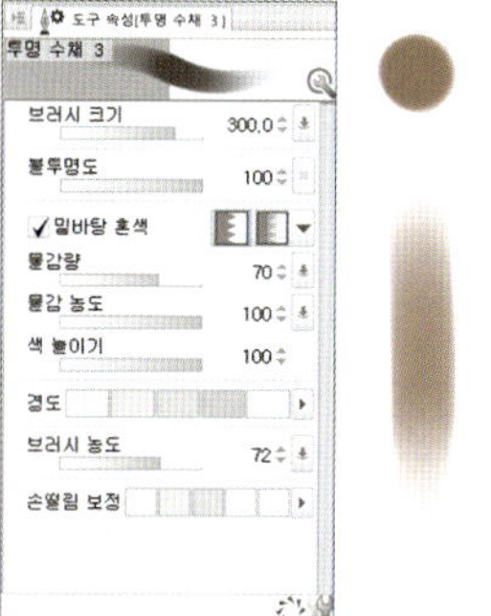

채색용 [투명 수채 3]

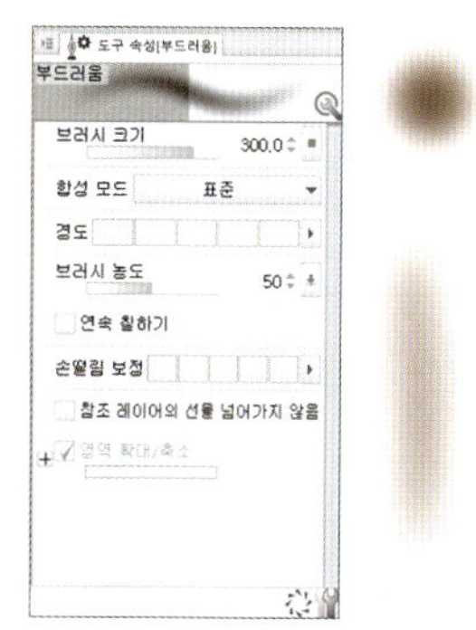

채색용 [에어브러시]

실수 방지 & 추천 테크닉

저는 항상 그림 전체의 밸런스를 신경 씁니다. 이 밸런스를 유지하기 위해 제가 실제로 사용하는 방법을 소개합니다.

CASE 1 ── 데이터를 보호한다

꼼꼼함이 저장의 핵심

작업 중이라도 틈틈이 꾸준하게 저장해야 합니다. 디지털 데이터는 저장하지 않으면 작업했던 모든 것들이 사라집니다. 갑작스러운 정전이나 컴퓨터의 고장 등 원인은 다양하지만 열심히 그린 그림이 한순간에 없어지지 않게 조심합시다.

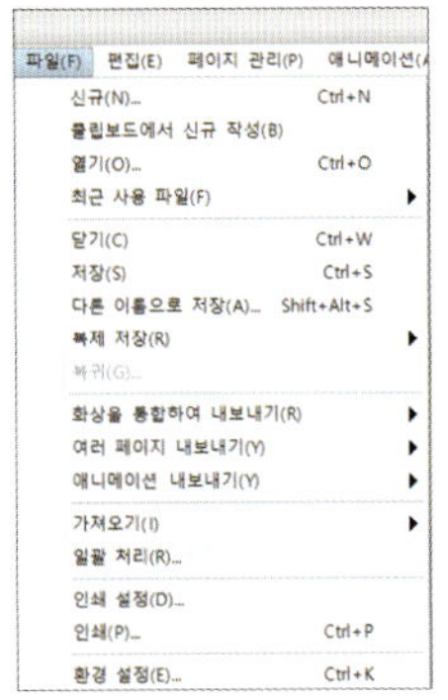

저장이 중요하다고 머릿속으로는 이해해도 의외로 쉽게 잊어버립니다. 1시간이 지나면 무조건 저장하는 식으로 습관을 들여 보세요.

CASE 2 ── 그림의 밸런스를 살핀다

화면 전체를 보면서 진행한다

그림을 그리다 보면 그 부분에만 집중하게 되어, 막상 완성하고 보면 밸런스가 엉망일 때가 있습니다. 저는 그런 사태를 방지하려 전체 화면을 꼼꼼하게 살피면서 밸런스를 확인합니다. 일부분이 아니라 한 장의 일러스트를 완성한다는 이미지가 중요합니다. 그래서 커맨드바에 [전체 표시]를 등록하고 자주 사용하는 것입니다.

확대→묘사→전체 확인을 반복하면서 밸런스를 유지합니다.

CASE 3 ── 냉정하게 관찰한다

휴식을 취한다

실은 이것이 가장 중요하다고 생각합니다. 같은 일러스트를 계속 보고 있으면 익숙해져서 이상한 점을 찾을 수 없게 됩니다. 따라서 적당한 휴식을 취하고 일러스트를 다시 확인합니다. 그러면 작업할 때는 몰랐던 이상한 부분과 문제점을 찾아낼 수 있게 됩니다.

저는 휴식을 취할 때 음료를 마시면서 게임을 하거나 다른 일러스트를 그리거나 합니다.

지금부터는 작화의 흐름과 포인트를 알아보겠습니다. 특히 가장 시간이 걸리는 러프 단계를 중점적으로 설명하겠습니다.

PART 1 러프

테마를 정한다

무엇을 그리고 싶은지 모르면 시작할 수 없으므로, 먼저 테마를 정합니다. 이번에 저는 동물 귀가 달린 수영복 입은 소녀를 그리고 싶어서 원하는 요소를 전부 집어넣어 러프를 그렸습니다. 우선은 대강 머리와 몸통만 그렸습니다. 이 단계에서는 서 있는 자세로 할지 앉은 자세로 할지 아직 고민 중이었습니다. 하지만 배경은 이미 해변을 그리려고 마음먹었기 때문에, 일단 수영복 먼저 그리고 나서 자세를 결정하기로 했습니다.

고민되는 부분은 나중으로 미루고 다른 곳을 먼저 그리는 것도 좋은 방법입니다.

얼굴의 이미지를 잡는다

대강 의상을 그리면서 얼굴을 다듬습니다. 어떤 표정으로 할지 고민하면서 일단 손이 가는 대로 그립니다. 앞머리를 그리고, 조금씩 캐릭터의 이미지를 잡아갑니다. 뒷머리까지 그리자 어느 정도 이미지가 정해졌습니다. 이번에는 머리 모양을 말아 올린 듯한 형태로 그렸지만, 처음부터 정해져 있던 것은 아니고, 시행착오를 거치면서 그리던 중에 다양한 요소를 검토해서 결정했습니다. 러프는 이 정도만 그려두면 충분하므로 작업을 계속 진행합니다.

익숙하지 않은 수영복을 입고 수줍어하는 표정과 해변의 분위기를 즐기면서 미소 짓는 표정 중에 어느 쪽으로 할지 고민했습니다.

앞머리를 그리고 나니 다양한 이미지가 떠오르고, 얼굴의 각 부분을 쉽게 정리할 수 있었습니다. 머리카락을 그리면서 눈, 코, 입의 위치를 조절합니다.

묶어 올린 미리로 그린 이유는 해변에 잘 어울리는 상쾌한 인상이 될 거라고 생각했기 때문입니다.

눈에 색을 넣는다

대강 얼굴의 이미지가 정해졌으므로 눈에 색을 넣었습니다. 저는 러프를 그리면서 밑그림을 그리는 식이라서, 러프와 밑그림을 확실하게 구분하지 않습니다. 이 부분은 각자의 작업 스타일대로 하는 편이 더 좋을지도 모릅니다. 색을 넣으면 선만 있을 때는 몰랐던 문제점이 드러납니다. 그래서 저는 러프 단계에서 색을 넣고 확인하면서 진행하는 편이 좋다고 생각합니다. 채색을 한 일러스트가 완성품이고, 러프는 설계도이므로 조금씩 차이가 나는 건 당연한 일일지도 모릅니다.

눈에 그림자와 하이라이트를 넣기만 해도 캐릭터 이미지를 잡기 쉬워집니다. 러프이기 때문에 완벽하게 하지 않아도 문제없습니다. 마음에 들 때까지 그리고, 칠하고, 지우고를 반복합니다.

인체를 묘사한다

얼굴 다음으로 인체를 그립니다. 평소에는 팔을 먼저 그리지만, 수영복 디자인을 아직 안 정해서 이번에는 거의 동시에 그리기로 했습니다. 처음에는 가슴에 손을 올리고 있었지만, 그러면 가슴의 리본이 보이지 않게 돼서 고민이었습니다. 그리고 표정도 만족스럽지 않아서 신경이 쓰였습니다. 그래서 최종적으로 손은 파레오(랩스커트의 일종으로 허리에 둘러 입는 치마)를 잡고 있고, 표정은 웃는 얼굴로 그렸습니다. 여기까지 오는 동안 이것저것 다양하게 그려보았는데, 그래서 고민하는 시간이 가장 즐거운지도 모르겠습니다. 다음으로는 의상과 액세서리를 그려보겠습니다.

머릿속으로만 생각해도 좋은 아이디어는 떠오르지 않습니다. 일단 이런저런 시도를 하다 보면 좋은 포즈가 떠오르곤 합니다.

손으로 파레오를 쥐고 있는 포즈로 인해 초기 디자인보다 움직임이 생겨났습니다.

> ### 🎯 POINT · 색을 먼저 올려보자
>
> 의상을 묘사할 때 히비스커스에 색을 올렸습니다. 채색한 뒤의 느낌을 확인하고 싶은 부분은 이 단계에서 과감하게 색을 올려보면 좋습니다.
>
> 

포즈를 변경한다

서 있는 포즈와 앉은 포즈 중에서 고민했지만, 수영복을 그리고 나
서 보니 앉는 편이 더 괜찮아 보였습니다. 저는 성격이 우유부단한
면이 있어 나중에 이런 식으로 고칠 때가 많습니다. 물론 그것을 위
한 러프이므로 과감하게 그리고 마음에 들지 않으면 계속 수정해
야 합니다.

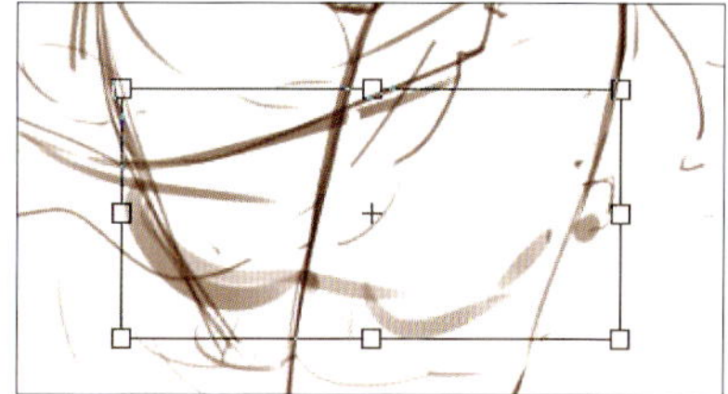

원본 러프를 활용하면서
수정할 때는 [자유 변형]
도구를 사용해도 좋습
니다.

드디어 포즈가 정해졌습니다. 항상
그리기 시작했을 때는 고민뿐이지
만, 이렇게 조금씩 구체적으로 잡
아가면서 그렸습니다.

색과 그림자를 넣는다

캐릭터의 원형이 정해졌으므로 다음은 그림자와 색을 넣습니다. 색
을 조절하면서 계속해서 진행합니다. 동시에 그림자도 칠했습니다.
그림자를 넣으면 입체감을 파악하기 쉬워져서, 이미지를 잡기도 편
해지고 정리도 쉽게 할 수 있습니다. 이때 대강 광원의 위치를 정해
둡니다. 이번에는 소녀의 정면 위에 설정했습니다.

이전에 칠한 눈과 꽃의 색을 참고
해 파레오의 색을 정했습니다. 진
행하던 도중이라도 마음에 들지
않으면 계속 수정합니다.

그림자를 넣으면 입체감이 살아나는데, 이
때 중요한 것은 광원입니다. 광원을 정하지
않고 적당히 칠하면 목표로 한 입체감이 나
타나지 않습니다.

배경에도 색을 넣으면 러프는 완성

인물 다음으로 배경에도 색을 올립니다. 해변, 모래사장의 이미지
에 잘 어울리는 색으로 칠합니다. 이때 그라데이션 도구를 사용하
면 간단하게 모래사장과 하늘의 베이스를 표현할 수 있어 편리합
니다. 그리고 소녀가 얕은 물 속에 앉아 있는 모습을 그리고 싶어서
물그림자와 함께 떠 있는 꽃도 그렸습니다. 눈도 하늘과 바다처럼
선명한 하늘색으로 변경했습니다. 꽃과 수영복의 세세한 부분을
그리고, 수면 부근에 하얀 파문을 그려 넣었습니다. 반짝이는 이펙
트도 추가하면 러프는 끝입니다.

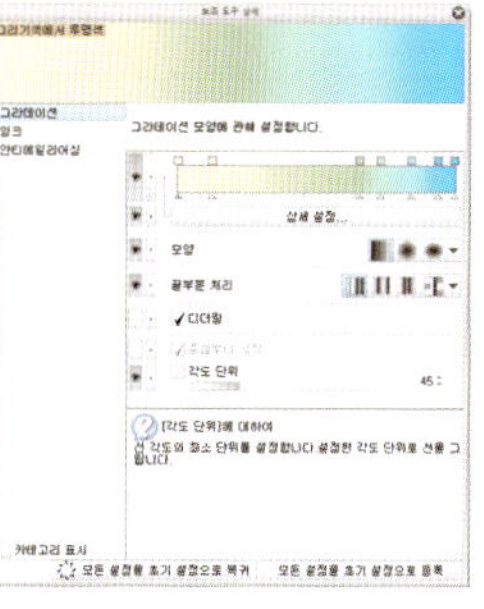

이번에는 그라데이션 도구를 사
용해 위와 같은 설정으로 만들었
습니다.

배경이 들어가면 이미지가 더 구체적이 되며,
화면 전체의 밸런스를 조절하기 쉬워집니다.

그리기 편한 각도로 깔끔하게

러프 다음으로 선화를 그립니다. 선화를 그릴 때는 손목의 스냅을 활용하면 선을 깔끔하게 그을 수 있으므로 그리기 편한 각도로 캔버스를 조절합니다. 선의 강약이 자연스레 나오도록 연습해 보는 편이 좋습니다.

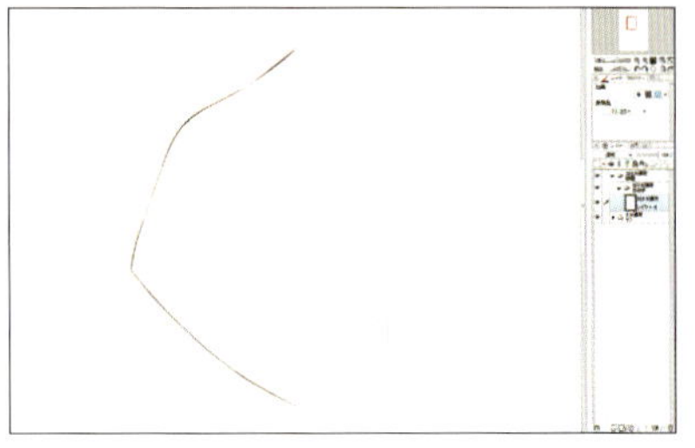

그리기 편한 각도로 변경하는 데는 회전뿐 아니라 좌우 반전과 확대 도구 등도 빼놓을 수 없습니다.

레이어를 구분해서 그린다

저는 선화 단계에서 레이어를 상세하게 구분하므로 레이어 구성도 함께 소개하겠습니다. 먼저 선화를 그리기 쉽도록 러프 레이어가 있는 폴더의 불투명도를 낮춥니다. 그 위에 선화용 폴더를 생성하고 레이어를 추가한 다음에 선화를 그립니다. 눈 이외의 색은 선화를 그릴 때 방해가 되므로 비표시로 설정합니다. 진행 상황에 따라서 러프를 표시/비표시로 전환합니다.

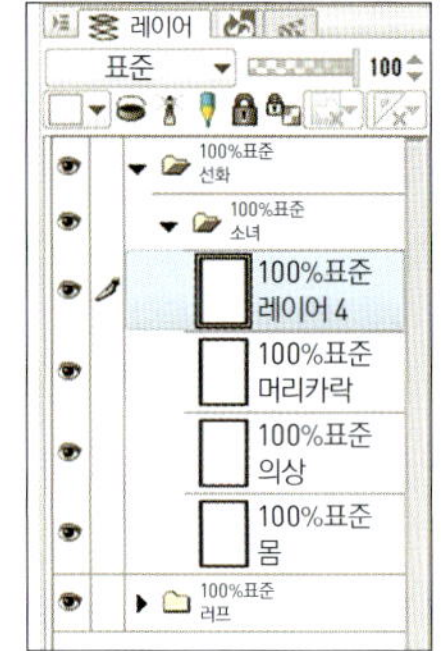

레이어 명칭은 자신이 봤을 때 구분하기 쉽다면 어떤 것이라도 상관없습니다.

PART 3 밑색

도구를 구분해서 칠한다

그러면 이제 채색에 들어가겠습니다. 먼저 밑바탕을 채웁니다. 밑바탕이란 채색을 진행하기 전 단계로 그림자 등이 없는 베이스만 칠하는 작업입니다. 선화 폴더 아래에 채색용 폴더를 생성하고 밑바탕 레이어를 추가합니다. 부분별로 레이어를 준비하고 가급적 영역을 벗어나지 않게 색을 채웁니다. 선택 도구와 채우기 도구를 사용해도 좋지만, 브러시 설정에서 소개한 밑바탕용 펜을 사용하는 것도 나쁘지 않습니다.

밑바탕 작업에 특별히 어려운 기술은 필요하지 않습니다. 간단하긴 하지만 인내심이 필요한 작업입니다.

 POINT　　　　　　　　　　　　　　　　　　　　　● 사용 빈도가 높은 도구는?

일러스트를 그릴 때 브러시 이외에 사용 빈도가 높은 도구를 소개합니다.

❶ 올가미 선택　자유 변형을 하고 싶은 부분을 둘러싸고 선택할 때 사용합니다. 러프 단계에서 주로 사용합니다.

❷ 스포이트　색을 선택할 때 사용합니다. 덕분에 컬러 세트를 거의 사용하지 않습니다.

❸ 지우개　지웁니다. 거의 모든 작업에서 엄청나게 사용합니다.

❹ 색 혼합　터치를 다듬거나 흐릿하게 만드는 작업에 사용합니다. 일정 부분의 색을 늘이거나 흐릿하게 만들 수 있어서 에어브러시와 쓰임새가 약간 다릅니다.

채색

눈을 묘사한다

밑바탕을 끝낸 다음에 본격적으로 채색을 진행합니다. 채색은 연한 색/하이라이트→진한 색의 순이며, 머리카락의 그림자를 가볍게 넣은 뒤에 가장 먼저 눈을 칠했습니다. 눈은 펜과 지우개를 사용해 연한 그림자를 넣었습니다. 그런 뒤 방금 칠한 연한 그림자 아래에 레이어를 만들고, 하이라이트를 넣습니다. 색은 밑바탕보다 밝은색이 좋습니다. 다시 진한 그림자를 연한 그림자 위에 그립니다. 진한 그림자를 투명 수채로 깎아내면 거의 완성입니다.

눈은 캐릭터에서 가장 중요한 부분이므로 제일 먼저 칠합니다. 이 부분을 기준으로 다른 채색도 진행합니다.

진한 그림자를 올리면 눈에 깊이가 생깁니다. 하이라이트도 경계를 선명한 것과 흐릿한 것을 구분해서 사용하면 표현의 폭이 넓어집니다.

피부를 칠한다

눈이 끝나면 피부로 넘어갑니다. 러프 작업에서 그린 그림자를 복사한 뒤 그것을 이용해 정리합니다. 물론 새로 그려도 문제는 없지만, 저는 처음 이미지를 그대로 가져가면서 정리하기 때문에 러프에서 그린 그림자를 사용할 때가 많습니다. 피부의 그림자는 투명 수채와 에어브러시, 흐리기 등을 사용해서 채색합니다.

그림자의 경계선 등은 에어브러시와 흐리기로 그라데이션하면 깔끔해 보입니다. 하지만 많이 쓰면 그림이 전체적으로 흐릿해지므로 주의해야 합니다.

피부도 연한 그림자→진한 그림자의 순서로 칠합니다. 러프에서 칠한 그림자를 이용하면 처음의 이미지를 유지할 수 있어 효율적인 채색 작업이 가능합니다.

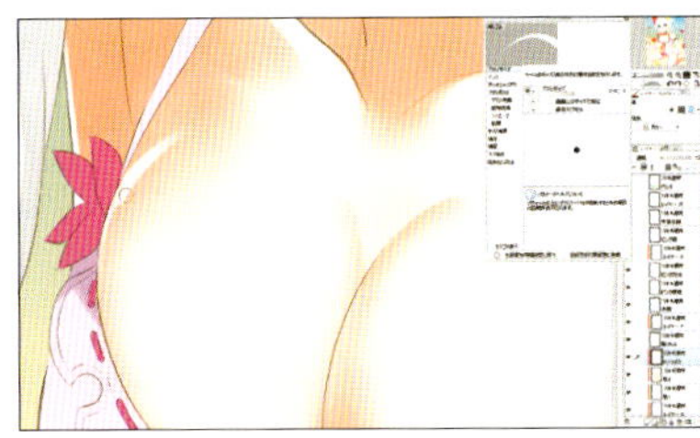

그림자를 칠하면서 하이라이트도 넣었습니다. 하이라이트를 그림자처럼 흐릿하게 넣으면 그림 전체의 이미지가 흐릿해지므로 지나치지 않도록 주의하면서 작업합니다.

피부에 진한 그림자를 넣습니다. 이 그림자는 흐리기를 거의 넣지 않고 그렸습니다.

꽃을 칠한다

다음으로 꽃을 칠합니다. 히비스커스 꽃의 형태와 질감을 의식하면서 연한 그림자, 하이라이트, 진한 그림자 순으로 진행합니다. 꽃잎은 큼직하고 둥그스름한 모양이므로 그림자와 하이라이트도 형태에 맞춰 입체감이 사라지지 않도록 주의해서 넣습니다.

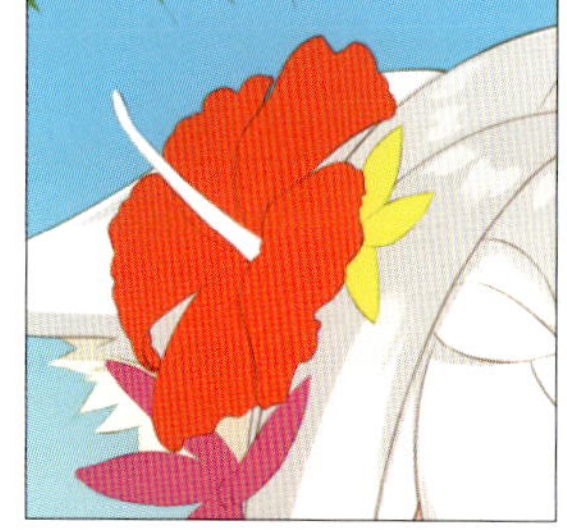

기본은 밑바탕 상태입니다.

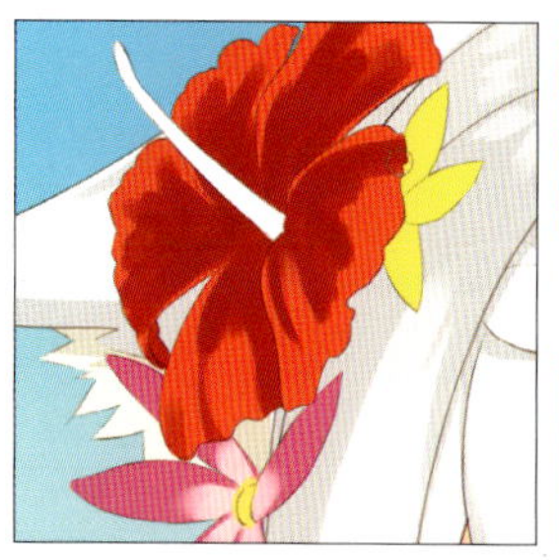

꽃잎의 형태를 의식하면서 연한 그림자를 넣습니다.

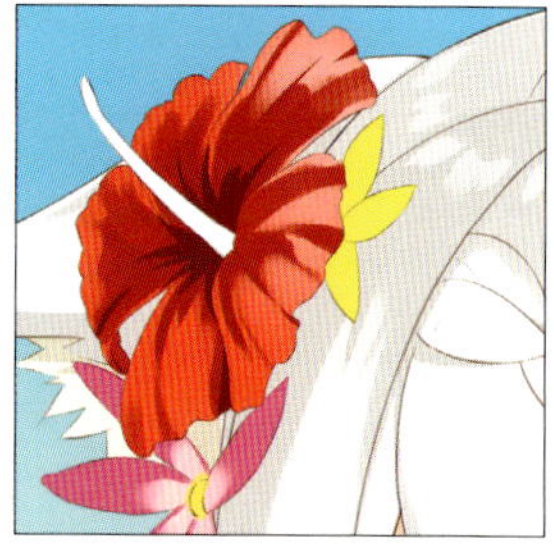

하이라이트와 진한 그림자를 넣으면 완성입니다.

머리카락을 칠한다

다음은 머리카락입니다. 머리카락을 칠할 때도 역시 중요한 것은 질감과 형태를 의식하는 것입니다. 하지만 머리카락은 위치에 따라 느낌이 달라져서 약간 복잡합니다. 머리카락 다발의 흐름을 파악하면 그리는 데 도움이 됩니다. 그리고 진한 그림자 위에 있는 레이어에 피부의 그림자보다 조금 진한 오렌지색을 에어브러시로 가볍게 뿌리면 부드러운 느낌을 표현할 수 있습니다.

연한 그림자를 올리고 하이라이트를 더한 상태입니다.

진한 그림자는 브러시의 터치를 남기면서 묘사하는 편이 그럴듯해 보입니다.

파레오를 칠한다

안이 비치는 재질의 파레오이기 때문에 밑바탕 단계는 불투명도 100%에서 칠하고, 나중에 레이어의 불투명도를 낮추면 그럴듯해 보입니다. 그런 뒤 그림자를 넣으면서 파레오의 문양을 그렸습니다. 문양은 직접 만들어도 좋지만, CLIP STUDIO의 [소재를 찾는다]에서 가져와도 됩니다. 소재도 다양하게 있으므로 마음에 드는 것을 다운로드 받아서 사용해 보세요.

레이어의 불투명도를 낮추면 투명한 느낌을 표현할 수 있습니다.

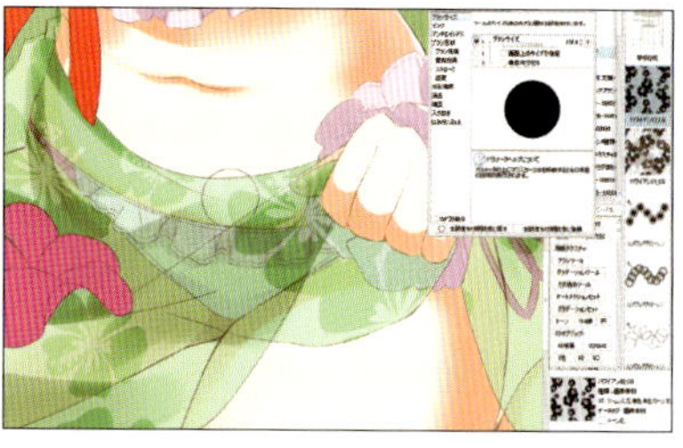

문양 등은 좋은 소재가 있다면 활용하는 편이 효율적입니다.

수영복을 칠한다

파레오를 다 칠했다면 나머지 의상의 세세한 부분에도 진한 그림
자를 넣습니다. 이번에는 배경이 해변이므로 전체적으로 청량감이
있는 파란색 계열의 색을 사용해 하얀 부분에 그림자를 그려 넣었
습니다. 색이 고민될 때는 상황이나 장면의 분위기를 고려해 색을
선택하면 좋습니다. 색에 따라서 인상이 달라지므로 다양하게 시
험해보는 것도 재미있습니다.

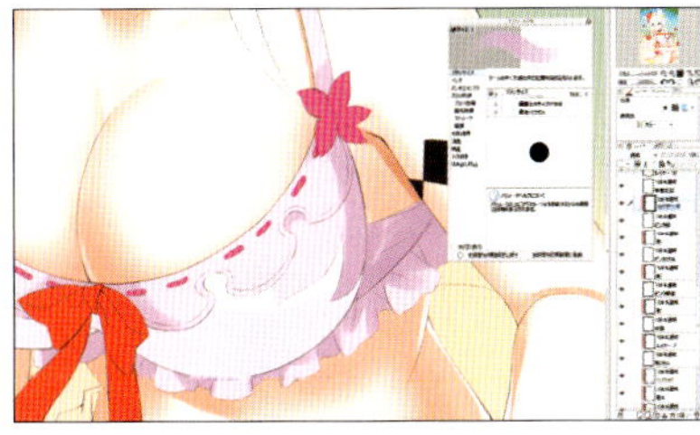

수영복은 몸에 딱 붙는
의상이므로 인체의 라인
을 의식하면서 칠했습니
다.

스트랩의 꽃 중앙에 색
을 더해 화면의 정보량
이 증가했습니다.

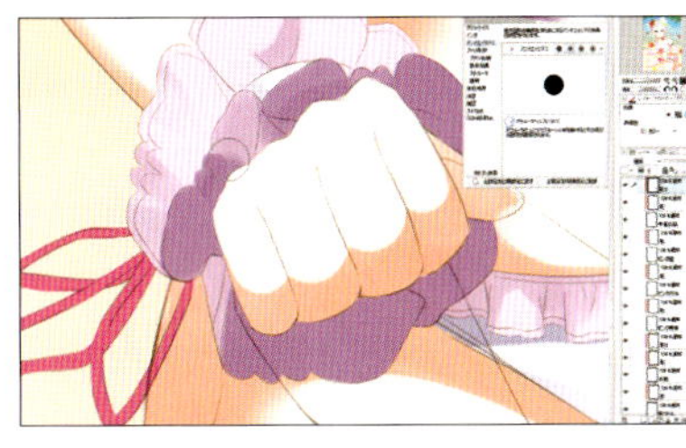

소품은 캐릭터의 매력을
높여주므로 대충 넘어가
지 말고 확실하게 그려
넣어야 합니다.

물을 표현한다

수영복에 해변이므로 당연히 물방울도 그려야 합니다. 물방울은 흰
색으로 형태를 그리고, 레이어 옵션을 곱하기로 설정한 상태로 피
부에 그림자를 넣습니다. 물방울과 그림자는 중간과 시작지점에 흐
리기를 적용하면 좋습니다. 이 단계에서 배 주변 등에도 피부의 그
림자를 넣었습니다.

물방울과 그림자는 중간과 시작지점에
흐리기를 적용하면 좋습니다.

파문과 수면의 그림자를 그려 넣으면서 꽃
잎 등도 추가했습니다.

색조 보정으로 마무리한다

채색 작업이 다 끝났습니다. 그런데 전체적으로 옅은 보라색이 많
아서 밋밋해 보였기 때문에 [편집]→[색조 보정]에서 약간의 조정을
해 주었습니다. 수영복의 문양과 어깨끈을 짙은 보라색으로 바꿨
습니다. 색이 생각보다 눈에 띄지 않거나 반대로 너무 튀어보이는
등 직접 색을 칠해보고 나면 깨닫는 사실이 있습니다. 주변에 어떤
색을 칠했느냐에 따라서 느낌이 달라보이기도 하므로 항상 그런 점
을 고려하면서 색을 조합하는 편이 좋습니다.

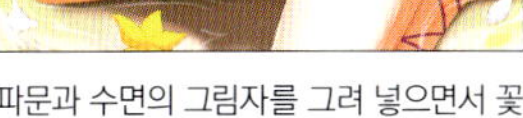

색조와 채도를 조절하면
어떻게 보이는지 확인합
니다.

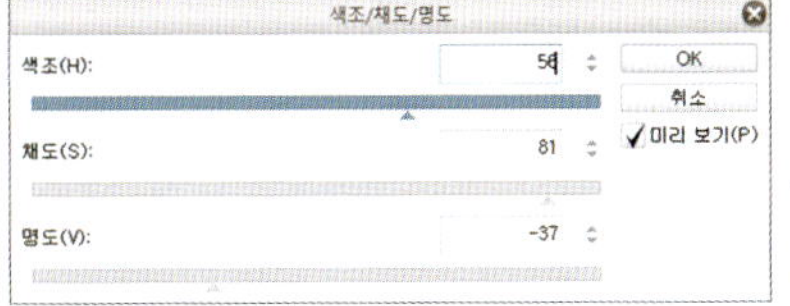

전체적으로 동일한 계열의 색이지만
강약은 살아있습니다.

마지막으로 이펙트를 살짝 추가하면
서 그림자와 하이라이트를 조절하면
완성입니다.

저자 **타케시게 슈우(竹重シュウ)**

자비 출판으로 작가 활동을 시작했고, 2005년부터 오세아니아를 중심으로 해외에서 일러스트 그리는 방법을 지도했다. 귀국 후에 디자인 회사에서 Photoshop을 포함해 다양한 디지털 기술을 습득했다. 만화 잡지에서 수상한 경력이 있으며 현재는 코믹 디지털 어시스턴트와 전문학교에서 CLIP STUDIO PAINT 등의 강사로 활동 중이다.

1판 1쇄 인쇄 | 2018년 1월 24일
1판 1쇄 발행 | 2018년 1월 30일

지은이 타케시게 슈우
일러스트 키치로쿠, 나가레보시, 타케하나 노트
옮긴이 김재훈
펴낸이 김기옥

실용본부장 박재성
편집 이나리, 손혜인, 박인애
영업 김선주
지원 고광현, 김형식, 임민진

디자인 제이알컴
인쇄 · 제본 현문

펴낸곳 한스미디어(한즈미디어(주))
주소 121-839 서울시 마포구 양화로 11길 13(서교동, 강원빌딩 5층)
전화 02-707-0337 | 팩스 02-707-0198 | 홈페이지 www.hansmedia.com
출판신고번호 제 313-2003-227호 | 신고일자 2003년 6월 25일

ISBN 979-11-6007-221-1   13000

책값은 뒤표지에 있습니다.
잘못 만들어진 책은 구입하신 서점에서 교환해 드립니다.